PARIS

PENDANT

LA RÉVOLUTION

PÉRONNE — IMPRIMERIE TRÉPANT
19, GRANDE PLACE, 19

ADOLPHE SCHMIDT

PARIS
PENDANT
LA RÉVOLUTION

D'APRÈS LES RAPPORTS DE LA POLICE SECRÈTE

1789-1800

TRADUCTION FRANÇAISE
ACCOMPAGNÉE D'UNE PRÉFACE
PAR
PAUL VIOLLET

TOME PREMIER
AFFAIRES POLITIQUES

PARIS
CHAMPION, LIBRAIRE
15, QUAI MALAQUAIS, 15

1880

PRÉFACE DU TRADUCTEUR

Il paraît difficile d'étudier de sang-froid la période révolutionnaire : elle est encore aujourd'hui l'objet des haines en même temps que des admirations les plus aveugles. Néanmoins ce travail s'accomplit sous nos yeux : au moment même où les partis politiques se déchirent et s'insultent au nom de la Révolution, quelques hommes d'étude, quelques travailleurs désintéressés dont les origines sont différentes, les tendances philosophiques ou religieuses absolument contraires, se donnent rendez-vous sur ce terrain des études révolutionnaires comme sur un domaine nouvellement conquis à la science ; pour la première fois, ils jettent sur cette grande époque un regard libre : ils veulent l'arracher à la politique, à la légende, au mythe.

C'est là une œuvre complexe et vraiment périlleuse : si l'écrivain s'attache à l'histoire lamentable des hommes et des événements, s'il suit le sort éphémère des constitutions, il risque de laisser dans l'ombre d'excellents résultats obtenus dans l'ordre civil et même dans l'ordre politique : et s'il insiste avec trop de complaisance sur « les conquêtes de 89 », il s'expose à ne point appeler suffisamment l'attention du lecteur sur l'inexpérience politique des acteurs de ce grand drame, sur les fautes des uns, sur les crimes des autres ; il s'expose à attribuer à la Révolution une force originale et créatrice singulièrement exagérée : qu'on ne l'oublie pas, en effet, les grandes transformations sociales que réalisa définitivement 1789 étaient mûries par l'action lente du temps ; elles furent, on peut le dire, des bienfaits nécessaires, d'une nécessité historique.

89 forme aujourd'hui notre atmosphère : c'est l'air même que nous respirons, et il nous faut un certain effort intellectuel pour nous replacer un moment dans un milieu tout différent et pour comprendre ce qui se passa dans l'esprit des contemporains, au moment où s'ouvrit l'ère moderne.

Ce monde nouveau, éclos plutôt que créé en 1789, fut salué par nos pères avec un enthousiasme sans exemple ; depuis des siècles on attendait les réformes : les générations se transmettaient ces longs malaises et ces longues souffrances qui entretiennent chez un peuple le désir et le besoin d'une rénovation sociale : la philosophie et la littérature du XVIIIe siècle expriment cet état général des esprits, résument ces aspirations, en même temps qu'elles les développent et qu'elles les avivent. Un jour enfin, sous leur action puissante, la fermentation commence ; les têtes s'échauffent, les imaginations s'enflamment : voici que cette société idéale rêvée par les littérateurs et les philosophes se va réaliser sur la terre ; la haine et l'injustice, la guerre et la souffrance vont être bannies du monde ; le droit, la vertu et la paix y régneront. Libres sous l'égide des lois, égaux sous leur pacifique empire, les hommes sensibles seront unis d'une amitié toute fraternelle ; ils jouiront d'un bonheur inconnu jusqu'à présent à l'humanité. Quant aux moyens à prendre pour régénérer la société, quelques lois, une Constitution et une Déclaration y suffiront, car l'ignorance, l'oubli ou le mépris des droits de l'homme sont les seules causes des malheurs publics.

Toute une génération crut à ce programme : elle but à cette coupe enivrante ; ce fut une joie, une ardeur, une foi sans pareille. A peine quelques hommes supérieurs restèrent assez libres d'esprit, assez maîtres d'eux-mêmes pour juger ce grand effort de l'humanité : un jeune homme, qui plus tard devait jeter un brillant éclat sur le nom de Guillaume de Humboldt, disait déjà :

« *Les constitutions ne se greffent pas sur les hom-*
« *mes, comme les bourgeons sur les arbres. Là où*
« *le temps et la nature n'ont pas passé, l'homme ne*

« fait rien de plus durable que s'il se contentait
« d'attacher un fil autour de quelques fleurs : elles
« seront brûlées par le premier rayon de soleil...[1] »

Que le législateur, continue Guillaume de Humboldt, ne s'attache point à l'idéal, aux conceptions purement rationnelles. Qu'il se contente d'incliner le présent vers le terme lointain de la perfection. Et comme la Constitution nouvelle lui paraissait par-dessus tout une œuvre logique et rationnelle, il la jugea mort-née. Cette Constitution réussira-t-elle ? écrivait-il. Suivant toutes les analogies historiques, non ! Mais elle éveillera la pensée, le désir des choses nouvelles et des choses possibles : elle marquera son empreinte bien au-delà des limites de la France. Elle échouera : qu'importe ! Le bien ne se réalise jamais là où il apparaît, là où il surgit ; entre l'apparition et la réalisation d'une idée, se placent les vastes intervalles du lieu et du temps [2].

Tel est le jugement de Guillaume de Humboldt ; et sous cet arrêt de mort prononcé par un homme de génie, on sent passer, on sent frémir encore l'immense enthousiasme qui accueillit la Révolution. Ce profond penseur a deviné du premier coup toutes les déceptions, tous les insuccès, toutes les faiblesses ; mais il

---

[1] *Le texte allemand dit un peu autrement :* Die erste Mittagssonne.

[2] *Voyez* W. v. Humboldt, Gesammelte Werke, *t.* Ier, 1841, *pp.* 305, 306, 309, 310. (*Lettre à un ami, août* 1791.)

a senti la noblesse et la puissance de cette tentative : il estime lui-même qu'elle ne sera pas absolument vaine et qu'elle aura, dans l'avenir, de lointains effets.

Guillaume de Humboldt ne croyait pas au succès de la Révolution, parce que son œuvre lui semblait fondée uniquement sur des données rationnelles : or, comme il le dit excellemment, là où le temps et la nature n'ont pas travaillé, l'homme n'est point assez fort pour édifier. Il se trompait toutefois dans une certaine mesure et voici comment : l'œuvre de la Révolution n'était pas purement rationnelle, comme il le disait : les philosophes et les théoriciens, alors même qu'ils construisent les systèmes les plus abstraits et qu'ils croient planer au-dessus des faits et des données contingentes sont eux-mêmes et sont fatalement l'expression des besoins, le produit des circonstances, l'œuvre du temps : le pompeux édifice qu'ils élèvent jusqu'aux nues couvre des réalités tangibles : leurs principes ne sont que le manteau des faits. Lorsque les théoriciens de la Révolution réclamaient, au nom des principes, l'abolition des priviléges nobiliaires, ils achevaient l'œuvre des siècles, car la noblesse tombait de vétusté. Lorsqu'ils demandaient l'abrogation des coutumes locales et l'unité juridique, ils achevaient encore l'œuvre des siècles : on sent naître, dès le temps de saint Louis, cette aspiration vers une loi unique. Lorsque les législateurs promulguaient cette déclaration : « Nul ne doit être inquiété *pour ses opinions, même religieuses, pourvu que leur manifestation ne trouble pas l'ordre public établi par la loi »*, *ils sanctionnaient toujours le patient travail du temps ; car les mœurs s'étaient transformées et n'admettaient plus le système des persécutions religieuses : les philosophes n'avaient été, ici comme sur beaucoup de points, que le porte-voix de l'opinion.*

C'étaient là, parmi bien d'autres, des réformes durables : le temps les avait préparées et mûries ; la Révolution les inscrivit dans la loi.

Ainsi l'édifice géométrique, l'édifice idéal et rationnel ne tint pas : les constitutions croulèrent les unes sur les autres ; mais les vieux éléments qu'elles couvraient subsistèrent, non sans avoir, pendant la tourmente, souffert de cruels dommages (je songe ici surtout à la liberté religieuse).

Les théoriciens avaient encombré d'un appareil trop pompeux et de trop de principes une œuvre qui avait, d'ailleurs, de si fortes assises : ils en compromirent par là une partie, mais une partie seulement, et ce fut un grand malheur. L'histoire lamentable de la Révolution, celle qu'on écrit tous les jours, celle qu'on nous apprend en ce moment à mieux connaître n'est, à bien prendre, que l'histoire de la partie manquée de l'œuvre de 1789 : ce qui échoue en politique fait d'ordinaire plus de bruit que ce qui réussit. Mais il ne faut pas confondre l'histoire apparente, l'histoire matérielle et tout extérieure de la Révolution, longue, sanglante et terrible histoire avec son histoire interne qui tient en quelques lignes. Une connaissance plus approfondie et plus exacte de l'histoire extérieure et matérielle ne fera pas, je l'espère, oublier l'histoire interne, c'est-à-dire l'œuvre historique de la Révolution : elle ne nous poussera pas — ce serait un grand malheur — à méconnaître le travail intérieur qui, commencé depuis des siècles, s'acheva en 1789 : mais elle nous permettra de l'envisager sous un jour meilleur, de le juger plus sainement et de ramener à des proportions humaines, à leur taille vraie ceux qui jouèrent dans l'œuvre révolutionnaire les rôles principaux.

Les grands travaux que ce besoin d'investigation pénétrante a fait surgir dans notre pays sont à la portée de tous ; mais le public français n'a pas encore pu profiter des études remarquables que M. Ad. Schmidt a consacrées à ce grand sujet : il était indispensable de les lui faire connaître.

C'est la Révolution dans Paris ou si l'on veut Paris dans la Révolution que décrit M. Schmidt : il prend pour guide les rapports secrets de la police révolutionnaire publiés par ses soins, il y a plusieurs années ; on sait toute la valeur de ces rapports : ils sont comme un œil toujours ouvert sur Paris. Un membre éminent de la Convention et des Cinq-Cents, Mathieu de Mirampal, en a autrefois signalé

l'importance en disant : « Le Bureau central est le
« véritable point d'observation pour cette grande
« commune : là seulement on peut la connaître, là
« seulement on peut savoir tout ce qui se passe. Les
« rapports de la surveillance, contrôlés les uns
« d'après les autres, apprennent à l'administrateur
« attentif quelle est la véritable situation des esprits :
« là seulement peuvent se recueillir les traditions,
« les souvenirs, les données de l'expérience : un évé-
« nement y est commenté par un autre ; des bruits
« publics rapprochés décèlent un plan : là, en un
« mot, paraît et se dessine le Paris réel ; partout
« ailleurs, ce n'est que Paris apparent, ce ne sont
« que des surfaces, ce ne sont que des traits épars [1] ».

A l'aide de ces fameux rapports retrouvés et publiés par lui, M. Schmidt a pu, dans l'ouvrage que nous offrons au public français, étudier en détail et minutieusement Paris, ce grand et trop fécond théâtre des drames révolutionnaires, analyser les divers éléments qui s'y agitaient, peindre, en un mot, ce milieu ondulant et chaque jour changeant, que volontiers j'appellerais l'intérieur de la Révolution.

L'auteur parcourt Paris en tous sens comme le pourrait faire un agent de la police secrète. Dans la rue, il recueille les causeries, les fureurs naïves, les emportements ou les regrets : il sait l'impression

[1] Ad. Schmidt, Tableaux de la Révolution française, Leipzig, 1870, t. III, p. 299.

produite par telle affiche, par tel pamphlet. Chez le boulanger, chez le boucher, aux Halles, il est partout, il note le prix des denrées et en suit l'effrayante progression : avec le peuple il parle d'accapareurs ; mais, mieux que le peuple, il sait parfois jusqu'aux noms des coupables et ils ne sont pas où l'on croit. Il est au café Conti avec les agitateurs les plus passionnés, au Panthéon avec les Terroristes, au café de Chartres avec les Modérés, aux promenades, au concert, au théâtre avec tous. Au temps du Directoire, quand, à la fin du spectacle, on chante, par ordre, la Marseillaise, il sait le sens de chaque battement de mains, et si la strophe : Tremblez, tyrans, est applaudie avec une frénésie trop aristocratique, il saisit l'allusion, et comprend que le public a songé aux tyrans du jour. Il suit les divers essais de police indépendante que tente chaque parti : il connaît les bâtonniers qui frappent au nom du terrorisme et ceux qui, non sans vaillance, jouent du bâton pour le compte du modérantisme. En plein Directoire, si les ex-conventionnels et les ex-terroristes se réunissent mystérieusement chez Archambault, rue de la Loi, ou rue Saint-Honoré, et y discutent de quelle manière ils pourraient, à leur profit, sauver la patrie, il les file aisément et les dénonce à ses lecteurs.

L'ouvrage de M. Schmidt a été très-favorablement accueilli par les juges compétents : l'un des organes les plus autorisés de la presse scientifique française, *la* Revue historique, *déclare que ce livre tiendra, parmi ceux qui ont été écrits sur la Révolution, un rang éminent*[1]. *Nous sommes surpris, vu la valeur de ce témoignage, que le livre de M. Schmidt dont le premier volume a paru en 1874, n'ait pas encore été traduit.*

En le présentant au public français, nous n'assumons point la responsabilité des opinions historiques de M. Ad. Schmidt : notre tâche est celle d'un traducteur qui s'est efforcé d'être exact et n'a rien prétendu de plus. Un petit nombre de notes suggérées par la lecture des documents originaux auxquels nous nous sommes reportés au cours de la traduction : voilà tout ce qui nous appartient en propre ; et c'est peu de chose.

Quelles que soient les obligations imposées à un traducteur qui ne doit pas facilement se permettre de rien retrancher de l'œuvre qu'il entreprend de faire connaître au public, nous n'avons pu nous résoudre à mettre en français quelques pages pensées en allemand et nous les avons laissées à l'original. Tous nos compatriotes nous pardonneront cette réserve. — *Çà et là aussi quelques coupures ou quelques changements de rédaction qui pourront donner au livre une allure un peu plus française ; une ou deux suppressions motivées par nos propres lectures.*

---

[1] Revue historique, *Janvier-Février* 1877, p. 202.

— *Quand le texte français s'écarte ainsi quelque peu de l'original, le lecteur est prévenu par une note.*

Inutile d'ajouter que tous les documents traduits en allemand par M. A. Schmidt n'ont pas été retraduits dans notre langue, mais soigneusement transcrits sur les sources [1].

---

[1] *La préface de M. A. Schmidt n'a pas été traduite.*

L'ouvrage qu'on va lire est intitulé en allemand : Pariser Zustænde wæhrend der Revolutionszeit, 1789-1800, von Adolf Schmidt, ord. Professor der Geschichte an der Universitæt Iena, *Iena,* 1874-1876, 3 *vol. in-8º.*

PARIS
PENDANT LA RÉVOLUTION

I

LA TERRASSE DES FEUILLANTS, LA RUE DE RIVOLI, ETC.,
THÉATRES PRINCIPAUX DE LA RÉVOLUTION.

Le long de la terrasse du nord du jardin des Tuileries, par la magnifique rue de Rivoli, monte et descend constamment, quand Paris est tranquille, une foule mêlée. De ces milliers d'hommes qui, tous les jours, à pied, en voiture, à cheval, suivent ou traversent, sur ce point, la large chaussée, combien, ou plutôt combien peu savent qu'ils sont là sur un emplacement qui fut le centre d'action le plus important de la période révolutionnaire, et qu'ils foulent le petit espace de terre le plus fameux dans l'histoire de l'humanité au XVIIIe siècle !

C'est là, en effet, sur ce point de la rue de Rivoli, que, de 1789 à 1800, s'élevait la salle du Manége, depuis longtemps disparue ; cette salle des Parlements, historique dans l'univers entier, où siégèrent successivement, mais non sans interruption, toutes les Assemblées nationales de la période révolutionnaire, la Constituante, la Législative, la Convention, et enfin le Conseil des Cinq-Cents.

Par suite des événements de Versailles des 5 et 6 octobre, l'Assemblée nationale avait pris la résolution folle, désastreuse, de se transporter en même temps que le roi à Paris, c'est-à-dire dans une cité cosmopolite, par conséquent au milieu d'une population qui ne pouvait inspirer la confiance, sur laquelle il n'était pas possible de compter. Les commissaires de l'Assemblée inspectèrent diligemment les locaux qui pouvaient convenir, et optèrent, en fin de compte, pour le Manége des Tuileries. Le 10 octobre, l'Assemblée nationale ratifia cette décision, bien que le choix des commissaires ne la satisfit pas entièrement et que la salle du Manége présentât bien des inconvénients. Les galeries ne pouvaient contenir que cinq à six cents personnes; les bureaux devaient être installés, faute de local, dans un couvent tout voisin, aux Feuillants; les comités à l'hôtel de la Chancellerie, place Vendôme.

L'appropriation de la salle, dont fut chargé l'architecte du roi, Paris, prit à peine quatre semaines. Pendant ce temps, et à partir du 19 octobre, l'Assemblée tint provisoirement ses séances dans une des salles du palais archiépiscopal, dans la salle où devaient avoir lieu plus tard ces réunions d'électeurs et de commissaires des sections qui préparèrent et qui firent la révolution du 31 mai 1793.

Le 9 novembre 1789 l'Assemblée nationale se réunit.

pour la première fois, au Manége[1]. Elle y siégea sans interruption, comme Constituante, jusqu'au jour de sa dissolution (30 septembre 1791) ; après elle, la Législative, pendant toute son existence, du 1er octobre 1791 au 21 septembre 1792 ; puis, la Convention, depuis le 21 septembre 1792 jusqu'au 9 mai 1793, jour où elle abandonna pour toujours cet ancien local.

La Convention, qui occupait dès lors la place du roi, aurait dû être installée dès le 1er novembre 1792, dans la salle des Machines des Tuileries, siége de la souveraineté. Mais on ne fut pas prêt à la date convenue, et c'est seulement le vendredi, 10 mai 1793, que la Convention vint siéger pour la première fois dans le palais du roi, maintenant palais national. Elle y resta jusqu'à la fin de son existence. Sa place au château fut prise par le Conseil des Anciens ; tandis que le Conseil des Cinq-Cents revint siéger au Manége, depuis le 31 octobre 1795 jusqu'au 20 janvier 1798.

Ainsi, c'est là, c'est sur ce coin de terre fameux, sillonné aujourd'hui, en tous sens, par un courant de circulation actif et incessant, que se groupèrent jadis sur tous les bancs de la Constituante, autour du centre où siégeaient les Impartiaux, ces partis ardents à la lutte : la Droite et la Gauche, les Royalistes et les Enragés, le Côté de la Reine ou les Noirs, — il siégeait sur l'emplacement réservé antérieurement aux chevaux, — et le Côté du Palais-Royal ou du duc d'Orléans, les Blancs.

---

[1] *Moniteur*, nos 71, 75, 86.

C'est là, c'est sur ce terrain qui fait aujourd'hui la chaussée de la rue de Rivoli, que furent prononcés d'une voix tonnante, attentivement écoutés, applaudis avec fracas, les plus remarquables discours de Mirabeau ; c'est là que fut votée la Constitution si désirée de 1791, but véritable de la Révolution ; c'est là que le roi prêta, le 14 septembre, serment à la Constitution. Mais c'est là aussi que, le 25 juillet 1792, la Législative, intimidée par la populace, et encourageant, par cette décision, les misérables qui avaient envahi les Tuileries au 20 juin, facilitant, d'autre part, une invasion nouvelle, rendit ce décret fatal et attentatoire aux droits du roi, aux termes duquel la terrasse des Feuillants était considérée désormais comme une dépendance des bâtiments de l'Assemblée, et, par conséquent, n'était plus soumise à la police du château des Tuileries, mais à la surveillance de l'Assemblée nationale ; c'est là que, dans la même pensée, le 28 juillet, on dénia au roi le droit de fermer au public le jardin des Tuileries, sa propriété privée ; enfin, c'est là que, dans la funeste journée du 10 août, la famille royale, après avoir suivi la grande allée du milieu du jardin des Tuileries, tourné à droite par l'allée des Marronniers et traversé la terrasse des Feuillants, vint se réfugier dans la plus grande angoisse ; c'est là que, parquée dans la loge du Logographe, elle dut voir et entendre elle-même la Représentation nationale, privée de toute liberté, prononcer contre elle, en l'injuriant, son dernier arrêt, la faire prisonnière et ordonner son transfert au Temple.

C'est là, enfin, en ce lieu où roulent aujourd'hui les

voitures, que comparut Louis XVI, en qualité d'accusé, devant la Convention ; c'est là qu'il fut interrogé par ceux qui lui avaient autrefois prêté serment ; c'est là que, sous les menaces de la populace, l'arrêt de mort fut prononcé contre lui ; là que Robespierre et ses amis les terroristes célébrèrent leurs premiers triomphes, sur la monarchie et sur le roi, sur la République modérée et la Gironde.

La chute définitive de cette dernière, dans les journées des 31 mai, 1er et 2 juin 1793, eut lieu dans le nouveau local de la Convention, dans les salles des Tuileries. Du jardin des Tuileries et de la terrasse des Feuillants, on braqua contre elle, au jour de la crise, les canons de la garde nationale parisienne, dont la masse facilement conduite, aveuglément, lâchement obéissante aux ordres des conspirateurs, favorisait presque toujours et faisait elle-même le mal que, au fond, elle ne voulait pas et qu'elle condamnait.

Le transfert de la Convention aux Tuileries porta une atteinte grave à l'organisation, au fonctionnement des partis, par le procédé des agitations populaires. Tant que les séances se tinrent au Manége, cette organisation était telle que les orateurs, les auditeurs des galeries et les groupes formés à l'extérieur de la Chambre pouvaient poursuivre un but commun dans une complète harmonie. La translation apporta dans tout ce système un trouble sensible, qui paralysa les opérations des partis pour l'attaque ou pour la défense, qui contribua à la perte successive de toutes les factions terroristes ; la Gironde tomba la première, puis le parti d'Hébert, puis Danton et les siens, et enfin le parti même de Robespierre.

Lorsque l'Assemblée siégeait au Manége, 50 hommes formaient, sur la petite terrasse des Feuillants, un ensemble considérable et pouvaient se soutenir mutuellement; sur la large terrasse du Château, au milieu d'une affluence énorme, 200 partisans ne pouvaient se réunir et se couvrir les uns les autres. En outre, sur la terrasse des Feuillants, les groupes se trouvaient si près de la salle des séances qu'on pouvait entendre la cloche du président, apprécier le caractère des débats, le degré d'animation qui régnait dans l'Assemblée ; sur la terrasse du Château, on était beaucoup trop éloigné de la salle des séances, et on ne pouvait jamais entendre la cloche. Les factieux s'emportaient encore contre la disposition des galeries dans le nouveau local : on ne pouvait pas mieux s'y réunir que dans les groupes ; on n'y pouvait saisir un seul mot ; enfin, la salle elle-même était disposée de telle sorte que les patriotes ne pouvaient se séparer des Noirs[1]. Naturellement, tous ces griefs furent mis à la charge de la majorité et de ses chefs, les Girondins.

On sait assez le rôle considérable que jouèrent, pendant les premières années de la Révolution, les tribunes et les attroupements. Nous exposerons, plus loin, dans un chapitre consacré aux cafés, quelques-uns des moyens employés pour les inspirer et les diriger. Depuis la chute de Robespierre, groupes et tribunes perdirent

---

[1] *Tableaux,* 1, 230, 209, 245.

beaucoup de leur importance ; dès lors aussi, l'histoire de leur organisation et de leur mode d'action perd de son intérêt. En effet, à partir de ce moment, la Convention eut moins à faire aux manœuvres de tel ou tel parti qu'à la masse de la nation ou à une coalition des partis, qui tous, dégoûtés de la Convention, se réunissaient instinctivement contre elle. Sous le Directoire, le danger des tribunes et des attroupements s'affaiblit encore, parce que, dans les crises extra-parlementaires, la force d'agitation diminuait tous les jours, en même temps que croissait l'apathie de la foule. Les révolutions se firent dès lors par en haut, par les gouvernants et leur parti dans l'Assemblée, sous la forme de coups d'Etat. Tel fut le caractère des journées du 4 septembre 1797, des 16, 17 et 18 juin 1799 ; tel enfin le caractère des 18 et 19 brumaire an VIII (9 et 10 novembre 1799).

Il faut compter parmi les lieux qui furent les théâtres principaux de la Révolution, après le Manége et les Tuileries, le couvent des Jacobins, d'où partaient les mots d'ordre du radicalisme ; l'Hôtel-de-Ville, où la Commune révolutionnaire rendit ses décrets et promulgua ses ordres, au nom de la France entière. Que sont devenus ces siéges du désordre et de la Terreur ? Le Manége a fait place à une rue, le couvent des Jacobins, à un marché[1], les Tuileries et l'Hôtel-de-Ville sont, à l'heure présente, des ruines[2].

[1] Le marché Saint-Honoré.
[2] Il y a ici quelques pages dans le texte allemand qu'on n'a pas cru devoir faire passer dans la traduction française.

II

LA VILLE DE PARIS.

A l'époque de la Révolution, la ville de Paris était encore loin, suivant les rapports du temps, d'offrir aux regards le vernis et le brillant qu'elle leur offre aujourd'hui. Les rues étaient d'une saleté inouïe, surtout l'hiver, bien que de grandes neiges ou des neiges persistantes soient extrêmement rares à Paris. Cette malpropreté tenait moins à la saison qu'à la négligence des hommes. Un étrange contraste d'élégance et de saleté formait le cadre de la vie ; le Parisien déployait, dans ces deux extrêmes, une égale virtuosité. L'élégance était plutôt à l'intérieur, la saleté au dehors. La rue était le dépôt de toutes sortes de déchets et de malpropretés ; on y jetait ce qu'on ne pouvait garder ailleurs ; au coin des bornes surtout — et les bornes étaient innombrables — des monceaux de balayures et d'ordures vivaient, pour ainsi dire, d'une vie éternelle, car ils se renouvelaient toujours : la rue elle-même, dans toute sa largeur, était couverte ordinairement, surtout par un temps humide, d'un vernis digne du reste. Le Parisien pataugeait tous les jours, au sens strict du mot, dans la boue et la saleté. On conçoit facilement que cet état de choses ait occasionné des plaintes sans fin, de la part de ceux qui étaient obligés de traverser les rues à pied. Mais s'il y fut apporté des améliorations temporaires, elles étaient dues moins à un désir de bon ordre, de la part des hommes, qu'à la température. Pendant l'été, le soleil, du moins, pompait l'humidité, en tout ou en partie ; et l'hiver, le froid — que les Parisiens, d'ailleurs, supportaient mal, et qui, pour emprunter les expressions d'un rapport du temps, « troublait fort les hommes sensibles » — le froid congelait la boue et en faisait une croûte solide. Au contraire, dans le cas d'une pluie un peu forte, il se formait partout, sans parler de la boue qui se multipliait, des lacs et des mares d'eau qui embarrassaient ou qui coupaient la route.

Il faut ajouter que les rues, bordées de maisons d'une très-grande élévation, étaient presque toujours extrêmement étroites et souvent rétrécies encore et obscurcies par une forêt d'enseignes, d'écussons et d'emblèmes qui, à droite et à gauche, se développaient sur la rue comme des drapeaux. Enfin, la plupart du temps, le pavage, que le ruisseau traversait par le milieu, était effroyablement mauvais: il s'y formait des trous sans nombre qui rendaient le passage encore plus difficile et plus dangereux. On chercha parfois à remédier, de quelque manière, à cet état de choses, qui excitait des plaintes incessantes, mais ce ne fut jamais que sur quelques points, et le mal persista, ainsi que les plaintes auxquelles il donnait lieu. Le pavé et la boue de Paris étaient dignes l'un de l'autre : ils faisaient, suivant des expressions du temps, de la capitale du monde, « *une ville de boue*[1]. »

---

[1] I, 204, 208, 366 ; III, 57, 318. Cf. Mercier, V, 20 et suiv., 193. *Frankreich im Iahre* 1796. I, 70 et suiv., 117, 342 ; II, 264.

Les promenades, non pavées, comme les boulevards et les Champs-Elysées, laissaient encore plus à désirer. La surveillance, la propreté, l'entretien étaient singulièrement négligés. Pendant l'été de 1793, on vit paître aux Champs-Elysées de grands troupeaux de moutons qui abimaient le gazon de cette belle promenade. Par la grande sécheresse, la poussière la rendait inabordable ; il n'était pas encore question de chaises ; les bancs même manquaient entièrement, du moins dans le jardin des Tuileries. On sut beaucoup de gré au ministre Garat, qui, au mois de juin, fit arroser les promenades et mettre des bancs dans le jardin des Tuileries ; mais on trouva mauvais qu'ils fussent tous dépourvus de dossier. Du reste, il y avait bien quelques balayeurs, mais ils faisaient trop de politique et pas assez de besogne ; ils ne servaient guère qu'à augmenter la poussière et la boue [1].

C'est le soir et la nuit que la vie parisienne de ce temps se présente sous ses plus tristes aspects [2]. Les lanternes à huile et à mèches éclairaient beaucoup moins et étaient bien moins nombreuses que les modernes réverbères. La meilleure partie de l'éclairage du soir venait donc des boutiques. Mais pendant la cherté, qui ne dura que trop, les marchands fermèrent leurs boutiques à la tombée du jour, les uns par économie, d'autres parce que, matériellement, les moyens d'éclairer leur manquaient. Les mêmes causes exer-

---

[1] II, 15, 14 ; III, 120

[2] L'auteur ajoute ici : Nicht dass die Strassenbeleuchtung nicht auf der Hœhe der Zeit gestanden hætte !

cèrent nécessairement leur action sur l'éclairage public, qui fut distribué moins largement et dura moins longtemps. D'où une obscurité inusitée très-propre à favoriser tous les méfaits. A cette époque, notamment pendant l'année 1795, on vit dans la crainte continuelle que cette obscurité ne donne lieu à beaucoup de vols et d'assassinats[1]: crainte fondée, comme nous le verrons plus loin.

On se plaignait sans cesse de ce que Paris n'était pas sûr: on se plaignait aussi de ce qu'il n'était pas sain, bien qu'en tout temps il y ait eu une espèce de police pour l'hygiène. Le bureau central, qui entra en fonctions le 6 décembre 1795, comprenait aussi une division de l'hygiène et une autre division de la sécurité publique. On sentait que la propreté à la maison et la propreté dans la rue sont, avec les bonnes mœurs, une condition essentielle de l'hygiène. Merlin de Douai, premier ministre de la police depuis le mois de janvier 1796, s'imposa expressément, dans une proclamation pompeuse, la tâche « de régénérer l'immense cité, de rendre Paris sûr, de lui donner des mœurs, d'y établir la salubrité. Le temps de la mollesse, celui de la négligence sont passés, disait-il. C'est de l'exactitude qu'il faut, c'est de la fermeté. » On espérait, en effet, que, grâce à son énergie, il pourrait remplir sa tâche, non-seulement purger la capitale des coquins et des malfaiteurs dont elle regorgeait, mais encore y établir la salubrité. Un mois après on se réjouissait déjà: « Les rues, disait-on, sont plus propres et on respire un air plus pur[2]. » Mais

[1] II, 381. Voyez aussi Mercier, V, 21.
[2] II, 439 et suiv.; III, 58 et suiv., 87.

au commencement d'avril. Merlin quitta le ministère de la police. Le nom de son successeur, Cochon, évoquait l'idée d'une extrême malpropreté ; aussi ce ministre fut-il salué, au début, par de mauvaises plaisanteries sur son nom, où on voulait voir un fâcheux présage [1]. En effet, pendant toute la durée du Directoire, l'état de Paris, au point de vue de la propreté et de l'hygiène, n'eut rien d'enviable, bien que beaucoup d'autres services aient été améliorés.

Parmi ces améliorations, il faut mentionner ce qui fut fait à l'égard des industries établies sur la voie publique. L'usage, usurpé à l'origine, de tenir des bals et des réunions sur les places et les promenades, notamment aux Champs-Elysées et sur la place du Palais-Royal, était devenu une habitude ; il en faut dire autant des petites boutiques où l'on vendait du vin et des comestibles, et qui, très-nombreuses, obstruaient la voie. La police combattit ces deux abus avec fermeté [2].

Paris avait vu commencer de bonne heure la décadence de son administration communale autonome ; elle fut complétement anéantie sous Louis XIV. La Révolution créa, à titre provisoire, une administration municipale indépendante, qu'organisa définitivement la loi du 21 mai 1790. La forme et la composition de ce corps ont été souvent modifiées par les divers bouleversements révolutionnaires; mais ses droits sont restés à peu près les mêmes. En voici l'énumération : gestion des biens et des revenus municipaux, emploi de ces revenus,

[1] III, 45.
[2] III, 123 et suiv., 185. Cf. Mercier, V, 206 et suiv.

direction des établissements qu'entretient la ville, mission de veiller à la tranquillité, à la sûreté, à la salubrité [1].

Avant la Révolution, la ville était divisée en 21 quartiers ; depuis les élections de 1789, elle fut divisée en 60 districts ; et, depuis le mois de juin 1790, en 48 sections. A la tête de l'administration municipale, qui avait autorité sur toutes les sections, et sous beaucoup de rapports dépendait elle-même de l'administration départementale et lui était subordonnée, étaient placés le maire et le conseil général élus par les citoyens.

La Commune révolutionnaire qui s'installa, le 10 août 1792, à l'Hôtel-de-Ville et chercha peu à peu à s'attribuer la domination sur la France entière, fut jugée par la Convention elle-même si dangereuse que, dès le mois de mai 1793, cette Assemblée songea à décentraliser l'administration urbaine et à la diviser en six municipalités. Toutefois, ce n'est qu'après la chute de Robespierre que cette idée fut réalisée : un décret du 21 février 1795 divisa la ville en douze arrondissements, et la Commune en douze municipalités correspondant aux douze arrondissements. Les quarante-huit sections, appelées plus tard divisions, furent fondues dans les douze arrondissements [2].

La capitale prenait une part relativement faible aux charges publiques ; le poids le plus lourd retombait sur les provinces. Pour l'an V (1796-1797), année comparativement bonne au point de vue financier, la contribution

[1] III, 495 et suiv.
[2] I, 279 ; II, 309 ; III, 327 et suiv.

de Paris monta à 12,600,000 francs, celle du département de la Seine tout entier à 14,095,780 francs, de sorte que les seize cantons ruraux supportèrent environ un million et demi [1].

Paris était surtout une ville de plaisir, de désœuvrement, de carrière à faire, d'aventures, d'agiotage. Il y avait bien de petites et de grandes industries, mais Paris n'était point, à proprement parler, un centre industriel, pas plus qu'un centre agricole ou un centre de haut commerce. Les marchands, les détaillants, les usuriers et les gens de finances lui donnaient son cachet. Aussi les économistes français eux-mêmes, qui considéraient l'agriculture et le haut commerce comme les seules sources de la richesse du pays, faisaient-ils très-peu de cas de Paris, en tant que facteur dans la création des richesses économiques de la France [2].

Si les autorités, en matière d'économie politique, avaient peu d'estime pour Paris, les habitants partageaient cette appréciation ; l'hostilité de ces derniers contre Paris s'accrut encore lorsque, au moment de la plus grande pénurie financière et de la plus grande cherté, la province dut nourrir à ses frais toute la population de la capitale, qui n'apportait elle-même à peu près rien aux richesses économiques de la France. Pendant la cherté, le Gouvernement se vit obligé de livrer tous les jours à peu près gratuitement aux Parisiens le pain, qui lui coûtait des sommes énormes ; et au commencement du mois de décembre 1793, il fut constaté

[1] III, 284.
[2] I, 305.

que Paris coûtait 546 millions par mois pour le pain seulement. Il n'est pas surprenant que cette circonstance ait aggravé l'opposition déjà existante entre la province et la capitale. D'autant plus que Paris, aux yeux des départements et surtout aux yeux des campagnards, était considéré comme une ville corrompue, comme « le réceptacle de tous les crimes [1]. »

Abstraction faite des étrangers de tous les pays, qui, soit par leur action politique, soit par leurs intrigues agitatrices, prirent part aux événements de la capitale, et de ceux qui, par suite de leur situation personnelle, s'y virent retenus, Paris, pendant la période aiguë de la Révolution et jusqu'à la dissolution de la Convention, fut peu recherché par les étrangers. La même cause qui éloignait de Paris les Français attachés à l'ordre en éloignait aussi les voyageurs. Il n'y eut guère que des Anglais et des Américains du Nord, chez lesquels le sentiment de la curiosité dominait la peur, qui, à certains moments, se trouvèrent, en grand nombre, à Paris, surtout après la chute de Robespierre, avides de voir de près le cratère éteint de la Révolution et ses torrents de lave durcie. Il ne pouvait guère y avoir d'autre attraction que celle-là. Car les Parisiens eux-mêmes jugeaient, en ces termes, le Paris d'alors : « Cette vaste cité ne peut offrir aux étrangers ni intérêts honnêtes, ni agréments ; nous ne connaissons plus de cour, nous n'avons plus de princes ; les sciences ne présentent aucunes ressources ; les talents sont

[1] II, 518, 150; III, 62.

enfouis ; les plaisirs sont nuls ; on n'y peut vivre qu'avec la plus grande difficulté ; les denrées, les marchandises, tout ce qui tient au luxe, à la commodité même, est hors de prix ; à chaque instant on y appréhende des mouvements séditieux. » Aussi les Parisiens étaient-ils très-disposés à considérer les étrangers qu'on voyait à Paris comme des agents déguisés de Pitt, qui ne songeaient « qu'à armer tous les Français les uns contre les autres, et, après avoir fait couler le sang à flots, à faire de toutes les cités françaises un monceau de cendres et de ruines [1]. »

Si la Révolution de 1789 dégénéra en un système permanent de bouleversements, Paris, cette ville cosmopolite dont la population sédentaire est si considérable, dont la populace de toute provenance est innombrable, Paris seul en fut responsable. C'est ce dont les départements eurent amèrement conscience. Incontestablement, la Révolution eût suivi une autre marche, et une marche bien plus modérée ; au lieu de compromettre sans cesse par des révolutions nouvelles les résultats obtenus, elle les eût atteints définitivement, si la Constituante, après les journées d'octobre 1789, n'avait pas commis la folie de transporter son siége de Versailles à Paris, ou si la Convention avait eu le courage de réaliser énergiquement le projet de son transfert en province, souvent mis en avant et avec une grande ardeur. A l'inverse, de nos jours, la révolution de la Commune de Paris, en mars 1871,

---

[1] II, 353 et suiv.

eût été évidemment plus puissante et plus funeste, si l'Assemblée nationale, qui venait d'être convoquée, eût siégé à Paris au lieu de siéger à Bordeaux et à Versailles. Celle-ci eût été ou la victime, ou l'instrument de la Commune, jamais son adversaire, et son adversaire victorieux.

Chacun ici peut profiter des enseignements de l'histoire. Toute grande nation, qui permet à son Parlement de s'établir d'une manière durable et irrévocable, au milieu d'une population cosmopolite, composée des éléments les plus variés et croissant toujours suivant une progression ascendante, est coupable vis-à-vis d'elle-même, coupable envers son propre avenir. Les États-Unis d'Amérique l'ont senti : appréciant fort bien les conditions qui peuvent le mieux garantir la durée d'une grande organisation politique, ils placèrent le siége de leur Parlement non pas à New-York, cité qui se développe sans cesse et prend la physionomie d'une ville cosmopolite, mais bien dans le paisible Washington. Sans cet acte de haute et profonde prévoyance, ils n'auraient pas eu ce développement pacifique qui caractérise leur histoire : depuis longtemps ce pays eût connu les convulsions révolutionnaires, les plus violentes, les secousses sauvages de l'anarchie[1].

[1] L'auteur consacre encore une page et demie à développer cette idée.

III

LA POPULATION DE PARIS, ÉLÉMENTS RÉVOLUTIONNAIRES
ET ANTI-RÉVOLUTIONNAIRES.

Au commencement de la Révolution, Paris comptait, d'après l'évaluation généralement adoptée, environ 600,000 habitants. Le nombre de 150,000 gardes nationaux et de 160,000 électeurs, à partir du mois d'août 1792[1], est en harmonie avec celui de 600,000 âmes pour toute la population. Pendant la Terreur, le nombre des habitants diminua beaucoup. Après la chute de la Terreur, et surtout lorsque la Convention eut cédé la place au Directoire, il se releva parce que la sécurité renaissait[2].

---

[1] *Tableaux*, II, 9; I, 96. Avant le 10 août 1792, il y avait, d'après la Constitution de 1791, environ 80,000 citoyens actifs ou électeurs des assemblées primaires, et autant de citoyens non actifs; après le 10 août, cette distinction fut supprimée, et, par conséquent, le nombre des électeurs fut doublé. Cf. Mortimer Ternaux, *Hist. de la Terreur*, I, 335; IV, 31; II, 417-439. (Au commencement du mois d'août, le total des citoyens actifs était, d'après cet ouvrage, (II, 417-439) de 82,000.)

[2] En novembre 1795, un rapport de police affirme que jamais Paris n'a été aussi peuplé. Il ne s'agit pas seulement ici de la rentrée de familles parisiennes qui avaient fui la capitale, mais aussi d'un concours d'étrangers si inaccoutumé qu'on ne pouvait plus trouver d'appartement dans les maisons garnies. On attribua cette sorte de trop plein, en partie à l'affluence des membres actifs des divers partis, en partie « à l'émigration départementale, vu la disette du pain. » (II, 454.)

Ici plusieurs pages que je n'ai pas cru devoir traduire.

On se tromperait, cela est évident, si on considérait comme animée par elle-même de sentiments révolutionnaires cette foule si facile à séduire, incapable de se rendre, à elle-même, compte des choses, qui fut à la fois le jouet et l'instrument de la révolution. La partie foncièrement révolutionnaire de la population parisienne, ceux qui étaient non pas menés, mais meneurs ou, si on veut, les suppôts toujours disponibles des meneurs, ceux-là ne formaient qu'une petite minorité, composée d'une poignée d'agitateurs démagogues, des doctrinaires radicaux de toutes classes, relativement peu nombreux, et de la plus grande partie des prolétaires dépourvus de tout avoir.

Pendant les premières années de la révolution, les gens sans aucune espèce d'avoir ne constituaient pas une catégorie très-étendue. Aux termes d'un document daté du mois de mai 1793, « la très-grande majorité du peuple de Paris a quelque chose, une propriété, un mobilier quelconque, et chacun est bien aise de conserver ce qu'il a. » Presque tous ceux qui possédaient quelque chose appartenaient expressément au parti des modérés [1].

D'après une évaluation de Rabaud de Saint-Étienne, confirmée par le procès-verbal jacobin du 30 mai 1793, il y avait à Paris « dix-sept personnes contre une intéressées à défendre les propriétés [2]. »

---

[1] I, 186, 278.
[2] L'auteur ajoute :
« Évaluer à un sixième de la population totale le nombre des personnes ayant vraiment de la fortune, aux deux tiers le nombre

Ainsi, la masse des gens absolument dépourvus de tout avoir, ou plutôt de ceux qui n'étaient pas intéressés à défendre la propriété, comptait environ 33,000 âmes, soit 8 à 9,000 hommes. Si on évalue aux deux tiers la majorité foncièrement révolutionnaire de ces 8 à 9,000 hommes, on arrive au chiffre de 5 à 6,000 qui, dans une série de cas spéciaux, particulièrement dans les scrutins d'élection, se trouve, en effet, correspondre à un chiffre réel ; en d'autres termes, par rapport à l'ensemble des citoyens et électeurs parisiens, la fraction foncièrement révolutionnaire se chiffre entre 1/32 et 1/26. Veut-on que le reste des prolétaires se soit laissé entraîner ? nous arrivons alors au chiffre de 1/18, pour tout le parti effectivement révolutionnaire. Si on admet que ces 9,000 hommes en aient attiré à eux, de toutes les classes de la population, 7,000 autres ou convaincus ou momentanément entraînés, on n'arrive jamais qu'à porter au chiffre maximum de 16,000, soit 1/10 des citoyens et des électeurs, le nombre de ceux qui, en quelque moment que ce soit, par leurs actes ou par

de ceux qui possédaient quelque chose, n'est pas en contradiction avec le calcul qui précède. »

Ce passage est inspiré par un rapport de police du 7 juin 1793, qu'il peut être utile de mettre sous les yeux du lecteur. Voici ce que nous y trouvons :

« Un homme instruit, un philosophe, voulait me soutenir dernièrement qu'à Paris il n'y avait pas le sixième de la population qui eût quelque chose. Je crois au contraire qu'il y a amplement les deux tiers qui ont quelque chose vaillant. Je comprends dans cette classe ceux qui lui sont tellement liés et qui, quoiqu'ils n'aient rien, ne peuvent ni ne veulent rien piller, rien voler. » (*Tableaux II*, 13. Cf. *Tableaux*, 1, 360.) (*Le trad.*)

leurs votes, ont appartenu à la révolution. Depuis le mois d'août 1792, chacune des 48 sections comprenait environ 3,300 électeurs [1], chiffre moyen, bien entendu ; car la population était très-inégale dans chaque section. Suivant la proportion que j'ai établie plus haut, le total des révolutionnaires devrait donc être évalué à 330 hommes au plus par section. Mais, en fait, comme nous le verrons, ce total par section fut souvent de 100 hommes, et même descendit plus bas ; ainsi, en bien des cas, on n'obtient pas, pour l'ensemble de la population, 5 à 6,000 révolutionnaires, mais à peine 4 à 5,000, et moins encore. Ce chiffre est d'accord avec l'assertion d'un rapporteur qui écrivait au mois de juin 1793 ; il n'y a pas dans tout Paris 3,000 révolutionnaires décidés [2].

Ainsi, l'extrême maximum des Parisiens révolutionnaires de fait, ou par leurs actes ou par leurs votes, montait à 16,000 ; le total des personnes foncièrement révolutionnaires à 6,000 seulement ou environ ; et, enfin, le nombre des décidés, c'est-à-dire des gens réellement violents ou résolus à la violence, à peine à 3,000.

Quant aux Parisiens foncièrement anti-révolutionnaires, c'est-à-dire foncièrement partisans de la tranquillité publique, ils représentaient, en tout temps, pendant la période révolutionnaire, au moins, les 9/10

---

[1] Jusqu'au 10 août 1792, c'est-à-dire avant que le nombre des électeurs eût été doublé, le chiffre moyen était de 16 à 17,000 électeurs.
[2] II, 87.

ou les 17/18 de la population ; ce sont eux qui formèrent jusqu'à la fin du gouvernement de la Convention, le parti des modérés, ce qu'on appelait la partie saine de la population ; à ce parti appartenaient « les honnêtes gens » et surtout « les jeunes gens. » Au mois de juin 1792, l'administration départementale rangeait dans cette catégorie « ces hommes utiles et laborieux attachés à l'Etat par tous les points de leur existence et par tous les objets de leurs affections, les propriétaires, les cultivateurs, les commerçants, les artisans, les ouvriers, et tous ces citoyens estimables dont l'activité et l'économie alimentent le trésor public, vivifient toutes les ressources de la prospérité nationale. Tous ces hommes professaient un dévouement sans bornes à la Constitution, et principalement, à la souveraineté nationale, à l'égalité politique et à la royauté constitutionnelle. » En mai 1793, Dutard ajoutait aux propriétaires d'immeubles, aux commerçants et aux artisans les banquiers et les rentiers, les marchands de toutes sortes, les boutiquiers détaillistes, les employés de commerce et autres employés, enfin les clercs de notaires et autres classes de jeunes gens [1].

Les excitations incessantes au désordre et l'action des comités révolutionnaires, qui effrayaient jusqu'aux ouvriers et aux sans-culottes, ne contribuèrent pas peu à fortifier le parti des modérés. En face de la Convention, la très-grande majorité du peuple exprimait journellement des plaintes de ce genre : cela ne

---

[1] I, 77 ; II, 37 ; I, 183, 184, 216.

peut durer. Notre grand malheur est d'avoir trop de maîtres ; il vaut mieux n'en avoir qu'un que d'en avoir sept cents ; tant que nous en aurons un si grand nombre, les affaires n'iront jamais bien. En juin 1793, les marchands ne voulaient plus entendre parler du papier-monnaie républicain et préféraient les billets à l'effigie de Louis XVI[1].

Le nombre des rentiers de l'Etat s'élevait notoirement à plusieurs milliers. Dutard évaluait le groupe des propriétaires à plus de 40,000, savoir 20,000 propriétaires proprement dits, et autant de frères et neveux de propriétaires ; il comptait plus de 15,000 employés de commerce, presque autant d'employés dans les cafés et cabarets, 10,000 commis dans les administrations, de 3 à 4,000 marchands de vin et limonadiers, 114 notaires. Les rapports de police de l'année 1795 évaluent à 30,000 les manœuvres et ouvriers, dont une partie seulement, notamment les ouvriers subalternes, n'appartenait pas au parti modéré. Il y avait, à Paris, de 2 à 300 imprimeries ; tous ceux qui vivaient de la presse, journalistes, éditeurs, imprimeurs, compagnons, protes, etc., 4 à 5,000 hommes au total, s'étaient presque tous rangés de plus en plus du côté des modérés[2].

Mais le courage n'était pas le moins du monde uni à l'esprit de modération. Malgré l'énorme supériorité numérique des modérés, on était convaincu, même pendant les mauvais jours qui précédèrent la chute de la Gironde, que ce serait un vrai miracle de réunir sur

[1] I, 254, 314, 348; II, 61.
[2] I, 203, 216; II, 70, 270, 61.

50,000 modérantisés seulement 3,000 hommes ; que le miracle serait plus grand encore si, sur ces 3,000, il s'en trouvait seulement 500 qui fussent d'accord, et assez courageux pour énoncer leur opinion. Aussi vit-on se réaliser ce miracle très-réel : le 31 mai et le 2 juin 1793, toute la garde nationale, muette et sans volonté propre, accomplit elle-même ce qu'elle ne voulait pas, réalisa involontairement ce qu'au fond elle condamnait ; elle voulait la réconciliation, elle fit la persécution. A la vérité, les instigateurs du mouvement avaient dû limiter leurs projets. Si Henriot avait commandé, le sang aurait coulé, et, dès lors, un conflit entre les deux partis au sein de la garde nationale eût été inévitable, et la victoire des modérés, qui formaient l'immense majorité, certaine [1].

Leurs adversaires révolutionnaires les « *Enragés* » aimaient le désordre pour le désordre même, ou bien y voyaient le moyen de fonder ou d'affermir leur domination. Nous avons déjà signalé les trois fractions constitutives de ce parti : il se composait d'agitateurs ambitieux, de fanatiques doctrinaires de la classe populaire, enfin de la masse dénuée de tout avoir, et se recrutait dans les catégories suivantes :

1° Les domestiques, et surtout les anciens domestiques, ces « vilains animaux », comme les appelaient leurs adversaires, qui ne cessaient de calomnier leurs maîtres, alors même qu'ils leur avaient les plus grandes obligations. Ils étaient, parmi les Enragés, du nombre

[1] II, 70, 49, 79.

des plus exaltés. Au club des Jacobins ils formaient, suivant le mot de Dutard, le *Peuple Bête*. Aussi la commune traitait-elle tout domestique avec la plus grande considération[1].

2° Les ouvriers subalternes, qui, sans avoir tout le zèle des domestiques, en approchaient cependant et souhaitaient volontiers le malheur de ceux qui les faisaient travailler[2].

3° La fraction légère et dissipée de la population parisienne, fraction tombée bien bas au point de vue économique et moral. Le 6 mai 1793, Dutard en traçait ce portrait : « Il existe dans la classe enragée une espèce d'hommes qui sortent de la Pitié, et qui, après avoir parcouru une carrière désordonnée, finissent par retomber à Bicêtre. C'est un adage reçu parmi le peuple : *De la Pitié à Bicêtre*. Cette espèce d'hommes n'a aucune sorte de conduite : elle mange 50 liv. quand elle a 50 liv., ne mange que 5 liv. quand elle n'a que 5 liv.; de manière que, mangeant à peu près toujours tout, elle n'a à peu près jamais rien, elle ne ramasse rien. Depuis la Révolution, cette classe a beaucoup souffert ; c'est cette classe qui a pris la Bastille, qui a fait le 10 Août, etc. C'est elle aussi qui a garni les tribunes des Assemblées de toute espèce, qui a fait des motions, qui a rempli les groupes, qui a... qui n'a rien fait. De là, la femme qui avait une montre, des pendants d'oreilles, des bagues, des bijoux, les a d'abord portés au mont-de-piété, et puis ils ont été vendus. Aujourd'hui, quelle

[1] II, 37 ; I, 246 ; II, 79.
[2] II, 61.

est la situation de ce peuple ? C'est qu'il n'a plus rien, c'est qu'il s'est dépouillé de meubles précieux qui lui donnaient l'idée de la fortune, d'un avoir quelconque. Lui proposer aujourd'hui de lui donner des lois ! L'homme sage et rangé, modéré, en un mot, lui paraît un dominateur, parce qu'il sent bien que, dans une organisation quelconque, l'homme aisé, l'homme vêtu, la femme qui a des pendants d'or, qui a une montre, un clavier d'argent, un collier, des ajustements à la mode, que tous ces individus auront toujours une préférence dans la société sur ceux qui sont réduits à un état de misère. Beaucoup d'entre eux ont quitté leur état, leur métier, et verraient avec une espèce de peine que ce métier reprendrait vigueur. Le dernier sentiment est produit, chez les uns, par la paresse, et chez les autres par l'idée de leur insuffisance et de leur incapacité. Dans ce moment, beaucoup de ces personnages doivent au boulanger, au boucher, au marchand de vin, etc. : personne ne veut leur prêter davantage. Ils ont une femme dont ils sont dégoûtés, des enfants qui crient à la faim, lorsque le père est aux Jacobins ou aux Tuileries. » Après avoir ainsi décrit ces hommes, Dutard proposait au Ministère, à l'occasion de la réquisition contre les Vendéens, d'enrôler précisément, moyennant une bonne prime, cette classe d'Enragés dénués de tout ; c'était en même temps, disait-il, « le plus sûr moyen de purger Paris[1]. »

A côté de l'élément indigène, il y avait dans Paris

---

[1] I, 189 et suiv.

une catégorie spéciale d'Enragés, je veux parler des étrangers attirés de tous côtés dans Paris, « ennemis à la fois du travail et du repos, isolés de toutes parts de l'intérêt général, — écrit, à la date du 12 juin 1792, l'administration départementale, — déjà disposés au vice par l'oisiveté, et qui semblent préférer les chances du désordre, aux ressources honorables de l'indigence. » Ces bandes étaient attirées dans Paris par les agitateurs ; elles y faisaient entendre leurs déclamations ; elles dominaient dans les rues, les places, les jardins publics ; elles formaient les attroupements séditieux et poussaient toujours au mépris des lois et à l'anarchie ; leurs chefs leur inspiraient les mesures violentes propres à effrayer et à étouffer l'opinion publique. Ces hordes venaient surtout des deux cents petites villes, gros bourgs et villages populeux du voisinage.

Quelques milliers de ces aventuriers et fainéants étrangers furent, pendant la révolution, presque continuellement dans Paris ; quelques mille autres restés chez eux n'attendaient qu'un signal pour se rendre à Paris, moyennant une solde de quelques livres, et même sans solde. Il est possible que plus de 200,000 habitants de la banlieue aient désiré le séjour de Paris ; mais, en fait, le nombre de ces personnages, réellement présents dans la capitale, ne dépassa, sans doute presque dans aucune circonstance, 5 à 10,000, et ne s'éleva de 10 à 20,000 que dans des cas tout particuliers. Il est sensible que le rapport numérique entre révolutionnaires et modérés, dans les rues de Paris, différait de la proportion entre ces mêmes partis dans les élections ; car, cela va de soi, les non domiciliés se trouvaient exclus du corps électoral. Néanmoins, si nous prenons la plus forte évaluation possible du nombre des révolutionnaires parisiens, soit 16,000, si nous y ajoutons le chiffre moyen des étrangers, nous n'arriverons jamais qu'au total maximum de 23,000 révolutionnaires présents à Paris, en face desquels il y avait au moins 134,000 gardes nationaux modérés. L'extrême maximum à la rigueur possible de 36,000 révolutionnaires (16,000 Parisiens et 20,000 étrangers) ne fut certainement jamais atteint ; on n'en approcha même pas ; mais le nombre des révolutionnaires tomba très-souvent à 8,000 (3,000 Parisiens et 5,000 étrangers). Du reste, il va de soi que cette canaille anarchique accourue à Paris, cette horde de bandits, comme on l'appela, n'avait aucune espèce de respect personnel pour ses patrons ; elle préféra toujours celui qui couvrit le mieux ses débordements ; elle ne fut dévouée à Marat, à Robespierre et aux Jacobins, qu'à la condition qu'ils donneraient toujours le mot d'ordre de l'émeute, du pillage et du meurtre [1].

Si on met de côté ces éléments étrangers du parti révolutionnaire à Paris, on arrive, en faisant la somme du reste à ce dixième révolutionnaire de la population parisienne proprement dite, dixième qui s'abaissa souvent jusqu'à un dix-huitième, et même jusqu'à un trente-deuxième, et que cependant les démagogues aimaient à appeler, dans leur style adulateur, le peuple

---

[1] I, 76 et suiv. ; II, 12 et suiv. ; I, 246.

de Paris, le peuple souverain : comment s'étonner ensuite que cette petite fraction des habitants de Paris se considérât, en effet, comme le vase d'élection de la révolution, comme le souverain autorisé de Paris, et, par suite, de toute la France?

IV

LES PARTIS APRÈS LA TERREUR.

Le régime de la Terreur eut pour effet de grossir notablement le nombre des adversaires de la révolution ; ceux-ci se divisèrent en deux partis, celui des modérés et celui des royalistes : ils avaient, pour adversaire, après comme avant la Terreur, un troisième parti, alors considérablement amoindri, celui des révolutionnaires enragés, qu'on appelait les terroristes ou les anarchistes. Les anarchistes, dont la force principale était toujours le contingent des prolétaires qu'ils traînaient à leur remorque, se proposaient d'empêcher à tout prix la restauration de la royauté et de ressusciter la Constitution mort-née de 1793, c'est-à-dire le prétendu règne du peuple. Les royalistes, dont le parti comprenait les ci-devant nobles, de gros commerçants, des bourgeois de toute sorte, aspiraient, de leur côté, les uns vers l'état constitutionnel de 1790 ou 1791, les autres vers un retour à l'ancien régime. Les modérés étaient prêts, dans leur apathie, à accepter toute forme gouvernementale, et, par conséquent, la République elle-même, pour peu que ce gouvernement fût assez fort pour assurer la tranquillité et l'ordre [1].

Ces deux derniers partis, lisons-nous dans un rap-

---

[1] II, 351, 453.

port officiel du temps, formaient, par opposition aux terroristes, la masse du peuple qui « est bonne et juge sainement[1]. » Voici comment ils appréciaient le passé : Tous les législateurs qui ont paru depuis 1789 eussent beaucoup mieux fait de réformer les abus des anciennes lois que d'en faire de nouvelles. Comment veut-on que des citoyens dont la plupart n'ont aucune connaissance en législation puissent faire de bonnes lois ? Des gens venant de tous les points et extrémités de la France sont-ils assez profonds jurisconsultes et ont-ils assez de lumières pour rebâtir en moins de six ans l'édifice qu'ils ont abattu au bout d'une durée de treize à quatorze siècles pendant lesquels on a été constamment occupé de corriger les imperfections et de faire les changements que les mœurs nécessitaient, ainsi que les circonstances ? » « Les trois législatures sont venues successivement nous pressurer l'une après l'autre ; la quatrième viendra... chercher le reste. » Dans l'intérêt du présent comme dans l'intérêt de l'avenir, la masse « soupirait après un gouvernement vigoureux, chéri de ceux qui ont à conserver, et redouté par la multitude égarée, pour qui l'ordre est un désordre. » Elle aspirait vers le retour de la paix et vers une constitution durable. Elle ne voulait plus entendre parler des réunions générales des sections, qu'elle considérait comme inutiles, et qu'à dessein elle laissa périr. Le plus grave, c'est qu'elle ne voulut pas davantage des membres de la Convention, lorsque ces derniers prétendirent réser-

---

[1] II, 359.

ver aux deux tiers des leurs l'accès du Corps législatif et se l'attribuèrent en effet; les Conventionnels ne furent plus dès lors considérés que comme les représentants avilis d'intérêts personnels, qui ne pensaient qu'à se perpétuer pour continuer leur domination[1]. Ce sentiment produisit la journée du 13 vendémiaire et lui survécut.

C'est ainsi que, sous le Directoire, le nombre des modérés neutres diminua sans cesse, et qu'on s'attacha de plus en plus à la pensée d'une restauration de la royauté, comme à la seule solution possible ou désirable, après tant d'efforts désordonnés. La masse de la population parisienne se répartit donc en deux partis contraires, les Républicains et les Royalistes; la puissante supériorité numérique de ces derniers croissait chaque jour. Le Gouvernement se dupa lui-même en s'imaginant que néanmoins, au fond, la majorité voulait la République ou qu'on pourrait la gagner à ce régime. On entendait journellement, dans toutes les classes de la société, des propos comme celui-ci : La République sera bientôt dans le néant; elle est à l'agonie. Dès le mois de mai 1795, au temps de la Convention, on avait dû se faire à soi-même cet aveu : « Il n'est pas possible de saisir les personnes qui jurent contre le Gouvernement, parce qu'il faudrait arrêter plus de la moitié des habitants de Paris. » Sous le Directoire, il fallut constater que la République n'était pas seulement maudite à l'ombre du foyer, mais tout haut et de tous côtés[2].

[1] II, 250, 359, 360, 366, 391, 395, 398.
[2] II, 443, 496; III, 138; II, 335, 469; III, 3 et suiv.

A un seul point de vue, cette illusion du Gouvernement avait sa raison d'être. L'expression « royaliste » n'était pas juste ; il eût été plus exact d'appeler « monarchistes » les adversaires de la République. Car pour la plupart de ceux qu'on appelait royalistes, ce mot *royauté* n'était autre que le symbole traditionnel, historique de la monarchie. Au fond, ce n'est pas proprement la royauté que voulait la grande majorité, mais bien la monarchie, c'est-à-dire la domination d'un seul, qu'il s'appelât, d'ailleurs, du nom de roi ou d'empereur, que ce fût un Bourbon, un d'Orléans ou un parvenu.

Quant à se montrer et à agir dans des vues royalistes, la grande majorité des Parisiens n'y songeait pas. Elle aimait trop sa tranquillité ; par amour de cette tranquillité, elle était résignée et comme fixée dans l'impuissance d'une solution, dans l'impuissance de trouver la paix et une constitution durable. Un rapport de l'année 1796 sur l'état intérieur de Paris pose cette question : Comment se fait-il qu'au milieu des plaintes entendues de toutes parts, la tranquillité règne d'une manière en apparence inexplicable ? Voici la réponse : « C'est que le peuple proprement dit, la classe des ouvriers, ne travaille pas ou se fait payer en numéraire, que cette classe ne manque de rien, qu'elle remplit les cabarets, qu'elle n'a plus envie de se mettre en mouvement au premier signal, parce qu'elle est fatiguée. C'est que la classe souffrante, celle mitoyenne, composée d'individus qui préfèrent le repos et le calme à tout, qui est effrayée de tous les mouvements révolutionnaires, ne sait que souffrir et se taire, et que le

Gouvernement sait bien lui-même qu'il n'en a rien à craindre ; que les honnêtes gens crient, se plaignent, mais ne troublent jamais l'Etat ; c'est dans l'intérieur des ménages qu'il faut les voir ; ils pleurent et ils espèrent. » Paris, lisons-nous dans un rapport de l'année 1798, veut le repos ; ce qu'on peut lui demander, c'est la soumission plutôt que l'enthousiasme. La masse des citoyens se retranche dans une sorte d'indifférence qui est bien éloignée de l'esprit républicain. Un autre rapport ajoute : « Consultons la masse de cette population immense, et nous verrons que le Gouvernement peut tout ce qu'il croit nécessaire au salut de l'Etat [1] ».

Et, en effet, seul le Gouvernement fit ce qu'il voulut et ce qu'il put. Mais il est une seule chose qu'il voulut et qu'il ne put réaliser. Il ne réussit jamais à dissiper le mécontentement général et à substituer les sentiments républicains aux sentiments monarchiques dans l'esprit de la grande majorité du peuple. Après une lutte désespérée pour établir définitivement la République, après une série de coups d'Etat, la monarchie, non pas encore, il est vrai, la royauté, se restaura d'elle-même et prit tout d'abord la forme du Consulat, chrysalide de l'Empire [2].

---

[1] III, 265, 321. Aussi Mercier dit-il, de son côté (IV, 73 et suiv.), que Paris est ahuri, sans opinion, sans enthousiasme ; qu'il compte à peine 1,200 républicains. Cf. *Frankreich im Jahr 1796*, I, 233, 361.

[2] Ici quelques pages qui n'ont pas été traduites.

V

DOMINATION DES MINORITÉS

S'il est vrai, comme nous venons de le voir, que non-seulement dans le reste du pays, mais même à Paris, les adhérents de la révolution proprement dite ne formaient qu'une petite minorité, il s'ensuit que tous les événements foncièrement révolutionnaires, les journées du 14 juillet, des 5 et 6 octobre 1789, du 20 juin, du 10 août, des 2-5 septembre 1792, des 31 mai et 2 juin 1793, etc., furent exclusivement l'œuvre d'une imperceptible minorité de révolutionnaires hardis et violents, et que si elles réussirent, cela tient uniquement à ce que l'immense majorité des citoyens ou s'éloigna du théâtre des événements, ou y assista inerte, attirée par la curiosité, et augmentant ainsi, en apparence, l'importance du mouvement.

Il n'est donc pas douteux que le poids et la responsabilité des criminels débordements de la révolution incombe surtout aux modérés, qui, quoique armés, favorisèrent moralement, et, en dépit d'eux-mêmes, accélérent le succès de toutes les aventures révolutionnaires, par leur indifférence ou leur indécision, par leur mollesse, par leur constant manque de courage.

Nous avons déjà vu Dutard s'exprimer en ces termes après la chute de la Gironde : « Si vous parvenez à réunir, sur 50,000 modérantisés seulement 3,000, je serai bien étonné ; et si, sur ces 3,000, il s'en trouve seulement 500 qui soient d'accord, et assez courageux pour énoncer leur opinion, je serai plus étonné encore. Ceux-là, par exemple, ajoute-t-il, doivent s'attendre à être septembrisés. » « Douze fous bien en fureur, à la tête de la section sans-culottière, écrit-il dans un autre rapport, feraient fuir les autres 47 sections de Paris [1] ». Mercier parle aussi en termes fort durs des modérés, qui, très-supérieurs en nombre, se sont laissé dominer par une petite minorité. Tout plein d'un courroux amer, il apostrophe en ces termes les Parisiens, à propos de la chute de la Gironde et du régime de la Terreur : « Soixante brigands couvraient la France de sang et de deuil; cinq cent mille hommes dans vos murs étaient témoins de leurs forfaits, et n'avaient point le courage de s'y opposer [2] ».

L'indifférence, la peur et la lâcheté éloignèrent aussi des élections, de sorte que tous les votes, pendant la période révolutionnaire, furent le fait de minorités incroyablement petites. On craignait d'être terrorisé, et, en effet, parmi ceux qui, à cette époque, émettent des votes révolutionnaires, on trouve un nombre considérable de modérés effarés ou terrorisés.

En novembre 1791, Pétion fut, comme on sait, élu maire de Paris, à la place de Bailly. Sur 80,000 électeurs, 10,300 seulement, soit 1/8, prirent part à l'élection. Le radical Pétion eut 6,600 voix, Lafayette, modéré, 3,000. Ainsi Pétion fut élu par le douzième des électeurs.

[1] II, 70, 81.
[2] Mercier, *Le Nouveau Paris,* III, p. 68.

Le 4 octobre 1792, par conséquent après les horreurs de septembre, sur 160,000 électeurs, 14,137 seulement, soit 1/11, prirent part au vote pour l'élection d'un maire. La peur et le désir d'éviter un plus grand mal déterminèrent les modérés eux-mêmes à voter pour Pétion, qui réunit ainsi 13,746 voix, et fut encore une fois nommé par un douzième des électeurs. L'élu se récusa, voulant se consacrer tout entier à ses fonctions de membre de la Convention.

14,066 citoyens prirent part au second vote du 22 octobre ; les voix se partagèrent de telle sorte qu'il n'y eut pas de résultat ; Lefèvre d'Ormesson, candidat des modérés, n'obtint pas plus d'un millier de voix [1].

De nouvelles élections eurent lieu dans les premiers jours de novembre : 43 sections seulement sur 48 y prirent part ; il n'y eut que 9,361 suffrages exprimés ; ainsi, un peu plus d'un dix-huitième des électeurs avait pris part au vote ; les voix se divisèrent encore ; d'Ormesson eut cette fois 1,741 suffrages. L'élection fut invalidée.

Quelques jours plus tard, on vota encore ; je ne suis pas en mesure d'indiquer avec une exactitude complète le nombre total des votants ; mais on peut l'évaluer à 5,600 environ, ce qui fait comme un trentième des électeurs : cette appréciation est basée sur les données suivantes, qui nous sont parvenues : le candidat des Jacobins, Lhuillier, obtint 2,021 voix, d'Ormesson, 2,567 ; il y eut environ 1,000 voix dispersées.

[1] Mortimer-Ternaux, V, 96.

Aucun des deux principaux candidats n'avait donc obtenu la majorité absolue : une nouvelle élection circonscrite entre Lhuillier et d'Ormesson eut lieu le 19 novembre. Cette fois, les deux partis mirent l'un et l'autre en ligne des forces plus considérables. Les Jacobins avaient recruté toutes les leurs ; les modérés étaient restés, comme toujours, bien en-deçà de ce qu'ils pouvaient faire. Le nombre des suffrages exprimés dépassa 9,800, soit un peu plus du dix-septième du chiffre total des électeurs. D'Ormesson obtint 4,910 voix ; le Jacobin Lhuillier, 4,896. Ce chiffre de 4,896 voix jacobines sur 160,000 électeurs est le plus élevé que je connaisse. D'Ormesson fut proclamé ; mais, effrayé d'une mission aussi difficile et aussi périlleuse, il se récusa[1].

Une nouvelle élection était encore une fois nécessaire ; elle eut lieu vers la fin de novembre. Malgré le résultat encourageant du 19 novembre, il n'y eut, cette fois encore, que 10,223 votants, soit 1 électeur sur 16. 2,491 voix furent données à Lhuillier, 3,632 au candidat modéré Chambon ; les autres voix se divisèrent ; de sorte qu'il n'y eut point encore de majorité absolue.

Le dernier jour de novembre eut lieu un scrutin de ballottage. Le nombre des votants ne monta cependant qu'à 11,365. Lhuillier obtint, à ce qu'on prétendit (car les chiffres ne concordent pas), 3,906 voix (vraisemblablement 3,005), Chambon, 8,358. Il était donc élu, et il accepta, en apparence, courageusement ;

[1] Mortimer-Ternaux, V, 101 et suiv.

mais, une fois maire, il se laissa bientôt entraîner de plus en plus vers la Gauche [1].

Des faits que je viens de relever et de ceux que je citerai plus loin, il résulte : 1° que les Jacobins ou les Enragés ne purent jamais, dans les élections, atteindre par eux-mêmes 5,000 voix, et que, par conséquent, la somme des révolutionnaires radicaux parmi les citoyens jouissant des droits électoraux ne peut être évaluée à plus de 5 à 6,000 ; 2° que, depuis 1792, les neuf dixièmes au moins, et souvent une proportion beaucoup plus grande d'électeurs s'abstinrent ; 3° que, sans leur indifférence, leur apathie, leur manque de courage, les modérés eussent remporté à Paris, dans toutes les élections, une majorité incontestée, écrasante, qui eût couvert de honte et anéanti le parti opposé.

Les élections pour la nomination du commandant général de la garde nationale parisienne, en 1793, ne sont pas moins instructives :

La chute de la Gironde, dont les modérés, restés spectateurs inactifs en face d'une minorité infime, mais remuante, étaient vraiment responsables, venait de jeter la terreur dans tous les quartiers de Paris et dans toute la France. On était sous le coup de cette terreur, lorsque, le 18 juin 1793, on dut procéder à l'élection du commandant de la garde nationale. Sur environ 150,000 électeurs, 10,000 seulement — soit 1/15 — votèrent dans quarante-cinq sections. Le candidat des modérés, Raffet, obtint la majorité relative,

---

[1] Mortimer-Ternaux, V, 109. *Moniteur,* n° 338 (et non 336).

avec 4,958 suffrages ; le Jacobin Henriot en eut 4,573. Les autres voix furent dispersées : Julio, qui passait aussi pour modéré, eut quelques centaines de voix [1].

Un scrutin de ballottage était nécessaire ; il eut lieu à la fin de juin. A cette occasion, tous les moyens d'intimidation furent mis en œuvre avec un tel succès qu'une quantité de modérés, jaloux de conserver leur tranquillité et de sauvegarder leur sûreté personnelle, se laissèrent gagner à Henriot. Il en résulta que cette fois 15,000 électeurs, soit un dixième du corps électoral, prirent part au vote, et qu'Henriot obtint, résultat tout-à-fait inattendu, 9,087 suffrages ; Raffet eut environ 5,900 voix [2].

Ainsi, l'effroi était tel que près de la moitié des suffrages obtenus par Henriot avaient été arrachés à des électeurs qui n'étaient nullement du parti des Enragés [3].

Il est on ne peut plus intéressant d'étudier l'histoire des opérations électorales du 18 juin dans la section du Contrat-Social, où la minorité dominante ne comptait alors que trente et quelques têtes. Dutard nous a laissé le rapport suivant, daté du 19 : « L'assemblée de ma section était fixée pour quatre heures ; mais les gens comme il faut (c'est-à-dire les modérés) n'ont trouvé à propos de s'y rendre qu'à sept heures. On a fermé le scrutin à neuf heures, de manière que plus de cent votants qui se sont présentés ensuite ont été privés

---

[1] *Moniteur*, n° 179. *Tableaux*, II, 20, 78.
[2] *Moniteur*, n° 185.
[3] Ici quelques lignes reportées plus loin dans la traduction.

de donner leur suffrage, et c'étaient encore les modérés qui étaient en retard. Dans ma maison, sur huit hommes, nous n'étions que deux. J'ai vu hier beaucoup de personnes de ma connaissance, et, ce qui prouve que nos modérés ne savent ce qu'ils font, c'est que, à six heures, ils n'étaient pas fixés sur celui qu'ils devaient nommer. Sur à peu près 360 votants, M. Julio a eu 191 voix, M. Raffet 131, et M. Henriot 31. Il est remarquable que la section de Bonne-Nouvelle était venue en députation pour inviter la section du Contrat-Social à ne pas nommer M. Raffet ».

Déjà, la veille au soir, cette dernière section avait tenu une réunion préparatoire pour se concerter sur les candidats : mais sur plus de douze cents modérés, il n'y en avait guère plus d'un cent ; et, dans l'opinion de Dutard, on devait s'attendre à ce qu'en cas d'appel nominal, une dizaine de factieux, tout au plus, feraient la loi à toute la section ; car « on ne peut attendre de la part des riches que lâcheté et bassesse ». Voici un mot du candidat Julio qui est en parfaite harmonie avec le témoignage du Dutard : dans la section du Contrat-Social, « un tiers de ceux qui sont en état de défendre la section sont à la campagne, un autre tiers reste chez soi et se cache, et l'autre tiers n'ose rien faire ». Dans la section du Contrat-Social il n'y eut pas d'appel nominal, du moins le 18 juin. Mais, ailleurs, on mit ce jour-là, pour la première fois, en usage ce genre d'intimidation.

Dans la section des Halles et des Marchés, le scrutin avait débuté suivant les formes prescrites par la loi ;

mais le parti des Enragés ayant constaté que la grande majorité n'était pas favorable à son candidat, on s'abattit sur le scrutin, on déchira les bulletins et on décida que « la nomination se ferait à scrutin ouvert ». Ailleurs des modérés prévoyaient qu'il en serait de même dans la plupart des sections.

On peut juger par-là des intrigues qui amenèrent le résultat inattendu du scrutin de ballottage, inattendu, car Raffet avait obtenu la majorité au premier tour, et le parti modéré avait été, jusqu'à ce jour, unanimement favorable à ce candidat [1].

Le fait suivant donnera une idée des moyens qui furent mis en œuvre pour faire échouer Raffet dans le scrutin de Bonconseil ; Henriot, contre toute attente, obtint une majorité bien tranchée : mais un rapport de police nous apprend qu'à la porte du lieu de ses séances qui servait de salle de vote, la section « avait fait afficher de ne point donner de voix à M. Raffet, parce que, disait-elle, il était un contre-révolutionnaire avéré [2] ».

On doit signaler la même apathie parmi les modérés, lors des votes sur les constitutions révolutionnaires. Lorsque, en septembre 1795, la Convention ouvrit, dans toute la France, un plébiscite sur la nouvelle constitution républicaine, celle du Directoire, il y avait environ 6 millions de citoyens jouissant des droits électoraux ; 958,000 seulement votèrent, et la Constitution fut approuvée par 914,000 voix. Au contraire, en 1802 et en 1804, lorsqu'il fut question d'ouvrir la voie

---

[1] II, 77 et suiv., 79, 69.
[2] *Tableaux*, I, 374 ; II, 83.

aux institutions monarchiques, puis de les restaurer, d'approuver le consulat à vie et l'empire héréditaire, les votants, comme on sait, se nombrèrent par un chiffre croissant de millions. Ce qui prouve suffisamment que, ni à Paris, ni en dehors de Paris, le peuple n'avait foi dans la République.

En 1799, l'évolution générale des esprits était un fait incontestable : le journal *Le Miroir*, dans son numéro du 1er septembre, publia un article intitulé : *la Fable des Moutons*, dont voici le sens : Un troupeau de moutons voulut briser les chaînes de la tradition et bloqua le berger Azor : ils étaient cent contre un ; ils tuèrent le vieil Azor, si longtemps respecté, et cachèrent sa houlette. Quelques moutons, désespérés d'un si noir forfait, s'exilèrent. Mais les autres moutons furent aussitôt inquiétés par les loups. On se repentit alors :

> ... Qu'avons-nous fait ? notre maître est si bon !
> Et nos amis avaient raison.
> Rappelons nos amis, délivrons notre père !
> (Car le maître captif et les moutons bannis
> N'étaient plus à leurs yeux qu'un père et des amis.)

Bref, le berger revient, gronde tout doucement, reprend sa houlette et conclut ainsi :

Mais nous voilà d'accord, les loups n'ont pas beau jeu [1].

---

[1] III, 441 et suiv. Cette fable paraît supposer Louis XVII encore vivant et prisonnier.
A la fin de ce chapitre, quelques lignes supprimées. (*Le trad.*)

VI

LES BATONNIERS ET LA GUERRE DES CHAISES

Les loups dont parle la fable ce sont les agitateurs, les perturbateurs. Dès le commencement de la Révolution, on songea souvent à employer, pour se rendre maître de ces gens-là, des moyens matériels. Cette idée ainsi que le moyen imaginé sont entrés dans la tradition.

En février 1870, le *Figaro* n'invitait-il pas les Parisiens à former une Société dite des Gourdins réunis dont les membres s'obligeraient, en cas d'émeutes, à intervenir avec leurs gourdins? L'idée du bâton vient, en effet, assez naturellement à l'esprit, à certaines époques de l'histoire. Le rôle qu'il a joué dans les rues de Paris pendant la période révolutionnaire mérite une étude spéciale.

Les catholiques fidèles aux traditions religieuses, les modérés, les terroristes ont tour à tour manié le bâton : cette arme a servi à interpréter des sentiments très-divers.

En 1792, le jour de la Fête-Dieu, la foule attachée aux antiques usages bâtonna ceux qui n'avaient pas tendu leurs maisons [1]. Le trait est peu connu et veut être relevé.

Mais, au début de la Révolution, le bâton devait

[1] I, 302.

trouver dans le camp tout opposé des bras plus fermes et plus hardis. Un rapport de police nous fait supposer qu'il fut l'auxiliaire habituel des Sans-Culottes qui, au printemps de 1793, étaient généralement maîtres du terrain. « Dans toutes les sections, j'emprunte les termes du rapport, ce sont les Sans-Culottes qui occupent les comités de surveillance, ce sont eux aussi qui occupent le fauteuil, qui ordonnent l'intérieur de la salle, qui disposent les sentinelles, qui établissent les censeurs et les réviseurs. Cinq ou six espions, habitués de la section, soldés à 40 sous, y sont depuis le commencement jusqu'à la fin de la séance ; ce sont des hommes à tout entreprendre. Ces mêmes hommes sont destinés encore à porter les ordres d'un comité de surveillance à l'autre, de proche en proche, de manière que, s'il arrive quelque chose dans une section, la section voisine en est bientôt instruite ; et si les Sans-Culottes d'une section ne sont pas assez forts, ils appellent ceux de la section voisine ». Il n'est pas dit expressément que ces agents des comités de surveillance portassent des bâtons, mais ce qui suit dans le même rapport le rend vraisemblable, et, en tous cas, ces mercenaires étaient les meilleurs instruments des coups de force et des entreprises violentes [1].

Toutefois les modérés n'avaient pas constamment courbé la tête ; à la veille du 31 mai, ils avaient même, à leur actif, le souvenir d'une grande victoire à coups de chaise remportée dans les journées des 4 et 5 mai :

---

[1] I, 223 et suiv., 325, 333.

l'histoire de ce succès est intéressante. Après une période d'exaltation révolutionnaire, les modérés avaient reparu un peu plus nombreux et dans presque toutes les sections, les deux partis avaient fini par en venir aux mains. On avait cassé les chaises ; des pieds et des barreaux on s'était fait des armes. Qu'advint-il ? Partout les braillards furent battus ; même dans la section des Halles, « qui pendant toute la Révolution fut une des plus enragées », les Sans-Culottes parurent très-déconcertés. Les agitateurs furent partout comme balayés ; les factieux, les « aboyeurs d'habitude », jusqu'aux femmes soldées de la Terrasse des Feuillants tout disparut. Cette fois enfin, le parti modéré essaya ses forces, et reprit vigueur, s'apercevant « qu'il avait des épaules propres à porter des coups et qu'il avait aussi des bras capables de se faire sentir rudement [1] ».

Il retomba ensuite dans sa torpeur ; cependant, une fois encore, le 26 mai, dans la section de l'Arsenal, fut livrée, mais en des circonstances défavorables, une intéressante bataille de chaises, à l'issue de laquelle « les saute-ruisseaux, les constants de boutique s'enfuirent » ; les Sans-Culottes restèrent les maîtres [2].

L'avocat Dutard, agent du ministre Garat, songeait certainement à ces efforts récents des modérés, lorsque, le 28 mai, il proposa au ministre de développer et de systématiser sous-main les coups de bâton. Depuis longtemps il était évident que les perturbateurs, les

[1] I, 180, 184, 189.
[2] I, 313.

Enragés, comme on disait, trouvaient leur force non dans leur nombre ou leur courage, mais dans l'abstention et la mollesse de la grande majorité du peuple de Paris. On chercha de divers côtés à faire sentir à cet indolent parti de l'ordre la supériorité de sa force et à le déterminer à une intervention énergique. Un des plans les plus intéressants est assurément le projet de ce Dutard : il voulait établir, dans toutes les sections, un corps de bâtonniers, dégoûter par là les révolutionnaires des voies de fait et inspirer quelque énergie aux modérés et aux riches. « Il est étonnant, écrivait-il, combien un homme à moustache, un hussard qui laisse traîner par terre son sabre, en impose ». Partant de cette idée, il tenait surtout à ce que, dans toutes les sections, « on trouvât des hommes forts, non pas pour attaquer, mais pour battre, au besoin ». Il fallait, pour tenir tête à la Faction, agir comme elle, établir dans chaque section des meneurs, en état de « faire le coup de main en toute manière ». Ils serviraient aussi à « dénicher de chez eux » les modérés, les propriétaires, les jeunes gens, afin qu'ils se rendent, le soir, comme il convient, aux réunions des sections, et que ces derniers, les jeunes gens, s'exercent, en outre, au maniement des armes et surtout du bâton. Ce serait là le meilleur emploi du fonds des dépenses secrètes. « Il faut être sans-culotte, vivre avec les sans-culottes, pour déterrer des expédients de ce genre ». « Il n'y a rien que les sans-culottes craignent autant que le bâton. Dernièrement, écrit-il, il y avait des jeunes gens qui en portaient dans leurs pantalons ; tout le monde tremblait en les regardant. Je voudrais que la mode en devînt générale [1] ».

Sans attendre la réponse à sa première proposition du 28 mai, Dutard y revint le lendemain et exposa plus longuement ses vues : « Lorsque je vous ai parlé des bâtonniers, écrit-il (l'expression apparaît ici pour la première fois), vous avez vraisemblablement trouvé mon idée creuse et dépourvue de sens. Quoi! cet homme qui se dit le grand partisan des sans-culottes ose proposer de les conduire par le bâton! Et, mais oui, le bâton : ce n'est pas seulement aux sans-culottes, je veux aussi qu'on en donne aux modérés, et aux aristocrates surtout, au lieu de les guillotiner. Il faut que j'explique mon intention. Il est de fait que la force armée à Paris est nulle... Il est de fait que, si 50 femmes se jetaient sur une patrouille, elles sauraient toutes d'avance qu'aucun n'oserait les frapper avec le sabre, avec la pique, ni avec aucune arme offensante. Il est de fait que 20 modérés entourent quelquefois 2 ou 3 aboyeurs, et que les premiers sont comme forcés d'applaudir aux motions les plus incendiaires. Il est de fait que tous les rassemblements sont composés en grande partie d'aristocrates et de modérés, et que la séparation ne se fait ordinairement que lorsque l'affluence de la populace devient si grande qu'ils craignent d'être mis en jeu. Il est de fait que toutes les fois que la faction a voulu en imposer aux autres partis, elle s'est servie de ce moyen qui lui a bien

---

[1] I, 224, 302, 325.

réussi. Il est de fait que l'on peut donner de bons coups de bâton sans exciter la guerre civile, et qu'un coup de lance la déterminerait infailliblement. Il est de fait que pour les armes les bourgeois et les sans-culottes sont en peine, c'est-à-dire aussi mal exercés les uns comme les autres, et qu'un bâtonnier est en état de battre dix autres hommes. Il est de fait, enfin, qu'un aboyeur sera très-circonspect à côté d'un ou (de) deux hommes en veste ou en pantalon, munis d'un bon bâton, et qu'une patrouille armée de piques et de fusils ne fait que l'aigrir, et lui sert de prétexte pour s'enhardir davantage [1] ».

Le 1ᵉʳ juin, Dutard revenait encore à son projet, alors que sévissait déjà la tourmente qui renversa la Gironde, chassa de la scène politique le ministre et ses agents, et transforma bientôt la République en un désert de terreur et de mort.

C'est précisément pendant la Terreur que le bâton fut pour la première fois érigé en système gouvernemental et devint, entre les mains de la police, un moyen d'épouvante officiel. Le corps des Tappe-dur se forma vraisemblablement de ces mercenaires des Jacobins dans les sections dont j'ai parlé plus haut, ou, du moins, se recruta, en partie, dans cet élément : canaille hideuse et digne de la potence, les Tappe-dur, au service du Comité de sûreté générale, parcouraient, en bandes, les rues de Paris et menaçaient tous les suspects et tous les modérés de l'arrestation ou de

---

[1] I, 333, 374.

la mort. Ces bandes tiraient leur nom du bâton noueux qui leur servait d'armes. Leur quartier général était le *Café Chrétien,* contigu au Théâtre-Italien. Le langage de ces prétoriens de la Terreur était aussi brutal que leur conduite : partout où ils se montraient, ils semaient l'épouvante. Et, cependant, à l'exemple de leurs seigneurs et maîtres, ils se donnaient pour « patriotes » par excellence ; ils se disaient les véritables fondateurs de la République ; naturellement ils disparurent avec le régime qui les avait organisés [1].

Mais le régiment des bâtons subsista, tout en entrant dans une phase nouvelle. Voici comment : après la chute de Robespierre, il fallut défendre la Convention contre les partisans de la Terreur qui survivaient à sa chute : ce fut alors une fraction du peuple lui-même, ce furent les jeunes gens qui adoptèrent le bâton, comme arme défensive et offensive. Le vœu de Dutard était réalisé.

Le marquis de Saint-Huruge, souvent appelé le héros de la Révolution, personnage très-connu dans tous les groupes et dans tous les cafés, se montra un des premiers, fièrement armé d'un solide gourdin, se déclara très-ouvertement l'adversaire des Jacobins, et c'est à coups de bâton qu'il démontrait leur erreur à tous les citoyens qui ne pensaient pas comme lui. La jeunesse anti-révolutionnaire se joignit au marquis avec empressement et adopta son système : cette jeunesse devait plus tard suivre la direction de Fréron, mais elle fut

---

[1] Mercier, III, 186 et suiv.

d'abord en relation avec Saint-Huruge. Armés de bâtons, les jeunes gens pénétraient dans les cafés pour y rechercher et y rosser les Jacobins et les adversaires du Gouvernement. Là où ils se réunissaient eux-mêmes, comme dans le *Café de Chartres,* on les voyait toujours prêts à jouer du bâton, au cas que des agents suspects se montrassent. A coups de gourdin, ils chassaient des tribunes de la Convention les mégères de la Terreur et menaçaient du bâton les députés qui passaient pour buveurs de sang. Dans les théâtres, sur la scène, en dehors des coulisses et dans les coulisses même, au parterre et dans les loges, ils établissaient l'ordre à leur profit, le bâton à la main, dictaient des arrêts et gouvernaient l'opinion. Ils faisaient de même la police dans les groupes, les traversaient se tenant en file, par quatre de front, et dispersaient la foule en chantant. Ils luttèrent un jour avec un rassemblement d'ouvriers armés de fusils; le bâton eut le dessous [1]. Mais, en général, ouvriers et « jeunes gens » vivaient en bonne harmonie.

Vers la fin, le bâton que portaient les jeunes gens du parti anti-révolutionnaire et du parti royaliste était un bâton noueux armé aux deux bouts. Il était muni, à l'une des extrémités, d'un poignard dit poignard vendéen, à l'autre d'un tranchet. Mercier prétend que, en mai 1795, dans les journées de prairial, les royalistes prirent à leur solde les Tappe-dur de la Terreur ; nous ne sommes pas en mesure de nous prononcer

---

[1] II, 264, 244, 281, 266, 288, 280; III, 60; II, 303, 305.

pour ou contre cette affirmation ¹. Assurément, les jeunes gens et le parti anti-révolutionnaire ne se battirent pas seuls alors en faveur de la Convention menacée : la section Lepelletier, où dominait bien plus l'esprit royaliste, se conduisit de même. Mais ce serait néanmoins tout confondre que d'appeler, comme Mercier, purement et simplement royalistes tous les défenseurs de la Convention ; et, d'autre part, il serait bien naturel que les débris des Tappe-dur se fussent joints aux plus forts plutôt qu'aux plus faibles, et eussent préféré se faire louer par les défenseurs de la Convention plutôt que de se vouer à la tâche ingrate de soutenir une révolte de Terroristes affamés sans vue politique.

On comprend à merveille qu'avec le temps le procédé des jeunes gens qui avait du succès ait trouvé des imitateurs et parmi leurs adversaires proprement dits et dans d'autres partis politiques. Les partisans du Terrorisme, les Jacobins, appartenant à la queue de Robespierre, osèrent aussi parfois se montrer avec le bâton, afin de reconquérir, par lui, du crédit et de l'autorité ; mais ce fut la plupart du temps sans résultat. Les agioteurs, de leur côté, se servirent du bâton contre les soldats de la légion de police ; et les soldats des casernes contre les émeutiers révolutionnaires. Enfin les chouans organisèrent, parmi leurs jeunes gens, l'arme du bâton, et appelèrent formellement Bâtonniers ceux qui en étaient pourvus ².

[1] Mercier, V, 129, 195 ; III, 188, Conf. I, 113.
[2] III, 65, 71, 167, 445, 169 ; II, 544, 504.

Ainsi l'idée de Dutard trouva son application à l'apogée de la Révolution et dans la période décroissante. Mais elle ne fut point tentée dans la phase du développement, et c'est ainsi que les agitateurs eurent libre carrière et purent dominer sans conteste [1].

[1] La rédaction de ce chapitre a été remaniée par le traducteur.

VII

AGITATIONS ET AGITATEURS, CORDELIERS ET JACOBINS

Les maladresses de l'ancien régime, son absolutisme, son incurie financière, son immoralité et son désordre avaient éveillé et entretenu dans la capitale et dans le pays tout entier un mécontentement si général, que les mouvements des années 1787 et 1789 contre ce régime étaient vraiment bien naturels, bien justifiés : ils étaient le fait non d'individus isolés, mais d'un grand nombre de citoyens ou même de tous. La responsabilité du mouvement révolutionnaire proprement dit ne remonte pas aussi haut.

L'insurrection qui aboutit à la prise de la Bastille, ce symbole visible d'une tyrannie passée, non assurément d'une tyrannie présente, eut elle-même pour origine un mécontentement local et comme instinctif[1] qui éclata tout à coup, plutôt qu'elle ne fut le résultat de menées agitatrices : et, en faisant abstraction des méfaits de quelques individus, on peut lui trouver une excuse.

Avec les journées d'octobre 1789 s'ouvre cette série

---

[1] Le registre qui était autrefois coté aux Archives Nat. O. 3935 devra être compulsé pour l'étude de cette importante question de critique historique. Mon regretté collègue, E. Boutaric, qui me signala autrefois ce document, en tirait de tout autres conclusions. (*Le trad.*)

de mouvements populaires et de révoltes aussi inexcusables que désastreuses, causées, soit par les excitations de fanatiques exaltés, d'agitateurs avides et ambitieux, de coureurs de fortune et de places dont le jeu était calculé, soit par les instigations incessantes de fieffés coquins, de gens réellement exaspérés et fanatisés et de fous pleins de vanité. Parmi les fanatiques figurait Camille Desmoulins; parmi les fous, Maillard; la plupart appartenaient aux autres catégories.

A mesure que les troubles dégénérèrent en habitude, la lie de la banlieue afflua plus nombreuse, et se mêla de plus en plus à la populace de Paris; de tous les coins de la France et même de l'étranger accoururent, enflammés et surexcités non-seulement ceux qu'attirait une sincère sympathie ou la simple curiosité, mais aussi des mauvais sujets de toutes sortes, qui faisaient du désordre même leur aventureux métier. Aussi, dès le mois de mai 1790, les autorités municipales de Paris étaient-elles en droit de se plaindre de ce que les troubles étaient excités « par des gens sans patrie, sans asile [1] ».

Au commencement de l'année 1791, les menées agitatrices, les désordres croissants qui en naissaient avaient fait un tel mal que Mirabeau, chef moral de l'administration départementale de Paris nouvellement créée, le signala en termes énergiques et réprouva ces désordres dans l'adresse que le Conseil général présenta vers la fin de février à l'Assemblée nationale.

[1] I, 4.

Dans cette adresse, son œuvre personnelle, il proclamait la tranquillité publique le premier des besoins, accusait d'en être les « coupables ennemis » ces « factieux qui persuadent au peuple qu'il doit agir par lui-même, comme s'il était sans lois et sans magistrats ». Parlant au nom de l'administration départementale, il faisait cette promesse : « Nous démasquerons les coupables, et nous apprendrons au peuple que, si la plus importante de nos fonctions est de veiller à sa sûreté, son poste est celui du travail fécondé par la paix, de l'industrie active, et des vertus domestiques et sociales ». Lui-même distribua aussitôt cet enseignement au peuple, en rédigeant une proclamation du Département aux citoyens de Paris. Les auteurs des troubles y étaient qualifiés de mauvais citoyens, d'instigateurs « des plus grands crimes », appelés les ennemis dont le peuple doit le plus se défier : leur seul but est de tromper la nation et « de perpétuer l'anarchie ». Il faisait appel à la raison et à l'intérêt : « On reconnaît, disait-il, un peuple qui, ayant conquis la liberté, est digne de la conserver, à sa tranquillité intérieure, à la confiance qu'il a dans ses chefs, à la sécurité avec laquelle chacun se livre à son industrie ; enfin à la prospérité générale, qui est toujours l'ouvrage des bonnes lois. L'inquiétude du peuple produit un effet tout opposé. Ceux qui excitent cette inquiétude mettent en œuvre un artifice trompeur. Faut-il d'autre motif aux habitants de Paris pour les porter à la paix que leur intérêt et leur gloire ? Cette ville a commencé la Révolution par son courage : il faut qu'elle l'achève par la soumission aux lois; elle a donné l'exemple du patriotisme, elle doit donner celui de la paix [1] ».

La grande majorité des citoyens et des gardes nationaux était dès lors animée des mêmes sentiments que Mirabeau; mais, en même temps, trop lâche pour opposer une énergique résistance au petit troupeau des agitateurs. On crut Mirabeau; on ne suivit pas ses avis. Sa proclamation était le chant du cygne, son testament politique, son dernier programme. Il mourut sans espoir, en prononçant ces célèbres paroles : « J'emporte avec moi le deuil de la Monarchie : les factieux s'en partageront les lambeaux »..

Il y avait deux classes de factieux, les chefs et les subalternes. Ceux-ci étaient de deux sortes : les volontaires qui s'attachaient à des chefs, tout en conservant une certaine indépendance ; les gens gagés qui étaient loués par des chefs ou par le parti et qui agissaient conformément à des instructions déterminées. Ces derniers, surtout employés par les Jacobins, et où figuraient des femmes aussi bien que des hommes, étaient aussi appelés : les salariés, les payés, les gagés. Les subalternes, en général, étaient appelés agents, émissaires, espions, surveillants, observateurs ; quant aux émeutiers de toutes sortes, on les désigne sous les noms d'agitateurs, provocateurs, diffamateurs, aboyeurs, anarchistes, etc. [2].

Les foyers d'agitation étaient surtout établis dans

[1] I, 12 et suiv.
[2] Voyez la table des *Tableaux*, aux mots : Agitateurs, Agents, Soldés.

les cafés ; c'est là que les chefs se concertaient en petit comité. Les centres principaux de propagande étaient les tribunes des grands clubs où se réunissaient toutes sortes d'agitateurs venus de tous les coins de la ville. Les centres de second ordre étaient les tribunes des Quarante-huit Sections, qui servaient non-seulement aux assemblées générales, mais aussi aux sociétés populaires des sections, sociétés qui comptaient dans leur sein toute espèce de perturbateurs, ainsi répartis suivant le lieu de leur domicile. Depuis l'année 1792, ces gens s'imposèrent dans les comités révolutionnaires, pour y acquérir le pouvoir et l'influence. Enfin l'impulsion anarchique se ramifiait dans les groupes et les rassemblements ; là ne figuraient, à quelques exceptions près, celle de Danton par exemple, que des provocateurs subalternes, volontaires ou soldés : chacun d'eux, s'inspirant des circonstances, et sans qu'aucune circonscription particulière lui fût assignée, s'exerçait sur un point ou sur un autre, dans les rues, sur les places. Les lieux où se formaient le plus volontiers les groupes, les rassemblements, etc., étaient le Jardin des Tuileries, la Terrasse des Feuillants, la Terrasse du Château, et le Jardin du Palais-Royal ; il faut citer, en seconde ligne, les Champs-Elysées, les boulevards, et surtout la Porte-Saint-Martin.

Le nombre des agitateurs proprement dits, des agitateurs zélés, ne fut jamais très-grand, même pendant les périodes les plus chaudes. En mai 1793, le nombre des chefs était de 10 à 12 ; les provocateurs subalternes dangereux étaient 20 à 30. Le comité central révolutionnaire des sections, au palais épiscopal, comité qui, évidemment, se composait surtout d'agitateurs, comptait environ 80 membres : il se renouvela sur la base de 2 membres par section, ce qui fit 66 membres pour 33 sections. Ainsi le chiffre total des meneurs, chefs et subalternes, montait tout au plus à 150 ou 200 ; soit, en moyenne, 3 à 4 hommes par section. Beaucoup de sections qui se tinrent toujours à l'écart, comptaient à peine un ou deux agitateurs ; d'autres, au contraire, en comptaient plus de trois ; la trop fameuse section du Panthéon, en octobre 1792, pouvait en produire quatre, flanqués eux-mêmes de quatre séides [1]. En 1798, l'état-major anarchique compte tout au plus 150 hommes : ce chiffre est en harmonie avec les données qui précèdent [2].

Les principaux foyers d'agitation, les grands clubs doivent tout d'abord attirer notre attention. Ici, que nous considérions l'ordre des temps ou le degré d'audace, ce sont les Cordeliers qui ont le pas sur les Jacobins. Leur chef, Danton, se rattachait au groupe des avides et des ambitieux plutôt qu'à toute autre catégorie. Les Cordeliers — qui, suivant l'usage, cachaient sous les mots les plus trompeurs les vues extrêmes les plus dangereuses — s'appelaient « Amis des droits de l'homme et du citoyen ». Lors de la fuite du roi, en juin 1791, le club se montra tellement provocateur que l'Administration départementale, bien que Danton fût un de ses membres, prit une résolution

[1] I, 148, 221, 343, 100.
[2] III, 345.

virile et osa se dresser contre lui. Le club, entre autres choses, avait lancé et fait placarder un appel aux citoyens ; il y réclamait ouvertement la révolution. Le Département, irrité, répondit par un procès-verbal, en date du 22 juin : « L'administration, indignée, déclare l'appel : « faux, dans les faits qu'il renferme ; dangereux dans ses principes et ses conséquences, puisque, sous le voile d'un civisme affecté, il semble ne s'occuper qu'à calomnier les administrations, au moment qu'elles se dévouent toutes entières à l'ordre public, et qu'à diviser les citoyens, au moment où leur réunion est le premier besoin et la première force du patriotisme ; séditieux dans son objet, puisqu'il provoque ces mêmes citoyens à exercer, sans droits, des violences les uns contre les autres ». « C'est outrager, poursuit le Département, c'est outrager le titre d'ami des droits de l'homme et du citoyen, que de les faire servir à égarer les esprits et à violer les lois ;... les auteurs, signataires et promulgateurs de cette affiche devront donc être dénoncés à l'accusateur public comme perturbateurs de l'ordre public [1] ».

Les provocations n'en circulèrent pas moins dans le pays sous toutes les formes : elles n'avaient d'autre objet que de fomenter la révolte sous de vains prétextes et les plus divers. Le 24, un nouvel appel du club fut affiché au coin des rues : les Cordeliers, protestant de leur horreur pour les rois, déclaraient à tous leurs concitoyens, en leur qualité de « Français libres com-

---

[1] 1, 40 et suiv.

posant la Société des amis des droits de l'homme et du citoyen », qu'ils renfermaient autant de tyrannicides que de membres, qu'ils avaient tous juré individuellement de poignarder les tyrans qui oseraient attaquer les frontières ou *attenter à la liberté* et à la Constitution, de quelque manière que ce fût. Un exemplaire de ce placard fut confisqué par mesure de police et réservé pour un usage ultérieur. Il se forma, en même temps, des rassemblements considérables, où les Cordeliers jouaient le rôle principal : le centre de ces mouvements était le boulevard Montmartre. On rencontrait, de tous côtés, dans les rues de Paris, des émissaires des clubs qui cherchaient à soulever le plus de monde possible ; tout d'abord, il fut question d'envahir l'Assemblée nationale et de lui dicter, quant aux mesures à prendre sur le sort du roi, la volonté du peuple. Les avenues de l'Assemblée nationale furent aussitôt fermées ; et ce ne fut qu'avec des peines infinies que le Département, à force d'exhorter de toutes manières, de renvoyer à un autre temps, d'ajourner, parvint à conjurer l'orage [1]. Le retour du roi vint, d'ailleurs, modifier la situation d'une façon inattendue et contraire à bien des espérances.

La lâcheté des agitateurs de cette époque est devenue presque proverbiale. Robespierre avait le talent, comme chacun sait, d'éviter tout péril prévu — le cas était autre au jour de sa chute — : il se rendait invisible au moment opportun, changeait de gîte, puis rentrait en scène, une fois le danger passé. On sait aussi que Marat se

---

[1] I, 50 et suiv.

cacha plus d'une fois dans des caves et y rédigea ses écrits : ce dont on lui a fait honneur bien à tort, car la crainte d'affronter en face un danger personnel fut son seul mobile. La journée du 17 juillet 1791 montre mieux que tout autre incident que la lâcheté de Danton, Camille Desmoulins et autres agitateurs, était extrême. Une terreur sans égale s'empara d'eux, lorsque Bailly et Lafayette osèrent disperser à coups de fusil les citoyens tumultueusement réunis au Champ-de-Mars à l'effet d'y signer la pétition pour l'abolition de la royauté. Le repaire tout entier des provocateurs de désordre eût été alors bouleversé et pour longtemps anéanti, si les modérés qui formaient une majorité colossale eussent eu un atome de courage et d'énergie. Danton, qui, précédemment, avait échappé à la prison, grâce à une série de réponses ambiguës et de mensonges révoltants dont bien peu de personnes le croiraient capable, échappa cette fois encore, en s'éclipsant avec ses affidés ; il quitta Paris. On ne l'y retrouve que deux mois plus tard, alors que tout danger a disparu. C'est que la journée du 17 juillet avait enfin inspiré à l'Administration départementale le courage d'introduire subsidiairement une plainte contre Danton, fondée sur sa conduite dans les journées de juin ; il avait alors, s'adressant à des rassemblements populaires, qualifié Louis XVI de «traître», qui «trompe» le peuple. Mais l'énergie déployée par le Département tomba et les poursuites entamées ne furent pas continuées [1].

[1] I, 24 et suiv., 58 et suiv. *Frankreich im J.* 1795, II, 81.

C'est alors seulement que le club des Jacobins prit la tête du mouvement, et, chaque jour, un vent favorable gonfla ses voiles. On sait assez combien, depuis l'année 1792, ses excitations continuelles, ses brûlantes provocations contribuèrent à la désorganisation vraiment calamiteuse du pays. Mais on sait moins que les phrases vertueuses d'un Robespierre ne formaient nullement le ton dominant et caractéristique de ses élucubrations. Ce qui est resté jusqu'ici inconnu, c'est le rapport remarquable que, huit jours avant la première invasion des Tuileries, à la date du 12 juin 1792, la plus compétente de toutes les autorités d'alors, l'Administration départementale de Paris adressa, sur sa demande, au ministre de l'Intérieur, Roland. On y lit ce qui suit [1] :

« Les manœuvres perfides des traîtres qui se glissent au milieu du peuple, sous prétexte de le servir, et qui voilent des couleurs de la liberté et du patriotisme les piéges dont ils l'environnent, voilà les armes les plus dangereuses dont nous ayons à nous défendre ».

« Nos ennemis n'ignorent pas que la faiblesse naît de la division, la division de la défiance et la défiance de la calomnie. Ils n'ignorent pas que la portion la moins éclairée du peuple est par là même la plus disposée à la défiance ; qu'elle est crédule parce qu'elle a l'habitude de la franchise ; que, bonne par nature et amie de la vérité, mais sensible aux premières impressions, elle prend rarement le temps de la réflexion, et

[1] I, 74 et suiv.

la peine de balancer des probabilités et de peser des témoignages ; qu'ainsi des dénonciations calomnieuses, des injures dénuées de preuves, obtiennent d'elle presque toujours l'assentiment qu'on en désire ».

« C'est au sein de notre Département, Monsieur, c'est presque sous nos yeux mêmes que se travaillent avec tout l'art imaginable ces affreux poisons qu'on répand ensuite dans toute l'étendue du royaume. Nous serions de lâches citoyens, d'indignes magistrats du peuple, si nous avions la pusillanimité de vous taire qu'il existe au milieu de la capitale confiée à notre surveillance, une *chaire publique de diffamation,* où les citoyens de tout âge et de tout sexe admis indistinctement à assister à des prédications criminelles, peuvent s'abreuver journellement de ce que la calomnie a de plus impur, la licence de plus contagieux. Cet établissement, placé dans l'ancien local des Jacobins, rue Saint-Honoré, prend le titre de *société ;* mais bien loin d'avoir les caractères d'une société privée, il a, au contraire, tous ceux d'un spectacle public ; de vastes tribunes y sont ouvertes pour les auditeurs ; des jours et heures fixes en indiquent au peuple toutes les séances, et un journal imprimé et distribué avec profusion public les discours qui s'y tiennent. En parcourant au hasard quelques feuilles de ce journal, et notamment celles de quatre ou cinq séances des semaines dernières, vous y verrez que le roi, les tribunaux, les administrateurs, les chefs de nos armées, tout ce qui est en France revêtu de quelque autorité, y est avili et calomnié à dessein. On y dit (séance du 21 mai) que s'il est impossible à un citoyen patriote de rester au service du roi, c'est une preuve de l'adage : *Tel maître, tel valet.* Et ces paroles dites par le président de la société sont, par un arrêté exprès, insérées au journal qu'on nomme *Procès-Verbal*... On y accuse les administrateurs du département de la Nièvre d'être des accapareurs de blé (séance du 20). La mémoire de l'infortuné Dillon y est indignement outragée ; les généraux Lafayette et Narbonne y sont traités, par plusieurs de ces orateurs, de traîtres, de perfides scélérats, dignes de l'échafaud et tout prêts à passer à l'ennemi (séance du 23). La Constitution n'est pas à l'abri de ces atteintes ; on y dit (séance du 17) que le décret du *veto* n'est pas plus difficile à renverser que la Bastille. Enfin, Monsieur, vous n'y verrez pas sans frissonner que, dans la séance du 18 mai dernier, le récit d'un meurtre atroce, accompagné des plus cruelles circonstances, a été couvert d'horribles applaudissements. Nous ne multiplierons pas ces citations ; mais à la lecture de ce journal, vous pourrez vous convaincre qu'il n'est pas un acte d'insubordination ou de révolte, pas un outrage à la loi, à la justice ou à l'humanité, qui n'y ait été non-seulement justifié, mais accueilli avec les signes d'approbation les plus éclatants ; vous y verrez la violation des prisons d'Avignon applaudie comme le récit d'un triomphe ; partout, vous y verrez que le calomniateur y débite effrontément ses assertions, sans prendre même la peine d'y joindre les moindres faits, les indices les plus légers ; et qu'assuré d'avance de son succès, il insulte à la crédulité du peuple en dédaignant même de déguiser les poisons qu'il lui distribue. Malgré le désir qu'on pourrait avoir de ne voir que de l'égarement, au lieu de présumer des projets criminels ; malgré la certitude même que des citoyens d'ailleurs irréprochables se sont quelquefois laissé séduire jusqu'à se livrer eux-mêmes à de pareilles déclamations, cependant il est difficile de ne pas soupçonner de perversité la plupart de ces artisans de calomnie, quand on observe surtout que les plus opiniâtres et les plus effrontés d'entre eux sont des hommes ignorés jusqu'à ce moment dans la capitale, étrangers à toutes les fatigues de la Révolution, et qui n'ont encore obtenu aucun témoignage de la confiance de leurs concitoyens ».

« Sans parler ici des autres dangers que présente une société qui, par son influence, ses affiliations et sa correspondance, exerce sur tout l'Empire un véritable ministère sans titre et sans responsabilité, tandis qu'elle ne laisse plus aux agents légaux et responsables qu'un pouvoir illusoire, nous nous renfermerons dans ce qui touche de plus près au Département dont l'administration nous est confiée ».

« Nous ne pouvons nous dissimuler, Monsieur, qu'un pareil établissement dont aucun siècle, aucun pays n'offre encore le scandale, pervertit la morale publique avec la plus effrayante rapidité. En vous invitant à répandre des instructions de civisme et de paix, ne nous rappelez-vous pas que votre premier devoir est de préserver le peuple de toutes prédications immorales et de toutes instigations criminelles. Applaudir au meurtre ou le conseiller ne nous paraît offrir aucune différence ; calomnier tous les dépositaires de l'autorité, avilir tous les organes de la loi, nous semble la provocation la plus directe à la désobéissance. Autant l'exercice courageux de la dénonciation civique donne d'énergie à un gouvernement libre, autant de lâches et absurdes calomnies contribuent à en briser tous les ressorts, et surtout celui de la confiance qui doit être le plus puissant de tous. Aussi les effets que nous redoutons se manifestent-ils déjà d'une manière trop sensible. Partout nous retrouvons l'esprit, le ton et jusqu'aux expressions de cette pernicieuse école. Les injustes soupçons, les défiances vagues, les calomnies puisées à cette source circulent dans les places, dans les marchés, dans les assemblées des citoyens, et jusque dans les ateliers du travail : là elles sont toutes répétées par des bouches simples et innocentes qui les propagent avec d'autant plus d'assurance que leurs intentions sont parfaitement pures ».

« Nous ne rapporterons pas, Monsieur, le texte précis des lois dont peuvent s'autoriser les magistrats pour faire fermer un établissement qui est la source de presque tous les désordres et peut-être l'unique obstacle au retour de l'ordre et à l'affermissement de la Constitution. Sans doute, si la déclaration des droits elle-même réprouve la manifestation des opinions, quand elle trouble l'ordre public ; si l'encouragement aux crimes, l'avilissement des pouvoirs constitués, la provocation à la désobéissance aux lois, les calomnies volontaires contre les fonctionnaires publics sont autant de délits spécialement déférés aux tribunaux ; si la loi qui institue les corps administratifs met au rang de leurs fonctions principales le maintien de la sûreté et de la tranquillité publiques, et la surveillance de l'enseignement politique et moral ; si les magistrats de police sont expressément chargés de faire régner la décence, le respect des lois et des mœurs, dans les lieux ouverts au public, et s'ils doivent réprimer, dans ces sortes de lieux, jusqu'à des paroles et à des actions qui ne pourraient être recherchées dans des domiciles privés : certainement il ne peut pas y avoir de doute que le lieu public dont nous vous dénonçons les excès, ne doive exciter toute la sévérité de la police de Paris. C'est une vérité évidente pour tous ceux qui n'oublient pas que, sans le maintien des mœurs, et sans le respect de ces principes éternels de morale et de justice dont les meilleures lois ne sont que des conséquences, la liberté deviendrait le despotisme des méchants et la servitude des gens de bien ».

Toutefois l'administration confesse qu'elle ne peut agir elle-même et par les moyens d'exécution ordinaires, et adjure le ministre de provoquer « l'intervention du pouvoir législatif » ; il faut qu'une « loi précise arrête promptement les progrès d'une contagion aussi funeste ; et nous croyons pouvoir alors répondre d'un succès complet ».

Mais rien ne se fit. Les chefs et les membres du parti de l'ordre étaient et furent toujours d'une lâcheté insigne. Chacun se désolait : mais chacun redoutait l'action. Personne ne voulait barrer le chemin aux rebelles ; l'anarchie se déchaîna donc plus audacieuse et plus irrésistible, avec toutes ses conséquences démoralisantes. Il est vrai que, tout juste à ce moment, le 13 juin, Roland dut, malgré lui, quitter le ministère ; mais s'il était resté ministre, il n'aurait jamais provoqué, conformément aux conseils du Département de Paris, la fermeture du club des Jacobins. Roland était moins l'homme d'action et d'énergie que le ministre de la mélancolie patriotique et des exhortations théoriques. Au lieu d'agir virilement, il avait créé dans son ministère un vertueux bureau de la presse, qui répandait de petits traités moraux et patriotiques pour éclairer et ramener l'opinion publique [1]. La suite des événements montre combien ce bureau de la presse atteignit peu son but. Les journées du 20 juin et du 10 août, la première et la seconde invasion des Tuileries furent exclusivement l'œuvre de la propagande jacobine.

Roland, qui, lors des sanglantes horreurs de septembre, avait, depuis peu, repris les fonctions de ministre de l'Intérieur, ne sut ni prévenir ni arrêter ces massacres qu'il faut attribuer à une conjuration secrète plutôt qu'à un mouvement publiquement provoqué. A la suite de ces journées, l'autorité des corps constitués et des lois, le respect des personnes et des propriétés furent si complétement méconnus, que Roland lui-même déclara, ou peu s'en faut, que le mal était sans remède. Cependant un souffle d'énergie l'inspira : il se montra extrêmement animé contre les factieux : il voulait par

[1] I, 333 et suiv.

« une force armée imposante » opposer enfin une digue puissante à la désorganisation, à l'anarchie, afin qu'elle ne dégénérât pas en habitude : il déclara le commandant de la garde nationale Santerre responsable de la sûreté des personnes et des propriétés. Mais il était trop tard : il échoua. C'est vainement que tous les hommes sensés désignaient le désordre et la discorde comme les plus grands dangers que la République eût à redouter. C'est vainement qu'ils s'emportèrent contre les « infâmes fourberies de quelques verbeux et méprisables discoureurs, dont l'avilissement et la cruauté se couvrent artificieusement du masque de l'amour du peuple pour tromper, corrompre et surprendre ceux qui ne s'attachent qu'à des mots ». C'est vainement que Roland fit cet aveu public : « La partie saine du peuple est intimidée ou contrainte, tandis que l'autre est travaillée par les flatteurs et enflammée par la calomnie » ; c'est en vain qu'il conjura lui-même la Convention de « réprimer les factieux et de donner force à la loi [1] ».

Le jour même où il faisait devant la Convention le plus sombre tableau de la situation de Paris, le 29 octobre 1792, les agissements des Terroristes dominateurs de la section du Panthéon lui étaient dévoilés par leur vice-secrétaire, Damour, à l'occasion de l'élection du maire. « Plusieurs agitateurs, lui écrivait Damour, troublent sans cesse cette assemblée et inculquent dans l'esprit du peuple des idées affreuses que l'on fait accueillir avec enthousiasme ». Quelques-unes

[1] I, 88, 86 et suiv., 90, 100 et suiv.

des motions « tumultueuses et toutes pleines d'insurrection émanent d'un certain Belliot ; d'autres du citoyen Hu, « principal agitateur et instigateur de tous les troubles, qui s'est fait nommer, à force d'intrigues, pour remplir les fonctions de juge de paix ». Ainsi Hu était un de ces coureurs de place qui, à la faveur du désordre public, s'efforçaient d'émerger. Un troisième agitateur doctrinaire était le citoyen Paris, homme de lettres (il était, en 1789, membre de la congrégation de l'Oratoire et professeur de belles-lettres), « personnage d'autant plus dangereux, écrit Damour, qu'il est froid, qu'il a de l'esprit, et qu'il sort d'un cloître de l'Oratoire ». Voici quelle était sa principale doctrine : « Il faut obéir à la loi ; mais lorsque la loi blesse l'opinion de l'assemblée générale (de la section), il ne faut plus y avoir d'égard ». Un quatrième clabaudeur dangereux, Gobert, « ne cesse de soutenir à l'assemblée (composée maintenant de beaucoup de peuple, ouvriers et autres) qu'ils sont souverains, et que, comme la Constitution ne peut pas se soutenir, puisque les lois qu'elle comporte blessent les droits du peuple, elle n'existe plus ; et que, par conséquent, les lois qu'elle contient sont comme non avenues ; qu'en conséquence, il n'y a plus d'autres lois que celles qui sont sanctionnées par le peuple ; mais que le peuple n'ayant point sanctionné les droits de la Convention nationale, l'assemblée (de la section) a le droit d'agir comme elle le veut ». Après avoir ainsi dépeint les quatre agitateurs, Damour ajoute : « Il est impossible d'exprimer les troubles que causent ces principaux agitateurs ; ils ont pour suppôts à large poitrine les citoyens Fossoyeux, Delalande, Garnier, greffier de ce prétendu juge de paix (Hu), Gadeau son huissier, et quelques autres, logés en chambre garnie, que l'on ne connaît pas. Ces perturbateurs qui veulent à toute force attraper des places soit à la municipalité, soit ailleurs, causent les plus grands vacarmes dans cette assemblée, et ne cherchent qu'à tromper la croyance du pauvre peuple, à le flatter pour en avoir les suffrages... Voilà les principaux meurtriers de la tranquillité publique et les auteurs de l'infraction des lois [1] ».

Le parti modéré à la Convention, la Gironde, avait encore la majorité aussi bien dans l'assemblée que parmi le peuple. Mais il s'obstinait dans sa mollesse : l'éloquence avocassière des Girondins n'était point de force à dompter des perturbateurs résolus : leur vanité choquait jusqu'à leurs partisans. Pendant qu'ils prêchaient inutilement la vertu, la petite « secte des coquins », avec une audace sûre de son triomphe, « criait sur tous les points de la France : tue, tue, assassine, guillotine, etc. », si bien qu'en mai 1793, des observateurs républicains exprimaient cette crainte : si la main de l'Eternel ne vient mettre le holà, on parviendra à faire égorger tous les Français ; ou encore : les Français seront « presque réduits à l'état de sauvages [2] ».

Rien de plus désolant que l'action exercée sur Paris et sur toute la France par la Commune révolutionnaire

[1] I, 99 et suiv.
[2] I, 233, 278, 265.

qui fut intronisée le 10 août par les agitateurs jacobins. Jusqu'à la chute de la Gironde, on espéra que, le parti de l'ordre étant incapable, dans Paris même, d'une résolution énergique, les départements se souleveraient pour mettre Paris à la raison, et frapper à mort tout à la fois les agitateurs qui dominaient Paris et la Commune elle-même. Quelques provinciaux, imbus de cet espoir, tinrent, à Paris, dans des lieux publics, un langage audacieux : l'un d'eux s'exprimait ainsi, au café Foy, le 19 mai 1793 : « Messieurs les Parisiens, vous voudriez gouverner tout : il semble que la Commune de Paris veuille s'attribuer l'autorité nationale, qu'elle veuille régir toutes les autres. La Convention a pris le bon parti : elle fait venir les forces départementales, et quand elles seront ici, nous verrons si vous nous ferez la loi ». Mais les départements ne se levèrent pas.

Parmi les principaux meneurs du mouvement qui marchait à la chute de la Gironde, meneurs qui étaient au nombre de dix à douze, nous pouvons avec certitude nommer huit individus. Trois étaient membres de la Convention : Tallien, Collot d'Herbois et Chabot ; les cinq autres étaient des agitateurs sectionnaires très en vue : Guzman, Proly, Laziuski, Defieux et Varlet ; tous appartenaient au club des Jacobins. Après la fermeture de la séance, dans la soirée, à une heure avancée, ils se réunissaient au café Corazza (café italien), au Palais-Royal : c'est là que, tout en buvant la bière, ils se constituèrent, dès le mois de mars, en comité d'insurrection et tissèrent la trame qui devait envelopper le club des Jacobins et les assemblées des sections. Parmi ces cinq agitateurs de section, il y avait trois étrangers : Laziuski était polonais ; Proly, confident de Robespierre, belge ; Guzman, espagnol : ce Guzman réussit, le 31 mai, à se faire nommer membre du comité révolutionnaire de la Commune de Paris. Le français Defieux était un marchand de vin, qui s'était fait connaître en célébrant les massacres de septembre, et qui n'avait cessé, également au club des Jacobins, de prêcher l'assassinat. Varlet qui, plus tard, joua aussi un rôle dans la Commune du 31 mai, avait à peine 20 ans : il avait pris part, depuis quatre ans, à toutes les insurrections et à toutes les menées agitatrices ; il était excentrique, au point de se faire souvent rouler dans une tribune portative parmi les groupes, au Jardin des Tuileries, en face de l'Assemblée nationale ; de cette tribune, il tonnait contre l'Assemblée et contre tout ce qui lui déplaisait [1].

Indépendamment de ces cinq agitateurs de section, les meneurs fanatiques que nous allons nommer, prirent part aux préparatifs de la crise que le seul Laziuski ne devait pas voir : — Dobson (Dobsen, Dobsent), d'origine anglaise, président de la section de la cité ; suivant toute vraisemblance, il faisait aussi partie du groupe des conspirateurs du café Corazza ; au 31 mai, il joua le rôle principal ; plus tard, immédiatement après la Terreur, il fut président du tribunal révolutionnaire ; en 1795, lors de l'émeute du 12 germinal (1er avril),

---

[1] I, 148 et suiv.

il fut un moment arrêté ; en 1799, on le voit encore prendre part aux menées jacobines[1]. — Hébert, substitut du procureur de la Commune : il exerçait une action par ses discours dans le conseil de la Commune et surtout dans la presse par son journal le *Père Duchesne*. — Michel, officier de police de la Commune. — Marino, investi des mêmes fonctions ; il était animé d'une véritable soif de sang. Dutard l'a peint d'après son allure et ses discours ; il a, dit-il, « l'air fort intrigué et très-craintif », « le moral et le physique d'un boucher de village ou d'un matelot ; il n'est en tout et partout qu'un brutal et un grossier[2] ».

Ces agitateurs firent un premier pas vers l'exécution du grand coup qu'ils méditaient en transférant leur quartier général dans le palais archiépiscopal, où siégeait la section révolutionnaire de la cité et où un club électoral général s'était établi. C'est là qu'ils donnèrent au mouvement la plus grande extension ; c'est de là qu'ils le dirigèrent. A deux reprises, ils furent saisis d'une terreur effroyable qui les fit trembler pour leur vie et paralysa leur action : une première fois, en avril, quand Marat fut arrêté, une seconde fois, en mai, lors de l'arrestation d'Hébert. Ils respirèrent, tout en restant très-anxieux, lorsque le péril fut dissipé par l'élargissement de Marat : dès que le second incident fut heureusement terminé par la mise en liberté d'Hébert, ils se hâtèrent d'agir d'une manière

---

[1] *Frankreich im Iahr* 1795, I, 265 ; *Tableaux*, II, 227 ; III, 403.
[2] I, 330.

décisive, et dirigèrent le mouvement, avec célérité et sans opposition, vers son but[1].

Et pourtant, il n'y avait là qu'un petit groupe de 60 à 80 agitateurs et aboyeurs, de ces gens, qui, lâches pour la plupart, étaient aussi, comme on disait, de petites gens et ne montraient de courage qu'autant qu'ils avaient à faire à des adversaires aussi lâches ou plus lâches encore qu'eux. Et pourtant la Convention et le Gouvernement ne manquèrent ni d'avertissements, ni de conseils : — ils leur furent adressés de tous côtés ! Et, pourtant, d'après les rapports les plus dignes de foi, les Jacobins eux-mêmes et la Commune tremblaient et reculaient à la pensée d'un coup hasardeux à tenter. Dutard avait parfaitement raison, en affirmant au ministre Garat qu'une centaine de volontaires revenus des frontières « suffiraient pour régler l'esprit public à Paris », c'est-à-dire pour mettre à la raison cette poignée de meneurs... En effet, ces volontaires étaient « tous ennemis des anarchistes et des aboyeurs des sections ; ils leur faisaient, en parlant, « trembler l'âme dans le corps », et ils demandaient tout haut qu'on envoyât aussi une bonne fois aux frontières tous ces aboyeurs, qui « savent bien mettre les autres en avant, mais, eux, restent toujours à leur place ».

[1] I, 146 — 378. Je ne puis pas reproduire ici les riches et curieux détails des rapports de police : je dois me contenter d'y renvoyer. Ce que nous apprend Mercier, I, 121 et suiv., 139 et suiv. sur le comité central siégeant au Palais épiscopal et sur la Commune est très-insuffisant.

En général, les modérés, c'est-à-dire les dix-sept dix-huitièmes de la population étaient du sentiment de ce hardi vieillard qui, dans un groupe, quatorze jours avant la crise, s'exprima en ces termes : « J'ai vu bien des fripons en ma vie, mais je n'en ai jamais autant vu que depuis la Révolution ; allez, mes chers enfants, les poules qui crient le plus fort ne sont pas celles qui font les plus gros œufs. Dès que vous verrez un homme qui s'élance dans les tribunes pour y haranguer le peuple, méfiez-vous de lui ; pensez qu'il veut s'avancer et qu'il cherche à vous tromper... Si j'avais été le maître au 10 août, j'aurais voulu faire l'épurement de tous ces patriotes qui ne se sont dits tels que pour s'emparer des places et qui, tous, autant qu'ils sont, nous ont perdus ». Lorsque la Commission des douze, nommée par la Convention, dans un mouvement d'audace et de confiance en la majorité, fit arrêter Hébert, Dobson, Marino et quelques autres agitateurs, on put entendre, de tous côtés, parmi le peuple, des paroles de satisfaction, comme celles-ci : « Eh bien, tant mieux ; ils nous embêtent. On fait fort bien de les f.... dedans ; si on les y mettait tous, peut-être qu'ils nous laisseraient tranquilles et que les affaires en iraient mieux ».

Quelques sections s'enhardirent et demandèrent à la Convention de faire disparaître cette « troupe de scélérats », de faire rentrer dans l'ordre « une minorité turbulente », de faire preuve de courage devant « la lâcheté et la perfidie » « de quelques agitateurs adroits ». « Oh que je déteste, déclarait au ministre Garat, son ami Perrière, franc républicain, que je déteste de voir des hommes par de purs gestes, et en flattant les préjugés du peuple, lui imposer son opinion ! On croit que le peuple parle, et il n'y a qu'un petit nombre d'imposteurs qui aient parlé ».

Ni Garat, ni la Convention, ni la masse énorme des Parisiens modérés n'agirent comme ils le devaient. Et une poignée d'agitateurs remporta la victoire après avoir, en temps opportun et très-habilement, substitué le mot d'ordre « d'insurrection morale » à celui de révolution violente et sanglante. Dufourny avait dit : « Ayant une fois donné une impulsion commune à tous les Parisiens, on pourra les entraîner vers un même but ». C'est ce qui arriva. Tous prirent part au mouvement, parce qu'il était « moral », et tous commencèrent de la sorte une insurrection dont presque aucun ne voulait, dont presque tous se repentirent après coup et qui, seule, rendit possible le régime du sang [1].

La Terreur fit taire les menées agitatrices et précipita dans une tombe sanglante plusieurs des perturbateurs influents, comme Danton et Hébert. La Révolution se vengeait ainsi sur elle-même. Le peuple avait provisoirement cessé d'avoir foi dans les instigateurs de révolte. Il reçut, à cet égard, après la chute de Robespierre, ce certificat de bonnes mœurs délivré par la police : « La masse du peuple est saine et juge sainement, quand elle n'est pas séduite par des agitateurs [2] ».

Mais les orateurs surgirent de nouveau dans les

[1] I, 176, 278, 173, 240, 237, 300, 326, 328, 337, 368, 341 ; II, 22.
[2] II, 173, 250.

groupes ; d'anciens meneurs, membres de ci-devant comités révolutionnaires, organisèrent des réunions secrètes, tandis que, de leur côté, les royalistes levaient la tête et demandaient un roi. Une ère s'ouvrit, ère d'agitations terroristes et d'agitations royalistes qui, exploitant toutes deux le mécontentement général occasionné par la cherté des vivres, par la disette, par la dépréciation du papier-monnaie concouraient au même but, le renversement du Gouvernement. Mais ce fut un travail de taupe condamné à l'insuccès. L'esprit révolutionnaire se mourait : la masse de la population s'était alourdie. En dépit du mécontentement général, les agitateurs trouvèrent plus d'opposition que de sympathies ; ils ne rencontrèrent nulle part le désir de se mettre à l'œuvre[1]. L'esprit d'agitation parmi ceux qui n'étaient pas au pouvoir ne put fomenter que des émeutes impuissantes ou des conjurations folles, aucun bouleversement. Le sceptre de la Révolution passa aux mains des gouvernants ; car, dès lors, la Révolution ne fit plus d'apparition que dans les sphères supérieures, sous la forme de coup d'État.

[1] II, 229, 291, 312, 330, 332, 344, 378, 384, 404, 409.

VIII

LA FIN DES CORDELIERS

Dutard, au mois de mai et en juin, avant et après la chute de la Gironde, faisait cette remarque qui me paraît très-sensée : au fond, il n'y a pas une faction, il y en a deux : l'une qu'on peut appeler la Chambre haute et l'autre la Chambre basse ; la première est surtout représentée par les Jacobins et se compose de gens instruits, de propriétaires qui, comme malgré eux, pensent un peu à eux ; de ce nombre sont Robespierre, Santerre et presque tous les membres de la Montagne ; l'autre se compose de francs anarchistes, qui figurent, en partie, dans le même club des Jacobins, mais principalement aux Cordeliers ; nous pouvons donc, en résumant cette idée, appeler le club des Jacobins la Chambre haute, le club des Cordeliers, la Chambre basse du parti révolutionnaire, ou, si l'on veut, la haute et la basse faction. L'*Ami des Lois* faisait encore, en 1799, une remarque analogue [1].

En effet, à l'ouverture de la Révolution, les Cordeliers, Marat et Danton en tête, ont toujours, en fait de résolutions anarchiques et de mise en œuvre, dépassé d'une bonne longueur leurs frères Jacobins de la Chambre haute. Les Jacobins voulaient encore user des grands moyens politiques : la coalition, le fédéralisme

---

[1] I, 246, II, 25 ; III, 420.

et la propagande; mais les Cordeliers se montraient toujours résolus de prime-abord à ne reconnaître que les moyens violents, les voies sanglantes, « les poignards ». Leurs triomphes appartiennent surtout à l'année 1792, et prennent fin avec la chute de la Gironde. Le nombre de leurs membres montait alors à plus de 600[1].

La chute de la Gironde marque tout à la fois le commencement de leur décadence et l'essor des Jacobins dont le nombre, au commencement de 1794, atteignit 3,000 environ.

La mort de Marat et l'amoindrissement de Danton ne suffisent pas à rendre compte de la décadence des Cordeliers; elle s'explique avant tout, par l'influence rivale et croissante des Jacobins, par le crédit supérieur dont jouissaient ces derniers, crédit dû lui-même au rôle prépondérant de Robespierre et à sa puissance.

Les premiers conflits des deux clubs présentant un caractère de gravité naquirent de leur dernier triomphe commun contre la Gironde, en date du 2 juin 1793. Aux yeux des Cordeliers, parmi lesquels figuraient alors en première ligne Hébert, Defieux et Proly, Ronsin et Vincent, Momoro, l'ami de Chaumette, le baron allemand Anacharsis Clootz, Bourgeois, Gobert que nous connaissons déjà comme l'un des principaux agitateurs de la section du Panthéon et d'autres perturbateurs en vue, aux yeux des Cordeliers, dis-je, la victoire avait

[1] II, 46, 47.

été beaucoup trop clémente : ils demandaient de nouvelles luttes, des coups de force plus violents ; ils élevaient la prétention d'obtenir de la Convention en toutes choses une obéissance aveugle et menaçaient, si l'obéissance n'était pas complète, d'une insurrection nouvelle. Ils pouvaient compter sur les sans-culottes des sections, et s'en rapporter au caractère parisien, qui est tel qu'une entreprise où figurent 3,000 hommes en attire aussitôt 6,000 autres [1].

Les Cordeliers demandaient, entre autres choses, la destitution de tous les ci-devant nobles, notamment dans l'armée. Le 14 juin, au club des Jacobins, Robespierre s'opposa résolûment à ce projet. Il appela les pétitions rédigées en ce sens « ce que le peuple de Paris ne doit pas faire », et fit cette déclaration : « Le peuple, dans la révolution du 31, a fait ce qu'il devait faire, et tout ce qu'il pouvait faire. Ne nous précipitons pas, et gardons-nous bien de risquer de perdre le fruit d'une sainte insurrection par une démarche inconséquente. Que diraient les départements, si nous forcions ainsi les représentants du peuple ? Laissons-les faire ; disposons, au contraire, les départements à approuver et ratifier tout ce que nous avons fait pour le salut du peuple ! Attendons les vœux des départements ; c'est nous qui avons commencé, et c'est aux départements à finir, à achever notre ouvrage. Que peuvent faire, au reste, quelques individus contre le patriotisme desquels vous n'avez pas même de preuves

[1] II, 47.

acquises? » Il va de soi que l'opinion de Robespierre triompha [1].

Malgré ces conflits et ces défaites, les Cordeliers n'osaient pas encore se séparer des Jacobins : ils avaient conscience de l'isolement où ils se trouveraient sans eux. Ils espéraient qu'une épuration se ferait à leur profit dans le club des Jacobins, que tous les importuns en seraient exclus et que dans les conjonctures critiques, les plus chauds patriotes seraient des leurs [2]. Cette circonstance, qu'un nombre notable de citoyens faisait partie, en même temps, de l'une et de l'autre réunion, formait encore un lien entre les deux clubs.

Ces relations tendues se maintinrent péniblement jusqu'à la chute d'Hébert. Depuis longtemps, Robespierre avait été frappé de cette pensée qu'il n'était pas possible de vivre dans un accord durable avec les Cordeliers et les chefs de la Commune, soumis à l'influence des Cordeliers, tels qu'Hébert et Chaumette ; il tenait d'autant plus à se débarrasser d'eux que les relations nouées par le parti avec des cercles militaires supérieurs lui semblaient peu rassurantes pour lui-même et pour ses adhérents. Dès le 17 décembre 1793, les amis d'Hébert, le secrétaire général du ministère de la guerre, Vincent, et le commandant de l'armée de la Révolution, Ronsin, furent mis tout à coup en état d'arrestation. Toutefois, cette mesure ayant été hautement et vivement blâmée non-seulement par les Cordeliers,

[1] II, 46, 52 et suiv.
[2] II, 53.

mais aussi par les Jacobins, les deux prisonniers furent rendus à la liberté le 2 février 1794. Mais Robespierre ne retira sa main que pour frapper plus tard un coup plus fort et plus irrésistible.

Les préparatifs en furent conduits très-habilement. Tout d'abord, le 28 février et le 30 mars parurent les pétitions de deux sections contre « les intrigants sous le voile du patriotisme » et contre les accapareurs masqués, ce qui désignait assez clairement les chefs des Cordeliers. Hébert et les siens firent eux-mêmes le plus souvent le jeu de leurs adversaires : irrités de l'arrestation de leurs amis, ils déclarèrent que les droits de l'homme n'étaient plus respectés ; que, dans les sphères gouvernementales, il s'était formé une faction nouvelle, qui ne pouvait être soufferte : qu'il fallait, en conséquence, voiler la déclaration des droits de l'homme, et écraser la faction nouvelle par une nouvelle insurrection sainte. Les Cordeliers votèrent, en effet, une résolution qui menaçait de faire voiler les droits de l'homme et de provoquer une insurrection. Hébert déclara, dans le *Père Duchesne*, que « l'usurpation des Comités réunissait tous les pouvoirs dans les mêmes mains », que « les ministres étaient les esclaves du Comité de Salut public » : il demanda « le renvoi du Comité de Salut public », « le renouvellement de la représentation nationale », « l'organisation d'un pouvoir exécutif ».

Un conflit parut dès lors inévitable. Les Jacobins se rangèrent naturellement autour de Robespierre, les Cordeliers autour d'Hébert. La lutte en paroles devint de plus en plus vive : l'abîme se creusa plus vaste et plus profond que jamais entre les deux clubs.

Le chef des Jacobins montra, dans cette circonstance, la plus grande énergie ; le chef des Cordeliers parut incapable d'agir résolûment. Hébert ne sut que débiter des phrases ampoulées et obscures : le plus souvent, il ne s'avançait, dans ses discours, que pour reculer aussitôt, saisi d'inquiétude.

Hébert déclara avec une énergie feinte que « lui ou le ministre de l'Intérieur périrait » ; « que le club des Cordeliers ne quitterait prise qu'alors qu'il aurait culbuté les ministres, excepté Bouchotte (ministre de la guerre), pour mettre dans leurs places des hommes de leur choix ». Les sections, c'est-à-dire les chefs souvent obscurs qui les dominaient, commencèrent à se diviser : les uns prirent parti pour les Jacobins, les autres pour les Cordeliers. Des incidents peu importants vinrent augmenter les espérances de ces derniers et tendre de plus en plus la situation. Le 10 mars, le *Père Duchesne* couvrit les murs d'un placard dans lequel, en termes propres à exciter le peuple, il répondait au reproche qu'on lui avait fait d'être un accapareur ; la foule, après l'avoir lu, exprimait le regret de n'avoir pas au ministère Hébert et des citoyens de sa trempe, et criait vengeance contre tous les ministres, à l'exception de Bouchotte [1]. Dans un autre placard, Ronsin attaque

---

[1] II, 141 et suiv.
Un fait à noter sur les relations d'Hébert avec le ministère de la guerre : ce ministère lui prenait chaque jour 3,000 exemplaires de son journal « pour envoyer dans les armées ». (*Tableaux*, II, 64.) (*Le trad.*)

avec la dernière vivacité le Jacobin Philippeaux. Les plus circonspects dans les deux partis voulurent préparer les voies à une réconciliation, à un accommodement entre les deux clubs ; mais ils n'y réussirent pas[1].

Dans ces circonstances, les séances des Cordeliers devinrent du plus haut intérêt ; mais les renseignements que nous trouvons à ce sujet dans le *Moniteur* sont extrêmement défectueux : les lacunes y sont nombreuses ; les séances y sont souvent défigurées.

Avant tout, il est curieux de remarquer que, dans cette crise suprême, les Cordeliers se cramponnèrent anxieusement au souvenir d'un mort, au fantôme de Marat, leur ancien fondateur. Ils décidèrent que son journal, l'*Ami du Peuple,* serait continué au nom de la Société. La séance du 12 mars fut ouverte sous le coup de l'impression produite par cette décision : Momoro occupa le fauteuil présidentiel. On lut d'abord plusieurs lettres de félicitation adressées à la Société à l'occasion de cette résolution ; puis le journal l'*Ami du Peuple* continué (cette publication nouvelle commençait) : l'assemblée applaudit énergiquement un extrait d'un ancien article de Marat où était esquissé le portrait » du dénonciateur ou censeur populaire ». Après quoi, lecture d'une lettre de la sœur de Marat, Albertine, qui reproche aux Cordeliers « de n'avoir pas le courage d'indiquer les noms des continuateurs du journal de son frère ».

Longue discussion sur ce point : convient-il de

[1] II, 146 et suiv.

garder l'anonyme? A la fin, la question fut résolue affirmativement, parce que, dit-on, le journal devait être « l'ouvrage de la Société et non pas celui de quelques-uns de ses membres ». C'était là, évidemment, une fiction qui trahissait un état d'inquiétude, car il n'y avait naturellement qu'un petit nombre de rédacteurs et, par conséquent, quelques membres du club étaient seuls collaborateurs.

En vue de prouver qu'il existait encore « une faction au sein de la Convention », on fit ensuite d'importantes révélations relatives à la dernière victoire contre la Gironde. Un membre du Comité central siégeant à l'Hôtel-de-Ville, qui dirigeait alors l'insurrection, fit cette déclaration : Chabot et Léonard Bourdon auraient voulu empêcher le soulèvement ; ils vinrent trouver le Comité, voulurent se faire rendre compte des motifs qui le faisaient agir, menacèrent Paris de toute la vengeance des départements ; déclarèrent que l'insurrection devenait inutile, puisque les chefs des députés qu'on regardait comme ennemis de l'Etat avaient donné leur démission. Le même membre parla des démarches qu'il avait faites au nom du Comité central près du Comité de Salut public pour chauffer ce dernier. Barère le reçut très-insolemment et lui demanda si cette insurrection avait été préméditée : à quoi il répondit : « Qu'est-ce que cela fait? Fais ton métier et nous faisons le nôtre ». Mécontent de la manière dont il avait été reçu par les membres qui composaient alors le Comité de Salut public, il revint au Comité central et fit prendre les « grandes mesures » décisives.

Hébert prit ensuite la parole. Il confirma ce qui venait d'être dit, ayant été témoin lui-même de la conduite de Chabot et Bourdon, au Comité central. Il ajouta qu'il fallait enfin déchirer le voile : que le projet de faire le procès aux patriotes qui, ce jour-là, avaient sauvé la République, était formé, qu'un décret non encore rapporté condamnait à la peine de mort celui qui s'était mis à la tête de l'insurrection. L'insidieux Barère, poursuivit l'orateur, a fait à la tribune, trois jours après, la censure de cette sainte insurrection : la sortie de la Convention dans le Jardin des Tuileries, proposée par Barère, n'eut d'autre but que « d'arrêter l'énergie du peuple » ou de lui inspirer de fausses démarches; mais les Cordeliers se sont bien gardés de tomber dans ce piége. Lorsque le député Lacroix se plaignit d'être insulté, un Cordelier lui cria : « Tu voudrais bien, coquin, qu'on t'insultât, mais nous ne t'en donnerons pas le plaisir ». De tout ceci, Hébert concluait à l'existence d'une faction « qui ne veut pas la liberté : la proposition d'une insurrection n'est, d'ailleurs, ajoutait-il, qu'hypothétique ; elle peut paraître inconséquente, parce que, dans un moment d'insurrection, le peuple doit abattre d'un seul coup toutes les têtes de tous ses ennemis, et qu'il ne les connaît pas encore tous ». L'orateur reçut les applaudissements unanimes du club et des tribunes.

On discutait encore sur la faction, quand parut une députation de la Société républicaine de l'*Ami du Peuple :* elle dit que cette Société était dans une grande inquiétude, parce que la plupart de ses membres avaient reçu des assignations à comparaître devant le tribunal révolutionnaire. Momoro, quittant la présidence, annonça, de son côté, avec plus de détails, que l'accusateur public avait mandé presque toute la section Marat, pour arriver à connaître les noms des membres de cette section qui, « par leurs propositions, avaient amené l'arrêté portant que la section voilerait les droits de l'homme ». Lui-même, Momoro a été mandé : il a éludé toute réponse nette aux questions qui lui étaient faites ; il a questionné, à son tour, celui qui l'interpellait, lui a demandé si on avait formé le projet de faire le procès aux plus ardents patriotes. Momoro termina mystérieusement son discours en disant qu'il avait encore une grande vérité à dévoiler à la Société, mais qu'il le réservait pour une autre fois. Hébert, évidemment anxieux, prit encore une fois la parole pour demander acte à la Société du désaveu formel qu'il faisait d'avoir, comme l'insinuaient les journaux, parlé contre Robespierre, dans la séance du 4 mars dernier. La Société se déclara convaincue qu'Hébert n'avait rien dit contre Robespierre et lui donna acte de cette demande. La séance fut levée à onze heures du soir [1].

Volontiers on se fût dérobé, et on se fût donné l'apparence d'être d'accord avec les Jacobins [2]. Mais, dès le 13 mars, Saint-Just fit à la Convention son célèbre rapport sur la conspiration, rapport sur lequel on se fonda pour arrêter, dès le lendemain, Hébert,

[1] II, 146 et suiv.
[2] II, 150.

Ronsin, Vincent et Momoro. Deficux, Proly, Anacharsis Clootz, Bourgeois, Hancart, Mazuel, le banquier Kock, Jacob Pereyre de Bayonne et beaucoup d'autres eurent presque immédiatement le même sort. De tous ceux qui avaient été arrêtés, dix-neuf parmi lesquels tous ceux que je viens de nommer furent traduits en justice [1].

Nous n'avons point à nous arrêter aux détails de ce procès. Mais il est intéressant de suivre, dans cette circonstance, le mouvement vraiment remarquable de l'opinion parmi la population parisienne et dans les rangs des Cordeliers. Qu'au club des Jacobins chacun se serrât autour de Robespierre, croyant ou non à la conspiration, approuvant ou non la poursuite ; cela va de soi. Mais que, dans le public, l'opinion ait si soudainement et si universellement tourné contre Hébert ; voilà ce qui pourrait nous surprendre, si déjà nous ne connaissions suffisamment la mobilité presque légendaire du parisien. Dans les groupes et dans les lieux publics on crut à la conjuration. Toutes ces intrigues venaient de Pitt et de la coalition : tel est le mensonge qui fut accepté avec une crédulité enfantine. La foule assura qu'Hébert était, en effet, un agent de Pitt, qu'il était cause de la disette, et qu'il payait les femmes qui l'applaudissaient à la tribune des Cordeliers. Ces scélérats devaient périr : cela lui paraissait tout simple.

Chez les Cordeliers, dans la section Marat et les sections voisines, se manifesta tout d'abord un effroi

[1] II, 142.

universel ; une crainte extrême de partager le sort des citoyens arrêtés. La séance des Cordeliers du 14 mars tenue après l'arrestation des quatre chefs que j'ai, plus haut, nommés les premiers, fut désolée. Tout d'abord aucun président ne se présenta pour ouvrir la séance. A la fin, le secrétaire prit la parole et annonça : que le président Momoro était en prison ; que le vice-président Gobert était absent ; qu'ainsi il y avait lieu de nommer un président provisoire. On nomma Chesnaux et on envoya au domicile de Gobert, pour savoir s'il n'aurait pas été arrêté. Réunion extrêmement agitée et troublée. Le président est continuellement obligé « d'inviter la Société au calme, nécessaire dans ces moments pénibles ». Le premier, il a le courage d'affirmer que la déclaration des droits de l'homme est de nouveau violée ; il faut, dit-il, commencer par la lecture de cette déclaration immortelle. Elle est lue et applaudie. Après quoi, le procès-verbal de la dernière séance est adopté. Les débats commencent : ils révèlent aussitôt une scission au sein de la Société elle-même. Hancart, encore libre, monte à la tribune et déplore avec douleur et énergie le sort de ses amis et collègues. Puis il dénonce à la Société un membre présent à la séance, qui, « quelques heures auparavant, au milieu d'un groupe populaire, a dit qu'Hébert était un scélérat ». L'accusé, Prétot, veut se justifier et vante la chaleur de son patriotisme. Mais le président lui observe qu'il doit répondre positivement à l'inculpation et ne pas divaguer ». Prétot s'écrie : « N'est-il pas vrai que l'insurrection a été prêchée dans cette tribune ? »

De tous côtés : « Non! non! [1] » Tumulte général! Tout le monde veut parler, mais le président déclare que le blasphème qui vient d'être proféré suffit pour éclairer la Société. Prétot est arraché de la tribune ; le plus grand nombre des membres l'environne ; on lui demande sa carte civique ; et on l'expulse. Il se trouve que la carte remise par lui porte le nom de Jarry. Nouvelle preuve pour la Société de la scélératesse du citoyen qui vient d'être chassé.

Cependant le membre envoyé chez Gobert annonce que ce dernier n'est pas arrêté et que, sous peu, il sera au milieu de ses collègues. On ne donna de son absence aucune explication sérieuse ; et nos documents ne notent pas son apparition. La Société s'étonna d'avoir à constater encore l'absence de Bourgeois et de tous ceux qui, d'ordinaire, occupaient continuellement la tribune. Cependant, on ne put s'empêcher de faire cette remarque : c'est dans les jours désastreux qu'on doit montrer le plus de courage. L'agitation, la confusion prirent de telles proportions, que le président dut encore une fois « inviter la Société au calme majestueux qui convient à des républicains ».

A la fin, quelques propositions furent faites en vue de venir en aide aux frères prisonniers. On décida la nomination d'une députation qui se rendrait près l'accusateur public du tribunal révolutionnaire et l'engagerait « à accélérer le jugement des Cordeliers incar-

[1] Le *Moniteur,* dont le récit a évidemment pour source unique le rapport de police retrouvé par moi, donne, au lieu de ce cri, ceux de : « Oui! non! »

cérés ». A cette décision molle, on en joignit une autre : les séances se tiendront désormais tous les jours, excepté « les quintidis et décadis », par respect pour la loi qui ordonne d'aller aux sections ces jours-là.

La Société était si visiblement en proie au découragement, l'insuffisance de la discussion et la mollesse de ces deux résolutions avaient manifesté ce découragement d'une manière si peu équivoque, qu'Hancart, le seul qui ait osé parler courageusement, monta encore une fois, indigné, à la tribune, et s'étonna que chaque Cordelier ne se prononçât pas fortement en faveur des quatre détenus à la Conciergerie : il demanda « que chaque membre parût à la tribune et s'expliquât franchement sur le compte de Momoro, Hébert, Vincent et Ronsin ». Plusieurs membres montèrent alors, en même temps, à la tribune : mais, au fond, chacun se contenta de déclarer « n'avoir jamais connu que le plus pur et le plus ardent civisme dans ceux qui avaient été arrêtés »; de dire « qu'il les regardait comme innocents, mais que, s'ils étaient coupables, il les conduirait lui-même à l'échafaud ». Tous conclurent en faisant les mêmes protestations. On était ainsi en voie de crier : sauve qui peut! Mais quelques membres trouvèrent encore assez de passion pour s'exercer à cette occasion à déclamer « contre la faction scélérate qui domine évidemment, puisque ses dénonciateurs sont dans les fers ».

Les succursales du club étaient également en désarroi. On vit paraître un délégué de la « Société de l'*Ami du Peuple* »; la Société l'a envoyé « pour savoir ce que font les Cordeliers et décider d'après leur sagesse ». On fit à ce délégué une réponse insuffisante et on l'invita, suivant l'usage, à assister à la séance. Une autre députation vint au nom de la « Société des Hommes libres » pour faire part aux Cordeliers des alarmes que lui faisait concevoir l'arrestation des plus chauds patriotes. Cette Société, relativement la plus courageuse, désirait partager les démarches des Cordeliers pour arracher à d'indignes fers les plus zélés et les plus intrépides défenseurs des « droits de l'homme ». La députation fut invitée à la séance et son orateur reçut l'accolade fraternelle du président, et ce fut tout : les courages ne s'élevèrent pas plus haut.

Surviennent deux membres qui avaient assisté à la séance du club des Jacobins : Brochet et Bouin. Brochet, du haut de la tribune, annonce que Billaud-Varennes vient de faire un rapport au club des Jacobins, aux termes duquel les quatre Cordeliers arrêtés seraient les instigateurs et les complices d'une conspiration terrible ; ils se proposaient, sous huit jours, d'assaillir les prisons, de massacrer une partie des prisonniers, de délivrer et d'armer le reste, afin de mettre à mort les meilleurs patriotes de la Montagne, c'est-à-dire de la Convention et du club des Jacobins. Cette communication émeut vivement le club et les galeries ; on s'écrie que la chose est impossible, que c'est une exagération. Alors Bouin prend la parole à son tour et complète ce qu'a dit Brochet : le but suprême de la conspiration, c'était, d'après le rapport lu aux Jacobins, la proclamation d'un régent. Toute la Société est frappée de stupéfaction : elle ne veut pas croire « à tant d'atrocités » ; elle s'en tient aux résolutions déjà prises. Mais l'intimidation est si complète qu'on est à cent lieues de songer à la résistance ou à une attaque à main armée. Que de fois, cependant, les Cordeliers avaient discuté et dirigé de pareils coups de force ! Un membre qui, presque seul, était resté égal et fidèle à lui-même, réclama la lecture des listes de proscription, afin qu'on pût connaître exactement les noms des ennemis du peuple, dans le cas où il « faudrait sonner le tocsin et frapper » ; cette proposition qui, en d'autres temps, n'eût pas soulevé la moindre objection, fut accueillie par des murmures violents et désapprobateurs ; elle fut étouffée. La séance finit à onze heures. Les femmes des tribunes se montrèrent ce jour-là encore déterminées ; elles disaient en sortant : « Nous aurons nos patriotes, malgré les scélérats qui les accusent, et s'il faut que les femmes s'en mêlent, nous irons [1] ».

Il est certain que l'acte d'accusation contre les chefs des Cordeliers était extrêmement léger et superficiel : on y reconnaît les procédés habituels de la justice révolutionnaire. Pour tout ce qui concernait le projet très-réel d'une insurrection, on avait cousu ensemble les premières dénonciations venues ; et celles-ci, à leur tour, s'appuyaient sur des paroles prononcées incidemment par les accusés dans des conversations privées. Il est certain que seul, entre tous les ministres, celui

---

[1] II, 151 et suiv.

de la guerre, Bouchotte, était bien vu, était aimé des Cordeliers ; c'est précisément ce qui le fit soupçonner de complicité par le parti opposé : il fut donc, le 19 mars, appelé par la Convention à rendre compte de sa conduite [1]. Il se tira d'affaire. Pache échappa aussi, bien qu'il soit hors de doute que les agitateurs du club des Cordeliers avaient réellement considéré comme une éventualité possible l'élévation de ce dernier au pouvoir suprême, que ce fût d'ailleurs sous le nom de chef de la République, sous celui de régent ou sous celui de juge. Non-seulement, dans le procès même, trois témoins, parmi lesquels le général Westermann, déclarèrent expressément qu'à leur connaissance le projet des conspirateurs était d'élever Pache à ce poste [2] ; mais, d'autre part, il est certain, comme nous le verrons plus loin, qu'ultérieurement, les agitateurs révolutionnaires continuèrent toujours à se grouper autour des noms de Bouchotte et de Pache.

Sur deux points l'accusation était fondée ; ces deux points sont : le projet d'insurrection, — seulement, le terme n'en avait point été fixé ; — et la préparation de l'insurrection, préparation réelle, bien que l'insurrection n'ait été d'abord envisagée que comme une simple éventualité.

A cet égard, un épisode de la séance des Cordeliers du 14 mars acquit, après coup, une importance singulière. Avant que les motifs de l'arrestation des quatre chefs eussent été communiqués par Brochet et

[1] II, 165.
[2] II, 165.

Bouin, un jeune officier avait pris la parole et exprimé cette pensée : « Il est d'autant plus malheureux qu'on ait arrêté Ronsin qu'il était, dans ce moment, occupé d'un grand travail sur le mouvement général des bataillons révolutionnaires ; lui seul faisait ce travail, et, par conséquent, nul autre que lui ne pouvait le continuer ». Cette déclaration avait immédiatement donné lieu à quelques observations : « Pourquoi, avait-on demandé, Ronsin travaillait-il seul à une opération, que son état-major pouvait faire de concert avec lui? Pourquoi se disposait-il à donner un mouvement général aux bataillons révolutionnaires? Où voulait-il les amener? » De pareilles observations venaient-elles vraiment de l'ignorance des questionneurs, ou bien ceux-ci prenaient-ils intentionnellement cet air de candeur? C'est là une question bien facile à résoudre. Car, s'il est une chose certaine, c'est qu'au club des Cordeliers, Hébert et d'autres avaient ouvertement et clairement prêché la sainte insurrection contre ce qu'on appelait la nouvelle faction, mais sans fixer encore la date de cette insurrection.

L'effroi des Cordeliers s'accrut rapidement, en même temps que leur tendance à déserter le drapeau de ceux qui jusque-là avaient été leurs chefs. Un esprit de soumission et de docilité domina toute la séance du 16 mars. On se trouva encore une fois sans président : le président provisoire Chesnaux et probablement le vice-président Gobert avaient été, depuis la dernière séance, arrêtés eux-mêmes (Chesnaux échappa à la mort). Le secrétaire dut encore ouvrir la séance provoquer l'élection d'un président. Sandos fut élu. On avait dès lors un président, mais aucune affaire ; pour la première fois, il ne se trouva sur le bureau ni lettres, ni autres papiers à communiquer à la Société : aucun orateur ne demanda la parole. A la fin, un membre proposa la lecture du rapport de Saint-Just qu'il avait « par hasard » dans sa poche. La proposition fut acceptée et on put ainsi passer une heure. On annonça ensuite que plusieurs lettres à l'adresse de Vincent et une à l'adresse de Chesnaux avaient été remises chez le portier ; on décida avec circonspection et réserve qu'une députation les transmettrait à l'accusateur public. Personne encore ne voulut prendre la parole. La séance fut pénible pour tout le monde ; les suivantes menaçaient de ne pas mieux réussir ou de prendre une tournure plus mauvaise encore. C'est pourquoi on posa enfin cette question : Convient-il de maintenir la permanence votée précédemment en raison de l'arrestation de plusieurs membres? Personne ne parla ni pour ni contre ; et le vote sur la permanence fut retiré à l'unanimité, de telle sorte que, malgré le caractère aigu de la crise, le club ne dut pas avoir d'autres séances que les séances habituelles. On se sépara dès neuf heures et demie. Les habituées des tribunes qui, en cette qualité, occupaient toujours les premiers bancs, se turent cette fois : aucune ne parla plus de délivrer violemment les prisonniers. Les autres spectateurs des tribunes avaient déjà pris leur résolution : ils déclarèrent tout haut que le père Duchesne et les autres étaient des scélérats, qui méritaient la guillotine ; on savourait d'avance le moment où ils passeraient. Le rapport de police qui nous fournit ces détails ajoute : « Ces démonstrations de joie sont communes à tout le peuple de Paris ; dans les marchés, au coin des rues, partout on tient le même langage... on regrette qu'il n'y ait de supplice plus rigoureux que celui de la guillotine : on dit qu'il faudrait en inventer un qui les fît longtemps souffrir. L'exécration est générale [1] ».

Comment les Cordeliers auraient-ils pu remonter le courant? L'intérêt qu'Hébert pouvait inspirer s'évanouit d'autant plus vite, que lui-même, en dépit de son mot : « Moi ou le ministre de l'Intérieur doit périr » tremblait en face de la mort avec une ignominieuse lâcheté. Dans sa prison, il était pâle comme la mort, abattu, souffrant, sans appétit [2]. Pendant les interrogatoires et sur la route de l'échafaud, il montra encore moins de dignité ; il avait déjà l'apparence d'un mort plutôt que celle d'un vivant.

De son côté, dès le 16 mars, Robespierre sentit qu'il avait remporté une brillante victoire. Son arrogance et son ton d'autocrate ne connurent plus de borne. Lorsqu'au club des Jacobins, Léonard Bourdon, s'autorisant des décrets existants, invita les sociétés populaires à la plus grande vigilance et prétendit qu'elles devaient faire passer au scrutin épuratoire toutes les autorités constituées et tous les fonctionnaires publics, Robespierre, foudroyant, le terrassa par ces paroles : « C'est une mesure contre-révolutionnaire que l'on

[1] II, 161.
[2] II, 162.

vous propose. Les conspirateurs se démasquent, et voudraient vous perdre par de nouveaux moyens. Voyez leur audace ; à peine leurs complices sont-ils mis sous le glaive de la loi, qu'ils osent produire ici dans votre sein leur opinion liberticide. Léonard Bourdon ressemble à ces voleurs qui mettent la main dans la poche de leurs voisins, pendant que leurs camarades sont sur l'échafaud. Je n'ai encore que des preuves morales contre Léonard Bourdon ; mais c'est déjà beaucoup, s'il est perdu dans l'opinion publique ». A partir de ce moment, les Jacobins, qui se croyaient les maîtres et n'étaient que des esclaves, mirent tout leur zèle à renchérir, par leurs cris et leurs outrages sur tout arrêt que, d'un froncement de sourcil, leur Jupiter portait contre un citoyen [1].

Le café Procope où, le soir, à la nuit, les agitateurs des Cordeliers et des gauches jacobines extrêmes, étaient dans l'usage de se réunir, depuis le mois de mai 1793, avait, pendant ces journées de mars 1794, l'apparence d'une solitude mystérieuse. On n'y voyait plus qu'un petit nombre d'habitués. Chacun, en tout lieu, pressentait un péril, une trahison ; on ne se parlait que tout bas, à l'oreille, en chuchotant [2]. Il est vraisemblable qu'on recueillit surtout au café Procope bon nombre de ces paroles et de ces vœux qui, fournissant matière aux dénonciations, conduisirent à leur perte Hébert et ses amis.

Le 17 mars, se tint une séance ordinaire des Corde-

[1] II, 102.
[2] I, 268; II, 49, 163.

liers. En vingt-quatre heures, la physionomie de la Société s'était déjà remarquablement modifiée. Les membres de la Société, voulant se faire oublier eux-mêmes et se sauver de la sorte, outragèrent à l'envi ceux qui jusque-là avaient été leurs chefs, ceux qu'ils glorifiaient comme des dieux quelques jours auparavant. Tout d'abord parut Jarry, dont la carte, dans l'avant-dernière séance, avait été remise par ce Prétot exclu de la Société ; il redemanda sa carte et expliqua qu'elle s'était trouvée fortuitement entre les mains de Prétot ; elle lui fut rendue. Cet incident fut aussitôt exploité pour une grande démonstration de loyalisme. Prétot avait été chassé parce qu'il avait dit sur le boulevard qu'Hébert était un coquin. On n'en demanda pas moins de tous côtés qu'il « fût rétabli dans ses droits ». Or on l'avait exclu, deux jours avant, sans vouloir l'entendre, traité de blasphémateur, parce qu'au début de sa défense, il avait osé dire que l'insurrection avait été prêchée à la tribune des Cordeliers ! La proposition de le réintégrer amena une explication très-rapide dont l'issue fut tout-à-fait favorable à Prétot. Les circonstances n'étaient plus les mêmes : Prétot n'était plus un coupable. On vota sa réintégration qu'il attendait en personne, et il fit sa rentrée, au milieu d'un tonnerre d'applaudissements.

Une seconde proposition tout empreinte de loyalisme tendait « à faire procéder sans délai à l'épuration de la Société ». Elle fut immédiatement acceptée ; l'ancien comité chargé de l'épuration fut dissous ; et on décida qu'on en élirait un autre.

Une troisième proposition dépassa tellement son but, qui était aussi de faire preuve de loyalisme, qu'au lieu de revêtir ce caractère, elle tourna à la caricature et à la caricature odieuse. On demanda « que l'on s'inscrivît pour un festin qui aurait lieu après le jugement des détenus ». La Société rejeta la proposition, mais — n'exclut pas de son sein celui qui l'avait faite.

Une quatrième proposition fut votée avec empressement, bien qu'elle impliquât une véritable humiliation : on décida qu'une délégation de quatre membres se rendrait au club des Jacobins, lors de leur prochaine séance, afin d'inviter les députés et les Jacobins qui étaient, en même temps, Cordeliers, à rentrer dans cette Société — preuve que dans les derniers temps ces personnages s'étaient prudemment abstenus d'assister aux séances. La délégation fut aussitôt nommée, et quand on demanda qui prendrait la parole, on cria de toutes parts : « Nous n'avons plus besoin d'orateur, de ceux qui nous perdent ! »

La séance finit à neuf heures trois quarts.

Le rapport de police qui nous fournit ces détails ajoute : « L'esprit de la Société et des tribunes paraît entièrement changé ; des membres qui n'osaient plus parler depuis ce mois ont repris courage. On voit bien qu'il n'y a plus de meneurs ; il est vrai que les séances sont très-arides. Les habitués qui se prononçaient si fortement pour les détenus, semblent craindre que l'on ne croie qu'ils les regardent comme innocents. On se fait une fête de voir conduire à l'échafaud les mêmes hommes que l'on idolâtrait, il y a sept ou huit jours ¹ ».

Ce qui n'est pas moins remarquable, c'est la précipitation avec laquelle, dans beaucoup de cercles, on se hâta de rompre avec les souvenirs du passé qui se rattachaient au parti vaincu. On confondit dans une même réprobation les morts eux-mêmes avec les chefs des Cordeliers encore vivants. Marat fut désigné comme le véritable chef de la conspiration. Il était, disait-on, un des lutteurs les plus ardents du club des Cordeliers fondé par lui! Il n'a cessé d'être le soutien véritable d'Hébert, de Momoro, de Ronsin, de Vincent et d'autres! Aussi lui ont-ils rendu les plus grands honneurs! Sa table n'était rien moins que frugale, disait-on, et celle qu'on appelait sa femme a été vue achetant pour la table, aussi bien que pour d'autres usages, des objets de luxe fort chers.

La députation envoyée par les Cordeliers aux Jacobins s'acquitta de sa mission dans la séance du club des Jacobins du 18 mars. Elle ne trouva pas ceux-ci bien disposés. Non-seulement Couthon venait de communiquer de nouveaux détails à sensation sur la conjuration, mais il avait aussi produit une lettre de Lyon, annonçant que l'arrêté des Cordeliers où il était question de s'insurger et de voiler la déclaration des droits de l'homme avait été « lu dans la société populaire de Lyon avec applaudissement et qu'il avait été porté par un Cordelier ».

---

[1] II, 163 et suiv.

Sur la proposition de Couthon, les Jacobins, après ces communications, avaient résolu d'envoyer une adresse à toutes les sociétés populaires en relation avec eux, « pour les tenir en garde contre cette nouvelle manœuvre ». Là-dessus entra la députation des Cordeliers. Son orateur — car naturellement il en fallait bien un — monta à la tribune, exposa l'objet spécial de sa mission et engagea les Jacobins, qui étaient en même temps Cordeliers, à revenir parmi leurs frères ; d'une manière générale, il invita, au nom de la société des Cordeliers, la société des Jacobins à vivre avec celle-ci en bonne harmonie et fraternellement, et conjura les Jacobins de s'unir aux Cordeliers pour combattre, en commun, tous les ennemis de la République. Il est vrai, dit-il, que quelques-uns des membres du club des Cordeliers ont été arrêtés ; mais ils sont sous la main de la justice, et c'est à elle à prononcer. Malgré toute la politesse extérieure, commandée par la situation encore indécise, les Cordeliers reçurent plus qu'une simple mortification. Un des membres de la députation elle-même, Letrône fut accusé par un Jacobin d'avoir quitté la Vendée pour venir intriguer à Paris ; il fut obligé de se justifier, et il ne dut qu'à une défense extrêmement habile les applaudissements qu'on lui décerna finalement de toutes parts. Mais Robespierre se leva alors et demanda que la Société fît cette réponse aux Cordeliers : « Le club des Jacobins ne fraternisera avec celui des Cordeliers que lorsque ceux-ci seront régénérés ». Naturellement, la proposition de Robespierre fut adoptée [1].

Le 19 mars, on comptait sur une séance aux Cordeliers; il n'y en eut pas; le public se présenta en masse, mais le portier répondit qu'il avait ordre de ne pas ouvrir [2]. Le café Procope changea aussi de physionomie; on y causait tout bas : on recommença à s'y entretenir tout haut; mais ce ne fut plus que pour parler des « intrigants démasqués » et de la nécessité de démasquer aussi le ministre de la Guerre, Bouchotte [3].

Les Cordeliers tinrent une nouvelle réunion le 22 mars seulement. Le sort final d'Hébert et de ses amis ne pouvait alors faire l'objet du moindre doute; le procès proprement dit avait commencé la veille. Après la lecture habituelle des *Droits de l'Homme*, il s'éleva d'abord une discussion sur le procès-verbal. On reprochait au secrétaire de n'avoir pas mentionné la proposition faite par un membre de souscrire à un festin qui serait célébré aussitôt après le jugement. A la fin, la rédaction du secrétaire fut adoptée. Après quoi, l'orateur de la députation envoyée aux Jacobins rendit compte de sa mission; par précaution, il donna lecture du procès-verbal même des Jacobins, tel qu'il avait été publié dans le journal de la Montagne; il ajouta seulement le récit de l'épisode relatif à Letrône, épisode qui avait été omis dans ce procès-verbal. La réponse des Jacobins, ou plutôt de Robespierre, fit envisager la

[1] II, 163, 180.
[2] II, 169.
[3] III, 171.

question de l'épuration comme la plus pressante de toutes. Presque toute la séance lui fut consacrée ; le ton des débats, l'attitude de tous les membres ne permettraient jamais de croire qu'on a là, sous les yeux, cette même Société dont on a suivi les séances quinze jours, huit jours auparavant.

Ce même Prétot, expulsé huit jours avant, prit le premier la parole. Il se fonda, pour soutenir la nécessité d'une épuration de la Société, sur les violences dont avaient eu à souffrir depuis des mois ceux qui ne partageaient pas les opinions des meneurs. Brochet, qui parla après lui, se posa comme le principal accusateur de la Société tout entière ; il fit une peinture de ces abus d'autorité, raconta comment on s'y prenait pour ôter la parole aux bons Cordeliers : « Les trois quarts des membres de la Société sont des créatures de Vincent et de Momoro, que ceux-ci ont placés soit au Département, soit dans les administrations qui dépendent du ministre de la Guerre. Lorsqu'un vieux Cordelier avait émis une opinion qui pouvait contrarier les projets des meneurs, les yeux de tous ces protégés se portaient sur Vincent et Momoro ; si ces deux hommes faisaient un signe de tête, alors on criait : A bas le modéré ! Si, au contraire, leurs têtes restaient immobiles, le membre qui parlait n'était pas interrompu ». Brochet voulait que, dans le travail d'épuration, on se préoccupât de savoir quels membres devaient leur place aux chefs arrêtés.

Bouin monta ensuite à la tribune et parla cette fois « avec beaucoup de sagesse ». Il invita la Société à s'épurer promptement, puis, une fois épurée, à se présenter devant les Jacobins et à leur tenir ce langage : « Nous sommes épurés ; mais nous désirons qu'il n'y ait plus de différence entre les Jacobins et les Cordeliers ». Il peignit les sociétés populaires de Paris divisées entre elles, fondées par des « patriotes de vingt-quatre heures », par des royalistes déguisés, qui veulent paraître plus patriotes que ceux qui ont suivi la Révolution depuis cinq ans ». Et il ajouta : « La Société des Cordeliers « donnerait un grand exemple à toutes ces sociétés populaires, si, bien épurée, elle s'identifiait avec les Jacobins ». Il demanda enfin qu'on mît cette question à l'ordre du jour : « Convient-il à l'intérêt général qu'il n'y ait dans une grande commune comme Paris qu'une seule société qui serait un centre et un foyer de lumière et de surveillance, ou est-il plus avantageux pour la chose publique que les sociétés populaires soient disséminées, comme elles le sont, dans les différentes sections ? » Il est sensible que cette concentration répondait aux vœux de Robespierre et des Jacobins.

La Société applaudit à l'unanimité les orateurs, bien que les trois quarts de ses membres eussent été dénoncés par l'un d'eux à la commission d'épuration, et vota aussi la mise à l'ordre du jour de l'importante question soulevée par Bouin. A la fin de la séance, on discuta la nomination de la commission d'épuration ainsi que le mode de procéder qu'elle devrait employer. On décida que la commission serait nommée dans la prochaine séance, et qu'elle aurait le droit d'admettre ou de rejeter, suivant ses propres appréciations. La séance fut levée à dix heures [1].

La séance suivante eut lieu le 24 mars, c'est-à-dire le jour même qui avait vu la fin du grand procès de la conspiration, l'exécution d'Hébert et de ses dix-sept co-accusés. La foule avait joyeusement agité les chapeaux et crié : Vive la République ! au moment où Hébert avait gravi, le dernier de tous, les degrés de l'échafaud. Le club des Cordeliers lui-même ne trouva aucune parole de commisération pour ses anciens chefs. On évita de les nommer, et on s'occupa exclusivement d'autres affaires. Au début, une députation donna lieu de s'occuper du manque de vivres. Bouin, devenu tout-à-fait politique et diplomate, blâma très-fortement cette façon d'agir : il invita la Société à ne parler des subsistances, ni en bien, ni en mal ; car de pareilles discussions prêtaient beaucoup à la malveillance ; les membres des sociétés populaires, auxquels est confiée une surveillance de ce genre, devraient se contenter de porter leurs observations aux autorités chargées des approvisionnements. Il demanda ensuite l'ordre du jour, c'est-à-dire la nomination de la commission d'épuration.

Dans la séance du 17, on s'était rallié à la pensée de composer la nouvelle commission d'épuration d'anciens Cordeliers choisis parmi ces quatorze qui avaient eu le courage de s'assembler rue des Boucheries, le lendemain de la fusillade du Champ-de-Mars

[1] II, 180 et suiv.

(17 juillet 1791). Dans la séance du 24, on constata que, de tous les anciens membres, quarante-trois seulement étaient encore présents, et qu'il ne restait que quatre fondateurs proprement dits. La Société décida que la commission d'épuration se composerait de sept membres et nomma, en première ligne, les quatre fondateurs, les trois autres membres devant être choisis sur la liste des quarante-trois, — réduite à trente-neuf, puisqu'on n'avait plus à compter les quatre fondateurs. Trois suppléants furent pris également sur la même liste. Les membres admis ou agréés par la commission devaient encore être soumis à la censure de la Société et des Tribunes. On décida que cet examen consisterait en une série de questions. Quelques membres demandèrent qu'on s'arrêtât aux questions en usage chez les Jacobins. Rousselin, un des chefs de la police du ministère de l'Intérieur, dit qu'il faudrait avant tout demander à ceux qui se présenteraient, s'ils n'avaient point eu de part aux intrigues de Vincent, etc. Cet avis fut très-applaudi. Une autre proposition du même Rousselin tendant à prier les Jacobins de joindre quatre des leurs à la commission d'épuration des Cordeliers fut rejetée comme trop humiliante. Mais on adopta, après discussion, une motion de Brochet très-grave et d'une grande portée, aux termes de laquelle « chaque membre devrait déclarer sur une feuille divisée par cases et signée de lui, quelle était sa fortune avant la Révolution, et celle actuelle ». Le rapport de police relatif à cette séance fait observer que les tribunes ont complété leur entière transfor-

mation ; les anciennes habituées des premiers bancs ne se montrent plus ; les femmes qui occupent ces places « sont dans les bons principes », et animées du nouvel esprit qui règne dans le club [1].

La résolution provoquée par Brochet mit très-vite à nu cette corruption dont aucune société populaire n'était alors exempte à Paris ; car quiconque convoitait les places et la fortune y entrait pour faire son chemin. Dans leur séance du 27 mars, dont le *Moniteur* ne dit pas un mot — vraisemblablement parce que les Jacobins étaient infectés du même mal — les Cordeliers étalèrent une bonne partie de ces plaies honteuses. On réclama vivement contre cette décision : exiger, disaient les uns, que chaque membre rende compte de sa fortune avant la Révolution et de ses moyens actuels d'existence, c'est une mesure arbitraire et la Société n'a pas le droit de faire rendre de pareils comptes. Les partisans de cette mesure répondaient : rien n'est moins arbitraire, puisque ceux qui ne voudraient pas s'y soumettre pourront quitter la Société : cette mesure doit être considérée comme un article de règlement ; et toute Société d'hommes libres a le droit de fixer ce qu'elle juge à propos pour sa police intérieure. Un membre observa « qu'on avait motivé cet article réglementaire sur l'avantage qu'il y aurait de prouver un jour, à ceux qui se seraient enrichis dans les places auxquelles prétendent les patriotes, que leurs excessives richesses ne pouvaient provenir que de leurs

---

[1] II, 187 et suiv.

rapines. Ce motif, selon lui, pouvait faire croire que l'on n'entrait dans les Sociétés populaires que pour parvenir aux places lucratives ». Brochet, instigateur de cette mesure, lui répondit sans détour qu'il fallait en convenir de bonne foi : beaucoup d'hommes ne cherchaient à entrer dans les clubs que pour se populariser et obtenir ensuite des places qui mènent à la fortune. Après une longue discussion, le vote mis en question fut maintenu. On peut admettre, sans crainte de se tromper, que cette décision ne contribua pas peu à la décroissance rapide du nombre des membres qui se manifesta dans les séances suivantes. On put constater dans cette même séance que les absents eux-mêmes étaient gagnés au mouvement de réaction contre les anciens chefs des Cordeliers. Un soldat renvoya son diplôme de Cordelier, parce qu'il était signé de Momoro : on lui en décerna un nouveau, à l'unanimité [1].

L'épuration amena bien, comme il était facile de le prévoir, une diminution considérable dans le nombre des membres, mais n'augmenta pas d'ailleurs les forces intimes de la Société. La chute d'Hébert l'avait, une fois pour toutes, perdue sans ressource. Quand peu de jours après, le 31 mars, les anciens chefs des Cordeliers, Danton et Camille Desmoulins, furent décrétés d'accusation ; quand ils eurent été exécutés (5 avril) ; quand chacun, terrifié, trembla pour sa propre vie ; quand Chaumette et ses dix-huit co-accusés eurent

[1] II, 197 et suiv.

été guillotinés (14 avril), on ne parla plus de transformation, de renaissance du club : il fut évité, fui — comme on fuit un péril de mort : il se fondit de lui-même sans presque laisser de traces.

Ce n'est qu'après la chute de Robespierre qu'il fut possible de songer à lui rendre la vie ; les circonstances étaient en apparence d'autant plus favorables que peu après la chute de Robespierre, le club des Jacobins, l'ancien rival des Cordeliers, avait été fermé par ordre de la Convention (12 novembre 1794). En effet, quelques jours plus tard eut lieu la première tentative qui ait été faite en vue de ressusciter les Cordeliers. Le club, disparu depuis longtemps, était alors complétement oublié. Quelques personnes, formant ses derniers et faibles débris, se réunissaient encore, il est vrai, quelquefois dans un petit local de la rue de Thionville ; mais leurs conversations, libres de toute contrainte, passaient aussi inaperçues qu'elles étaient peu dangereuses. Tout à coup on se raconta parmi les gens de police que les Cordeliers avaient loué une salle de danse, rue des Boucheries, au faubourg Saint-Germain, pour y tenir leurs séances, à partir du 22 novembre. Le propriétaire de la salle, le maître de danse Cirier, avait, par prudence, prévenu la police, et celle-ci dut ainsi s'occuper encore de ce club, qui avait depuis longtemps cessé de donner signe de vie. A dater du 18 novembre, il fut de nouveau surveillé ; cette surveillance s'exerça d'abord dans l'ancien local. Ces efforts des Cordeliers furent bien misérables, mais ils sont intéressants, car il s'agit des derniers battements d'un corps autrefois puissant et redoutable.

Le 19 novembre, la police fit, en ces termes, son rapport sur la journée précédente : « Le club des Cordeliers, rue de Thionville, n'était composé que d'une quinzaine de personnes : il y avait si peu de monde qu'ils n'ont pu délibérer. Ils ont enlevé les bustes de Marat, Lepelletier et autres, pour les porter dans leur nouvelle salle, rue des Boucheries Germain ». A la date du 7 décembre, nous lisons : « Club dit des Cordeliers, chez Cirier, maître de danse, rue des Boucheries Germain ; avant-hier, jour où il devait se réunir, il ne s'y est trouvé qu'environ quinze personnes, qui se sont séparées sans avoir rien fait, ni rien dit ; aujourd'hui la réunion doit encore avoir lieu ». A la date du 9, nous trouvons cette mention : « Le club des Cordeliers, rue des Boucheries, n'a pas eu lieu hier, faute de membres en nombre suffisant [1] ».

On obtint pourtant enfin un misérable commencement de discussion. A la date du 13 décembre, la police mande : « Hier, la surveillance a été exercée dans la Société dite des Cordeliers, rue des Boucheries, chez Cirier, maître de danse. La Société n'a pas tenu dans les formes, ne s'étant trouvée qu'une réunion d'environ quinze personnes, tant hommes que femmes. Ce petit nombre d'individus s'est permis des propos tendants à blâmer hautement le régime actuel ». Deux jours plus tard, nous trouvons ce qui suit dans les rapports de

---

[1] II, 245, 250.

police : « La Société des Cordeliers, rue des Boucheries, n'était pas plus nombreuse hier que dans les autres séances ; vingt individus, tant hommes que femmes, la composaient. On y a dit, par forme de conversation, que Carrier allait être guillotiné parce qu'il était bon patriote. On s'y est traité ironiquement de buveur de sang ; la sœur et la femme de Marat sont désignées comme prenant part à ces conversations, et en faisant les frais. Les personnes qui, à l'assemblée précédente, avaient tenu des propos répréhensibles n'ont pas reparu [1] ».

Tels furent les derniers signes de vie que donna le Club. L'indifférence et la crainte en éloignèrent le petit nombre de ceux qui étaient restés fidèles à la politique de Marat, d'Hébert ou de Danton. Le chiffre de vingt, y compris les femmes, est le chiffre le plus élevé qu'ait pu atteindre ce nouveau club des Cordeliers. Evidemment, dans ce Paris où commençait à s'organiser une guerre acharnée aux monuments, aux bustes de Marat, à tout ce qui rappelait sa mémoire, il n'y avait pas de place pour les Cordeliers. Aussi ce petit groupe en vint-il à concevoir le projet de réorganiser le Club dans une autre ville, à Marseille. C'est dans un rapport du 31 janvier 1795 que transpire pour la première fois quelque chose de ce projet. La Société se flattait de pouvoir compter sur trois cents personnes pour le rétablissement du Club dans la ville de Marseille : et, pourtant, personne ne serait admis sans

[1] II, 251, 252.

avoir été, au préalable, soumis à l'épuration; car on ne voulait pas se laisser conduire par des intrigants [1]. Mais il est difficile de croire qu'on ait jamais rien fait d'essentiel pour la réalisation de ce projet. Les circonstances n'étaient pas favorables : la Convention, sous l'empire d'influences contraires, se montra l'adversaire résolue plutôt que l'adversaire de principe de tous les clubs et de toutes les sociétés populaires ; le 23 août, ils furent tous dissous et proscrits. C'est seulement par une coalition avec les restes plus considérables de la Société des Jacobins, restes qui se dissimulaient alors avec habileté, que le petit nombre des individus isolés formant les débris des Cordeliers pouvaient encore espérer jouer dans l'avenir un rôle politique, mais un rôle dénué de tout caractère propre.

[1] II, 575 et suiv.

IX

LES CAFÉS POLITIQUES

Jamais Paris ne regorgea de cafés comme au temps de la Révolution. On y pouvait prendre non-seulement une tasse de café et un petit verre, mais aussi de la bière. On y voyait du monde à toute heure ; mais la plupart de ces établissements étaient surtout animés dans l'après-midi et le soir. On faisait de la politique dans tous les cafés ; tous n'étaient pas pour cela des cafés politiques. On peut désigner comme tels, en un sens large, ceux où des personnages influents se rencontraient pour traiter entre eux des affaires politiques ou s'abouchaient avec d'autres groupes ; il y en avait environ soixante de ce genre. Adoptant un sens plus restreint, nous n'appellerons cafés politiques que ceux où des cercles intimes nouaient des intrigues, concertaient des opérations où se jouait le sort de la France ; on en peut compter environ douze de cette sorte ; ils ne sont pas tous, d'ailleurs, d'égale importance pour l'histoire de la Révolution.

C'est dans les cafés, je l'ai déjà donné à entendre, que couvait, c'est de là que rayonnait l'agitation politique fomentée par la minorité révolutionnaire. C'est là que délibéraient et complotaient les démagogues perturbateurs ; de là que partaient les mots d'ordre qui déterminaient l'entrée en scène des agents soldés ou non soldés.

On peut distinguer cinq phases différentes dans l'histoire des cafés de Paris à cette époque. La première période est celle qui précède la Révolution : les novateurs politiques et littéraires avaient alors établi leur rendez-vous dans les divers quartiers de Paris, sur les deux rives de la Seine, notamment au café de la Régence et au café Procope. La seconde période s'étend du commencement de la Révolution jusqu'au transfert de l'Assemblée nationale à Paris, ou jusqu'à l'ouverture de ses séances au Manége, et même, si on veut, jusqu'au commencement de l'année 1790 : c'est le règne des cafés du Palais-Royal ; de ces cafés, des agitateurs comme Desmoulins, et, avec eux, la foule des habitués se répand jusque dans le jardin et se mêle à des groupes plus considérables. La troisième période commence à l'ouverture du Manége ou aux premiers jours de 1790 : elle dure trois ans ; à cette époque, les cafés des Tuileries sont le foyer principal de l'agitation. La quatrième période commence avec l'année 1793 et se termine à la Terreur. Le rôle principal, pendant ce temps, appartient de nouveau aux cafés du Palais-Royal. La cinquième période enfin succède au temps d'arrêt causé par la Terreur, et s'étend de la chute de Robespierre (fin de juillet 1794) à la fin du Directoire (1799); à cette époque, ce sont surtout les cafés des boulevards qui, affiliés à ceux du Panthéon, donnent le ton dans le camp des révolutionnaires, tandis que ceux du Palais-Royal sont devenus décidément antirévolutionnaires.

Nous ne nous occuperons pas ici des deux premières

phases. L'agitation ne devient foncièrement révolutionnaire qu'au moment où commence la troisième période, c'est-à-dire le jour où l'Assemblée ouvre ses séances au Manége. Elle a pour foyer le café Hottot et le café Saule. Le café Hottot était le café des Tuileries proprement dit[1]. Il était situé, comme le café actuel, dans le jardin même, et adossé au mur qui, se reliant à la Terrasse des Feuillants, séparait du Manége le Jardin et toute l'enceinte du Château. Mais, à l'intérieur, une porte pratiquée dans le mur de derrière du café mettait le Manége en communication directe avec les habitués de cet établissement. Ces communications étaient, à n'en pas douter, très-actives et favorisaient singulièrement l'agitation. Car, en un temps où le séjour de la famille royale au Château devenait à chaque instant plus périlleux, alors que la première invasion des Tuileries du 20 juin 1792, présageait de nouvelles et plus terribles journées, le Roi, encore maître dans l'enceinte du Château, donna l'ordre de murer cette porte, dans le but formellement exprimé d'empêcher au moins par cette voie, c'est-à-dire par la voie la plus directe, tout rapport entre le café et les auditeurs qui suivaient les séances de l'Assemblée. Le café n'en resta pas moins un lieu de réunion pour les agitateurs et les exaltés, si bien que, le 10 août, lorsque le Roi, entouré des siens, prit l'allée du milieu pour se rendre, par la Terrasse des Feuillants, au sein de l'Assemblée, c'est de là que furent tirés les premiers coups sur la suite du Roi.

[1] Peltier, *Dernier tableau de Paris*, 1793, pp. 77 et 119.

Le café Hottot est, sans aucun doute, le même que ce café des Tuileries que les documents de l'époque appellent très-souvent le café Payen. Il réunissait encore, en 1795, les admirateurs de Marat, les Jacobins, les Terroristes, avec lesquels les jeunes gens du parti modéré, habitués du café de Chartres ou café des Canonniers, étaient en lutte continuelle [1].

Le second café révolutionnaire, de 1790 à 1793, le café Saule, longeait aussi, mais à l'intérieur, le mur du Jardin des Tuileries; il faisait face au Manége, dont la porte d'entrée était toute voisine. Il était spécialement destiné à ceux qui fréquentaient l'Assemblée nationale, députés ou auditeurs. Le principal agitateur de cet établissement était le cafetier lui-même, circonstance qui se reproduisit plus tard au café Chrétien. Cet individu exerça personnellement la plus grande influence sur les tribunes au temps de la Constituante, et des deux Assemblées qui suivirent. Saule (ou Sole) était, d'après le portrait qu'en a tracé Dutard, un vaurien et un aventurier. Cet ivrogne — il le fut toute sa vie — avait été d'abord tapissier, puis charlatan ambulant; il vendait, en cette qualité, pour quatre sous de petites boîtes d'onguent de graisse de pendu contre les maux de reins. Depuis la translation de l'Assemblée nationale à Paris, il devint un des principaux habitués des tribunes, et, sans nul doute, il était soldé; là, il se fit, grâce à sa voix perçante et toujours bien humectée, quelque réputation. Tout le monde connaissait le « gros

---

[1] Tableaux II, 276, 287, 292 et suiv.; 296, 302.

petit vieux ». Cependant il fut chassé pour cause de filouterie ; on l'accusa d'avoir exigé des auditeurs des tribunes un prix d'entrée. Privé de tout moyen d'existence, il revint aux boîtes d'onguent, et voyagea pendant un ou deux mois avec un compagnon « homme de lettres ». Mais il se lassa et reprit le chemin de Paris, où dès lors « il se démena comme un petit diable dans un bénitier ».

Il reparut aux tribunes avec l'allure d'un agent à l'aise, c'est-à-dire soldé, et y conquit rapidement le premier rang. Son ambition s'élargit bientôt, et ses plans réussirent. Grâce à la protection d'un palefrenier du Roi, il obtint, en vue d'y élever un café, cet emplacement contre le mur du Jardin des Tuileries, décrit plus haut : il fut, en outre, nommé inspecteur des tribunes, et, à ce titre, au moment de la clôture de la Constituante, puis à celle de la Législative, il reçut, comme les autres agents de l'Assemblée, une rémunération de 600 livres pour prix de ses services. La Législative lui assura, de plus, un logement dans l'ancien couvent des Feuillants, dépendance de la Chambre.

« Ce qu'il y a d'essentiel, écrit Dutard, et qui est vraiment digne de faire un article dans l'histoire de notre Révolution, c'est que cet homme a juré de faire sa fortune, et il l'a faite. C'est qu'il a constamment crié qu'il fallait abattre la liste civile, et la liste civile a été supprimée ; c'est qu'enfin, logé dans la maison de Louis XVI, il lui a dit à son nez et à sa barbe qu'il fallait lui couper la tête, et la tête de Louis XVI est tombée. C'est M. Sole, en un mot, qui, pendant près de trois ans, a réglé l'esprit public dans la tribune qui était confiée à ses soins. Avant d'entrer, chacun allait au bureau, apprendre dans le café de M. Sole ce qu'il avait à dire et quel était l'ordre du jour pour les applaudissements ». En mai 1793, et peut-être même depuis le commencement de la Convention, Sole n'était plus inspecteur des tribunes ; mais dans sa section, celle de la Halle au Blé, il continua son rôle d'agitateur et d'enragé ![1] Son café avait certainement cessé d'exister une fois les premiers jours de mai écoulés ; car tout ce qui faisait sa vie et sa raison d'être lui fut enlevé, lorsque la Convention quitta le Manége pour s'installer au Château. Le Manége redevint désert ; et, dès lors, les besoins physiques et politiques des citoyens qui se rendaient à la Convention trouvèrent leur satisfaction soit au café du Jardin des Tuileries, soit au café de la Convention, qui s'ouvrit rue du Petit-Lyon, au coin de la rue Franciade, et devint aussi le rendez-vous des Enragés [2].

Cependant, avant même la translation de la Convention au Château, immédiatement après l'exécution du Roi, ou, au moins, depuis le mois de mars 1793, les agitateurs du parti extrême établirent, de nouveau, leur quartier général au Palais-Royal ; c'est la quatrième période dans l'histoire des cafés politiques. Là, au café Corazza ou café Italien, se noua, nous l'avons déjà vu, l'intrigue qui devait amener la chute de la

[1] I, 214 et suiv.
[2] II, 264, 266, 277.

Gironde. Le ministre Garat, qui dissimulait à la Convention l'importance des réunions du café Corazza, fut obligé de reconnaître dans ses Mémoires le rôle décisif joué par ce café. Voici son aveu : « Au café Corazza, écrit-il, conféraient presque journellement ceux qui préparaient de loin, qui arrangeaient la révolte pour l'organiser dans des formes qui ressembleraient à l'insurrection du 10 août ». Il signale ensuite Guzman, Defieux, Proli, Chabot et Collot d'Herbois comme les membres les plus zélés de ces réunions et comme les fauteurs les plus en vue des journées du 31 mai et du 2 juin. Au mois de mars, il eût été facile à Garat de détruire ce repaire dangereux du café Corazza. Il avait reçu pour une mesure de ce genre les pouvoirs les plus complets, et il devait en user, puisque cette Société lui était dénoncée de la manière la plus précise comme un comité secret d'insurrection. Mais la faiblesse inouïe et la lâcheté qui, en toute circonstance, l'empêchaient d'agir, lui firent perdre, alors comme toujours, l'occasion, le moment favorable [1].

Le café Corazza, où s'étaient préparées la chute de Gironde et la domination de la Montagne, eut, depuis lors, une couleur politique de moins en moins stable et arrêtée. Pendant la Terreur, ceux qu'on appelait les aristocrates s'y réunissaient aussi bien qu'aux cafés de Chartres, de Foi et Valois, surtout de dix heures du matin à deux heures. Le soir, il recevait des étrangers, particulièrement des Italiens de distinction, qui s'occu-

[1] I, 148, 151.

paient plutôt de jeu que de politique, et savaient toujours se plier aux circonstances ou à la loi du plus fort. Sous le Directoire, pendant les années 1795 et 1796, il régnait parmi les habitués du café un sentiment, si favorable à l'ordre de choses, qu'on y mettait parfois à la porte ceux qui blâmaient le Gouvernement. On s'y montrait donc aussi hostile aux Royalistes qu'aux Terroristes. On laissait prendre part à la conversation les gens arrivés de province et manifestant des tendances antiroyalistes. On y blâmait les représentants tels que Lanjuinais et Aubry, réputés favorables à la Vendée et protecteurs d'officiers royalistes. Pour les habitués du café, Boissy-d'Anglas était un charlatan ; Rewbel, André Dumont et autres ne leur convenaient pas davantage ; la nouvelle de la capture de Charette les remplit de joie. Ils appartenaient tous à des cercles intelligents ; aussi ne retenaient-ils point leurs critiques lorsque, par exemple, le ministre de l'Intérieur commettait la lourde bévue de poursuivre, de dénoncer au public des anarchistes déjà guillotinés, tels que Jourdan d'Avignon [1], ou lorsque le Gouvernement prenait des mesures financières avec une précipitation notoirement ignorante et aveugle. Mais, en général, ils étaient toujours prêts à louer ou à justifier le Gouvernement, à apaiser les esprits, à interpréter en bien la politique officielle à l'intérieur ou à l'extérieur. Si, au début, ils virent avec plaisir, comme d'ailleurs le Gouvernement lui-même, le mouvement des « patriotes de 1789 », et

[1] I, 148. III, 48.

considérèrent des cercles tels que le club du Panthéon, fondé par ces patriotes comme l'unique « sauvegarde du peuple et du bien général », il ne faut l'attribuer qu'à leurs sentiments antiroyalistes ; mais, plus tard, lorsque les tendances terroristes de ce club se révélèrent, ils changèrent d'avis. Depuis lors, l'aspect politique du café Corazza se modifia. Ce café dégénéra de plus en plus ; on y vint boire tout simplement, débiter des nouvelles et des commérages [1].

Avec la Société révolutionnaire terroriste du Panthéon, nous arrivons à la cinquième phase, celle qui commence à la chute de Robespierre. Ses partisans, sa queue, ses continuateurs ou ses rejetons, les Robespierristes ou Terroristes, refluèrent dès lors dans les cafés, pour y nouer de nouvelles intrigues et y fomenter des agitations nouvelles. Bien qu'ils n'aient réussi qu'à produire des émeutes et des conspirations, aucune révolution, l'étude en quelque sorte technique de leur organisation n'en est pas moins très-instructive : elle éclaire indirectement d'autres points de l'histoire des cafés politiques d'une manière si vive, qu'il est vraiment utile de l'aborder de près.

Peu après la chute de Robespierre, les principaux centres de réunion des nouveaux agitateurs sont les cafés des boulevards et les établissements les plus voisins. Nous citerons le café des Bains Chinois, exploité par Baudrais ; le café Chrétien, où, pendant la Terreur, se réunissaient, comme nous l'avons dit, les

[1] II, 126, 218, 496. III, 24, 52, 44, 49, 137, 48, 51 et suiv., 59 et suiv., 64, 147, 149, 89, 160, 152, 271.

Tappe-Dur officiels ; son propriétaire, Chrétien, ex-membre du tribunal révolutionnaire, comptait parmi les meneurs les plus exaltés. Ces deux groupes se virent plus d'une fois tenus en échec par les contre-révolutionnaires, les jeunes gens, qui allaient volontiers à la chasse aux Jacobins, soit dans ces cafés, soit ailleurs. Néanmoins ils tinrent bon et en vinrent, sous la direction des Conventionnels terroristes, aux journées du 12 germinal (1er avril), des 1-4 prairial (20-23 mai 1795), qui les perdirent entièrement. Depuis lors, les patriotes, comme ils s'appelaient, se conduisirent avec une extrême prudence ; et ces deux cafés prirent une physionomie tout aussi insignifiante que d'autres établissements également fréquentés par les Jacobins, comme le café Payen, dans le Jardin des Tuileries.

Ils ne rentrèrent dans le mouvement politique qu'à l'avénement du Directoire et par suite de l'amnistie du 26 octobre 1795. Une réunion de personnages marquants, ex-jacobins, ex-ministres, ex-conventionnels, donna, paraît-il, l'impulsion ; elle se tint le 14 novembre, à quatre heures, chez Archambaut, dans la rue de la Loi, vis-à-vis la Bibliothèque nationale. On y échangea tout en dînant, et *inter pocula*, ses idées sur le passé et sur l'avenir. Parmi ceux qui y prirent part, on peut citer l'ex-ministre Pache et Bouchotte, Charles Duval, Chasles, Faton, Maure, Halm (Halmes) Lanot, Parrein et l'archi-jacobin Raisson, qui était venu en compagnie de Bouchotte. On y maudit le royalisme, on n'accorda d'éloges qu'à deux des directeurs, Carnot et Rewbel ; on porta des toasts enthousiastes à la République et on chanta la *Marseillaise*. On y annonça l'intention de se réunir, à l'exception toutefois des deux ex-ministres, dans une même municipalité de Paris, afin d'y faire de la propagande pour le patriotisme par excellence et « de devenir puissants par ce moyen ». On y exprima l'idée qu'une certaine terreur était nécessaire, « que sans cela, ça ne pouvait aller », et le regret des honneurs et du temps passé apparut clairement, ainsi que l'espoir « de servir son pays sans s'oublier [1] ».

Le 15 novembre 1795, un rapport de police s'exprimait ainsi : « Les Sociétés des cafés Chrétien, Bains Chinois, et chez Naï, rue Favart, sont composées de vainqueurs de la Bastille et autres patriotes de 89 ; leur but est de rétablir une espèce de société pour le maintien de la République ». Deux jours plus tard, on savait que la réunion du café comptait de 50 à 60 personnes ; que le plus grand nombre de ses membres avait appartenu aux anciens comités révolutionnaires, qu'on y attaquait vivement le Gouvernement, qu'on y célébrait Marat, et qu'on y jugeait les ex-ministres Pache et Bouchotte « capables de sauver la chose publique » ; qu'enfin les mêmes personnes se réunissaient aussi au café des Bains Chinois. La Société paraissait avoir, comme autrefois les Jacobins, des femmes à sa solde [2].

Dès le 18 novembre, la police annonce que le café s'est transformé en Société populaire, à la tête de

---

[1] II, 447 et suiv.
[2] II, 46, 452.

laquelle siégent des ex-conventionnels. Vadier préside, avec « ses soixante ans de vertu » ; Léonard Bourdon lui succède à la présidence, quand les soixante années de vertu sont fatiguées ; on se distribue en séance les quartiers de Paris, et chacun des associés doit faire un rapport journalier constatant l'effet de ses déclamations sur le peuple. D'ailleurs, on ne se considère pas comme en force, et pour gagner des prosélytes, particulièrement pour attirer les thermidoriens, on fera l'éloge de Danton, Camille Desmoulins, Philippeau ; on soutiendra que Robespierre seul, mais non son parti, les a égorgés. Les membres des anciens comités révolutionnaires de diverses sections, poursuit le rapport, sont envoyés dans les quartiers les plus populeux du faubourg Marceau pour y exciter le peuple ; ils célèbrent les Sans-Culottes de 1793, déplorent le sort des Jacobins, mettent en regard le présent et le passé, — cette comparaison est tout à l'avantage du passé, — et font croire au peuple que la cherté des vivres se prolongera tant qu'on laissera en vigueur la Constitution actuelle. Ces agents, écrit le rapporteur, se glissent dans les groupes, et le peuple les écoute avec plaisir[1].

En même temps, les centres d'agitation se multipliaient. Les cafés de la Montagne Geneviève étaient pleins de gens qui ne prêchaient que la terreur et qui faisaient l'apothéose de Marat. Il n'était pas permis de douter que ce mouvement des cafés de la Montagne Geneviève et d'autres cafés de Paris

[1] II, 453 et suiv.

ne se rattachât aux menées du café Chrétien. Ce dernier resta le véritable quartier général de l'agitation. Aussi le plus grand mystère y régnait-il. Dès qu'un profane y pénétrait, on se taisait, et, au besoin, on savait, en se retirant, dérouter l'espionnage. On ne s'y réunissait pas la nuit [1].

Ces divers cercles étaient disséminés ; il ne leur manquait qu'un lieu de réunion générale ; la Société du Panthéon, c'est-à-dire de l'ancienne église Sainte-Geneviève, combla cette lacune ; cette société, en relation très-étroite avec les cafés de la Montagne Geneviève, ne se réunissait pas au Panthéon même, mais tout à côté, dans le réfectoire de l'ex-couvent de Sainte-Geneviève, ou chez Cardinaux [2] à l'Estrapade, c'est-à-dire à la place du Gibet. Elle se composait principalement d'ouvriers et d'anciens membres des comités révolutionnaires. Tout naturellement, les rues les plus voisines fournissaient le contingent d'habitués le plus considérable ; mais les quartiers les plus éloignés, et, cela va de soi, tous les cafés du parti y étaient répresentés. La Société du Panthéon forma ainsi une sorte d'assemblée générale, tandis que les réunions des cafés furent des assises divisionnaires et locales. Elle arrêtait les résolutions, mais les autres cercles formaient les avant-projets,

---

[1] II, 459 et suiv.

[2] L'auteur a écrit « ou, comme on disait alors, chez Cardinaux ». Mais le réfectoire de l'ancien couvent de Sainte-Geneviève et le local de Cardinaux, à l'Estrapade, sont deux points distincts, la phrase allemande pourrait donner lieu à un malentendu. (*Le trad.*)

préparaient les séances, et, à proprement parler, donnaient le ton.

C'est là que se fixaient les décisions et les résolutions qui étaient soutenues ensuite dans l'assemblée générale ; c'est de là que partaient les agitateurs ; de là qu'émanaient leurs instructions ; c'est de là qu'on entreprit de terroriser les théâtres et qu'on lança les gens qui, violemment, contraignaient les acteurs à chanter la *Marseillaise*, bien que les chants étrangers aux pièces représentées fussent interdits. Comme par le passé, le café Chrétien avait la prétention d'être le centre du mouvement. L'archijacobin Raisson, le confident de Pache et de Bouchotte, y jouait un grand rôle. Son nom avait un sens : la mise en œuvre de la Constitution de 1793 ; c'était là le mot de ralliement ; on comptait sur les faubourgs et sur un soulèvement du peuple [1].

Cependant le Cercle du café Chrétien fut dénoncé par Louvet dans sa *Sentinelle* et par le *Courrier du Corps législatif*, comme une société de Jacobins ; aussi fut-il plus d'une fois inquiété. Le 25 novembre 1795, les Terroristes réunis chez Chrétien étaient, précisément, pour ce motif, furieux contre les ministres, mais ils ne se laissaient pas troubler et continuaient leurs menées. Ce jour-là, on accueillit tendrement un nouvel adhérent, Duthil, ex-membre d'un Comité révolutionnaire ; on reçut aussi un caporal et un sergent de ce que l'on appelait la légion de police ; on espérait, tant l'indiscipline était grande, la gagner tout entière ; on

[1] II, 492 ; III, 8, 25 ; II, 469 et suiv. ; 474 et suiv. Conf. Zinkeisen, *Der Jacobiner-Klub* ; II, 989 et suiv.

convint d'une adresse au peuple, dans laquelle on lui ferait sentir que la disette du pain ne provenait que de l'intrigue qui entourait le ministre de l'Intérieur; on traita tous les chefs d'administration, et le Directoire même, excepté Carnot, de royalistes déguisés, et on se consola par l'espoir d'une prochaine et heureuse crise. Beaucoup de patriotes, c'est-à-dire de révolutionnaires des départements, surtout des départements méridionaux, faisaient partie de ce Cercle; les plus pauvres y étaient entretenus aux frais des autres. Au café des Bains Chinois, il s'agissait, à la même heure, de présenter une liste d'individus à mettre à la tête du Gouvernement; on avait surtout en vue Léonard Bourdon, et l'ex-conventionnel Cambon, expert en matière de finances [1].

Vers le 25 novembre, la Société du Panthéon se constitua d'une manière définitive. Vadier y fut nommé président, malgré le poids de ses soixante années de vertu, et Cambon, caissier. Du reste, cette Société, aux termes de son règlement définitif, n'avait pas, à proprement parler, de président, mais un orateur et un vice-orateur qui dirigeaient les débats et alternaient tous les quinze jours. La Société s'occupait de questions politiques. Les sujets à traiter devaient être proposés par une Commission de cinq membres, composée des cinq premiers inscrits, et renouvelée toutes les décades. Les écrivains patriotes recevaient des communications. La Société se conduisait fort

---

[1] II, 469; 480-482 et suiv.; 486 et suiv.

prudemment ; elle s'occupait d'adresses au peuple et au Directoire, qui ne portaient pas le cachet de l'infidélité au Gouvernement ; elle dirigeait surtout son opposition contre les royalistes et les aristocrates, et rejetait à l'arrière-plan ou déversait dans le café Chrétien ses éléments extrêmes. Léonard Bourdon était en relation avec elle [1].

Les rumeurs les plus diverses et les plus confuses circulaient dans le public et dans la presse sur toutes ces menées. Une seule chose devenait de plus en plus claire pour tous, c'est que la Société du Panthéon, le café Chrétien et le café des Bains Chinois avaient des relations très-intimes, et que plusieurs de leurs chefs les plus en vue étaient les mêmes. La Société du Panthéon s'appelait prudemment, mais très-arrogamment, « la seule amie du peuple et de la République », et dans ses proclamations, ce groupe se désignait simplement par ces mots : « Les patriotes de 1789 ». Les habitués du café Chrétien, au contraire, annonçaient la résurrection de la Montagne et le rétablissement prochain du gouvernement maratiste et robespierriste, offraient déjà des places aux patriotes, et prêchaient ouvertement l'insurrection. Le public, inquiet, désirait très-vivement la suppression de tous ces centres d'agitation. Mais le Directoire trouvait utile de les conserver comme contre-poids aux menées royalistes, qui paraissaient toujours constituer le péril le plus grave ; on craignait seulement que des intrigues

[1] II, 492, 485 et suiv.; 503, 525, 534.

royalistes ne parvinssent à pénétrer dans la Société du Panthéon [1].

Au café Chrétien se dessinaient quelques physionomies de plus en plus étranges et menaçantes : l'ex-comédien Fusil, l'ex-général Rossignol et le lieutenant de hussards Germain, qui, au commencement de décembre, fut chargé d'organiser une nouvelle société dans l'église Saint-Eustache, afin de donner de l'extension à la propagande agitatrice ; Pierron, de la section de l'Ouest, fanatique sanguinaire avant le 9 thermidor, aujourd'hui orateur entraînant ; un certain Jourdan qui paraissait aussi dangereux que l'avait été précédemment le célèbre Jourdan-Coupe-Tête d'Avignon ; Magniez, dit Brutus, officier, mêlé à l'insurrection de prairial. A cette époque, Léonard Bourdon apparut aussi dans ce cercle [2].

A partir du commencement de décembre, les patriotes du café Chrétien et des Bains Chinois observèrent une certaine réserve, parce qu'ils remarquèrent que la police les surveillait. On continuait néanmoins à célébrer la Constitution de 1793, à critiquer le Gouvernement, à favoriser les agitateurs socialistes comme Lebois et Babeuf. Ce dernier devait très-prochainement démasquer, dans un article, « la conjuration du 9 thermidor, et faire voir au peuple quels sont les scélérats qui ont assassiné Robespierre et ses courageux partisans ». On le savait et on s'en réjouissait ; on recueillait, au café des Bains Chinois, des abonnements

[1] II, 492, 486, 503, 504, 516, 528, 530.
[2] II, 500, 525, 527 ; III, 188 ; II, 533 ; III, 7, 48 ; II, 530.

pour le journal de Babeuf ; on comparait le langage du Directoire contre les « anarchistes » au langage tenu par Louis XVI en 1792. On ne cessait de répéter que, dans trois mois, l'état de choses antérieur au 9 thermidor serait remis en vigueur, que les bustes renversés de Marat, de Lepelletier et de Robespierre seraient relevés ; qu'on serait bientôt forcé de reconnaître ce dernier pour le vrai fondateur de la République : on parlait de l'extermination de tous les coquins, et on rangeait parmi eux, parmi les « scélérats, les contre-révolutionnaires et les royalistes », non-seulement Lanjuinais et Boissy-d'Anglas, mais un grand nombre de députés ; on s'indignait de ce qu'on eût osé détruire « l'arche sainte », c'est-à-dire le tombeau de Marat, et on les mettait, lui et Robespierre, presque au rang des dieux, parce que les talents, les vertus de ces deux hommes étaient, disait-on, « au-dessus de l'esprit humain ». Cette conduite s'explique par ce fait que les patriotes, bien que poursuivis d'un côté par le ministère de l'Intérieur, se sentaient, de l'autre, appuyés au fond par le Directoire, et que, en outre, ils ne craignaient rien de la part de la police, parce que les espions qu'elle leur envoyait appartenaient à leur parti [1].

Grâce à ces circonstances, les Jacobins multiplièrent audacieusement le nombre de leurs repaires et de leurs tribunes ; ils s'établirent notamment au café Ginet, rue Saint-Honoré ; ils fondèrent une Société

---

[1] II, 528, 530, 533 et suiv., 535, 540.

patriotique dans le faubourg Saint-Germain et une autre dans le faubourg Saint-Antoine ; cette dernière, qui, au début, se montrait opposée au terrorisme, ou, du moins, modérée, témoigna pour la mémoire de Marat, un zèle de plus en plus extravagant. La formation d'un nouveau centre de réunion dans l'église Saint-Eustache fut annoncée avec fracas : on devait l'ouvrir par la réception solennelle des membres de la Société du Panthéon ; enfin, les patriotes commencèrent à se montrer publiquement les armes à la main [1].

La Société du Panthéon se ressentit de ce mouvement et s'enhardit. « Son esprit, lisons-nous dans un rapport de police du 12 décembre 1795, paraît se détériorer très-rapidement ; Marat et Robespierre sont leurs dieux. On invoque la vengeance pour apaiser leurs mânes ; on ne veut d'autre Constitution que celle de 93 ». Un rapport du lendemain s'exprime ainsi : « Les esprits effervescents paraissent prendre de l'empire dans la Société du Panthéon, et il est à craindre que cette Société ne dégénère de ses principes, ou, du moins, de ceux qu'elle avait d'abord manifestés. C'est là, ainsi qu'au café Chrétien, qu'il y a lieu de croire qu'un nouveau 13 vendémiaire se médite : on peut assurer que celui-ci serait terrible, et de nature à précipiter dans le néant le Gouvernement et la République entière [2].

Encore une fois, pourtant, les conspirateurs réussi-

[1] II, 531, 558, 460, 530, 535.
[2] II, 536, 540 et suiv.

rent à écarter les soupçons ; ils se montrèrent très-irrités de ce qu'on les appelait Terroristes, et résolurent d'appeler, de leur côté, « furoristes », ceux qui désigneraient de la sorte les patriotes. Ils répandirent, en outre, le bruit qu'il se formait dans Paris une foule de sociétés privées suspectes. Une autre rumeur avait, sans nul doute, la même origine : les royalistes, disait-on, préparaient un coup aussi bien contre le Gouvernement que contre la Société du Panthéon ou les Patriotes [1].

Cependant, le nouveau Bureau central de police prit les choses plus au sérieux et ne se laissa plus tromper. Il constata avec étonnement que parmi les nombreux habitués du café Chrétien on comptait non-seulement le conventionnel Vadier et d'autres révolutionnaires en vue, mais aussi le secrétaire de Barras, l'un des membres du Directoire ; il sut aussi pénétrer les véritables projets des patriotes. Le 19 décembre, le chef royaliste Cormatin fut condamné non pas à mort, mais à la déportation. Le lendemain, le Bureau central expédiait ce bulletin : « Le jugement de Cormatin a inspiré une telle fureur aux habitués du café Chrétien, qu'ils ont hautement traité de scélérats ses juges, le Corps législatif, le Directoire, l'univers entier, comme complices de cet accusé. Mais l'insurrection générale qu'ils se promettent d'organiser, et les flots de sang qui vont couler, expieront le crime d'avoir laissé la vie à ce chef de chouans. On a donc arrêté d'ouvrir une correspondance suivie avec les patriotes

[1] II, 547 et suiv.; 549.

des départements, pour frapper le grand coup partout. Le même esprit règne dans le café des Bains Chinois ». C'est alors qu'au café Chrétien le mot d'ordre fut donné en ces termes : « De la réunion seule des sociétés patriotiques dépend le salut de la patrie ». On comptait autant sur les faubourgs Saint-Germain et Saint-Antoine que sur les sociétés méridionales qui étaient, prétendait-on, en voie de formation. La Société du Panthéon prit un tel développement que, le 21 décembre 1795, elle comptait 1,500 personnes [1].

Le plan conçu par le café Chrétien d'organiser dans toute l'étendue de la République des Sociétés sur le modèle de la Société du Panthéon, fut poussé vigoureusement. Barrère, le principal représentant du Comité de Salut public de la Terreur, qui, depuis sa fuite, vivait à Bordeaux sans être inquiété, fut, quoique absent, chargé de l'organisation. Dès le 22 décembre, on annonça au café Chrétien la création de Sociétés patriotiques dans divers départements. Des émissaires parcouraient les provinces, et au café Chrétien on voyait sans cesse augmenter le nombre des visages nouveaux, c'est-à-dire des patriotes arrivant des départements à Paris. Dans cette ville même, il y avait déjà, le 6 janvier 1796, huit à dix Sociétés patriotiques ; il faut citer, entre autres, la Société des Quinze-Vingts, qui, comme celle du Panthéon, se composait presque exclusivement d'ouvriers et d'anciens membres du Comité [2].

[1] II, 539, 553, 558; cf. 547; III, 4.
[2] II, 492; III, 7, 11, 53, 27, 25.

Cette multiplication des réunions terroristes répandait parmi les citoyens les plus grandes inquiétudes sur le sort de la Constitution et sur leur sûreté personnelle. On se représentait « la Terreur ressuscitée et toutes les prisons ouvertes de nouveau ». La crainte de voir revenir les comités révolutionnaires jeta beaucoup de royalistes dans le camp des constitutionnels ; on préférait le Directoire aux Bonnets rouges, à Babeuf et aux patriotes de 1789. C'est surtout la Société du Panthéon, de plus en plus nombreuse, qui inquiétait le public. Il paraissait inadmissible qu'on tolérât ce foyer d'agitation. « Pourquoi, demandait-on, ce privilége, dont les sections ne jouissent plus aujourd'hui d'après la loi ? » Un grand nombre de patriotes modérés, particulièrement des habitants du faubourg Saint-Antoine, abandonnèrent complétement cette Société, parce qu'ils voulaient éviter de devenir les instruments d'une nouvelle faction, et parce qu'ils croyaient s'apercevoir que les meneurs de cette Société « s'occupaient plus de leurs passions que des intérêts du peuple [1] ».

Une telle défaveur n'était pas faite pour stimuler l'ardeur des Terroristes ; elle ne pouvait que la paralyser. Ennemis si irréconciliables qu'ils fussent du Gouvernement, quelque désir qu'ils eussent de faire renaître de ses cendres la Constitution de 1793, ils se conduisirent comme si leur intérêt et celui du Gouvernement eussent été solidaires vis-à-vis des complots royalistes, comme s'ils eussent été en très-bons termes

[1] III, 6 et suiv., 14, 20, 24.

avec le Directoire et armés par lui contre les menées royalistes ; comme si leur seule inquiétude eût été qu'on pût les accuser eux-mêmes ou qu'on les accusât réellement d'arrière-pensées royalistes. A la fin, la Société du Panthéon prit le parti de signer des adresses de fidélité au Directoire, dans le temps même où le public attendait à chaque instant l'explosion du mouvement terroriste concerté dans les Sociétés du Panthéon et du café Chrétien. Comme, d'après de fausses rumeurs, on était menacé d'une émeute royaliste, la Société du Panthéon s'offrit de protéger, le sabre au bras, le Directoire dans le palais du Luxembourg, offre qui fut déclinée, cette précaution étant considérée comme superflue. Au café Chrétien, bon nombre d'habitués, notamment l'ex-administrateur de police Beaudrais, se vantaient d'avoir la confiance du Directoire et de parvenir bientôt à faire remettre d'accord avec lui la Terreur à l'ordre du jour [1].

Il n'est certainement pas douteux que les Terroristes ne fussent protégés par les membres du Corps législatif et du Gouvernement, qui redoutaient le parti royaliste au sein du Corps législatif, et, par dessus tout, la fraction populaire de ce parti. Lebois, le journaliste influent, « ami du peuple », était et restait leur confident. Le Gouvernement ne prit point parti contre eux dans leurs démêlés avec les « jeunes gens », qui, à plusieurs reprises, mais sans succès, visitèrent le café Chrétien et celui des Bains Chinois. Dans le Directoire,

---

[1] III, 7 et suiv., 14, 20, 21.

Barras était leur principal soutien. Au club de l'hôtel de Noailles, qui se recrutait d'éléments variés et supérieurs, ils étaient surtout représentés par Charles Duval, le compagnon de Pache et de Bouchotte, dans la séance décisive du 14 novembre. Parmi les autres meneurs de ce club, les plus célèbres étaient Siéyès et Tallien ; tous professaient avec ardeur au moins une partie des principes du café Chrétien ; ils voulaient, comme lui, purifier le Corps législatif de l'élément royaliste, comme lui, se défaire des scélérats, des conspirateurs du 13 vendémiaire, des Boissy-d'Anglas et des Lanjuinais [1].

Qu'il existât un lien entre les Sociétés patriotiques et le club de l'hôtel de Noailles, ceci ne peut être contesté. La rumeur publique allait plus loin ; on prétendait que la Société du Panthéon et celle des Quinze-Vingts avaient été « organisées et animées par ce club » ; on n'avait pas tout-à-fait tort, en ce sens du moins que Ch. Duval, comme nous l'avons vu, était de ceux qui, le 14 novembre, avaient résolu l'organisation patriotique des Sociétés. Le public s'étonnait que Cardinaux, l'hôte de la Société du Panthéon, donnât également des bals publics ; on ne doutait pas que ce ne fut là « un prétexte pour attirer du monde et faire des prosélytes [2] ».

Dès la fin de décembre, la Société du Panthéon avait résolu de transférer ses séances dans le souterrain qui avait été autrefois le refuge de Marat. Depuis

[1] III, 12, 54 ; II, 448, 555.
[2] III, 25.

lors, on l'appela aussi par moquerie la Société souterraine. Elle avait élu pour son président ou « orateur », l'ex-conventionnel Duhem, mais l'avait aussitôt envoyé dans les départements pour affaires patriotes.

Dans l'intérêt des travailleurs, elle s'occupait de pétitions bizarres animées de l'esprit terroriste : elle demandait qu'on se préoccupât des plaintes sur le « haussement » des loyers et des impôts, et qu'on donnât satisfaction par des mesures favorables « au soulagement du pauvre » ; elle voulait une taxe sur les choses de première nécessité et leur mise en circulation forcée ; elle réclamait la surveillance sévère des boulangers, des bouchers, et des comités chargés des subsistances, auxquels on reprochait « des infidélités envers le peuple » ; elle prétendait encore faire délivrer sans remboursement les effets que les pauvres avaient au Mont-de-Piété ; enfin, elle voulait raviver l'esprit public, c'est-à-dire l'esprit républicain, par des chants civiques et des discours prononcés dans les lieux destinés au libre exercice des cultes [1].

Au café Chrétien, on s'occupait toujours avec ardeur du projet de bouleversement général. Vadier, les généraux Rossignol et Dufraisse, le remuant agitateur Javogues, qui devait peu après, payer de sa vie ses complots continuels, ne cessaient de répéter que tout allait bien, et que, sous peu, tout irait encore mieux. Magniez Brutus et Jourdan jurèrent sur leurs sabres de venger la mort de Robespierre, et

[1] III, 27 et suiv., 29.

ce serment fut répété par un grand nombre de sociétaires. Une insurrection contre le Corps législatif paraissait imminente ; l'image de Marat devait, en cas de confusion, servir de point commun de ralliement. De sinistres rumeurs annonçaient une révolution prochaine et circulaient de tous côtés. Dans les groupes du faubourg Saint-Antoine, les agitateurs provoquaient le peuple à un nouveau soulèvement en masse. Cependant, le peuple ne se montrait pas très-bien disposé. On avait projeté de faire naître une rixe au Palais-Royal, entre les patriotes et les ouvriers d'un côté, et les « agitateurs » de l'autre ; ce devait être le signal du mouvement. Mais on ne se trouva pas en force, la rixe n'eut pas lieu ; on donna une explication : l'obligation d'assister à la réunion du Panthéon, à laquelle il était impossible de ne point se rendre, avait tout empêché, ou bien il y avait eu tel ou tel autre obstacle.

On se mit du moins à préparer des espèces de listes de proscription. Tous les chefs d'administration, sous-chefs et subalternes suspects de royalisme devaient être destitués ; on en voulait surtout aux bureaux de la Marine, des Finances et de l'Intérieur, qui « n'étaient composés que de chouans ». D'anciens membres des Comités révolutionnaires se vantaient, d'ailleurs, d'avoir dressé, chacun dans sa section, une liste exacte des agioteurs et contre-révolutionnaires, « afin de les connaître et de les arrêter en temps et lieu [1] ».

[1] III, 34, 37.

Mais on ne peut admettre qu'il ait été dans la pensée des patriotes et des Terroristes de se contenter de chasser des employés royalistes ou des députés, comme Lanjuinais, Boissy, Aubry, Rovère et tout le tiers nouvellement élu. Ils tonnaient précisément à cette époque contre l'ensemble de la Constitution, qui, au fond, disaient-ils, répondait aux projets des royalistes de 1790, les deux conseils du Corps législatif représentant les deux Chambres, et le Directoire la royauté. Le 4 janvier 1796, à l'occasion de l'assassinat des patriotes en province, un membre de la Société du café Chrétien tint le discours suivant, dirigé, ou peu s'en faut, contre tous les législateurs de ce temps, toutes les autorités et toutes les institutions : « Je dis que les bons députés, qui voulaient le bonheur du peuple, ont été assassinés par les scélérats qui sont restés, par ces coquins qui ont permis l'ouverture des églises, la rentrée des nobles, la vente de différentes sortes de pain et celle du numéraire ; par ces monstres qui ont fait une Constitution contraire aux intérêts du peuple indigent et favorable aux riches et aux royalistes. Leurs complots sont découverts ; il faut que, sous peu, ils soient exterminés, et que la Constitution de 93 soit rétablie, comme la seule qui nous convienne. Oui, le peuple se fera bientôt justice lui-même, et nous aurons le plaisir de pendre tous ces f..... gueux, qui se sont enrichis ». — « Voilà, ajoutait le Bureau central, les sentiments des sociétaires..... Leur projet, du moins celui des chefs, c'est un nouveau 31 mai, la mort des députés proscrits, la rentrée des Jacobins, les proscriptions, les échafauds et le gouvernement révolutionnaire [1].

Tous ces projets violents étaient, à la même époque, élaborés avec le plus vif empressement dans des cercles plus restreints, dans des conciliabules et au domicile de quelques chefs, celui des généraux Rossignol et Dufraisse, celui du conventionnel Choudieu et de quelques autres. Ces individus, cachés derrière le rideau, n'avaient d'autre but que de se venger des journées de Prairial, d'entamer le Corps législatif, et de rétablir la Constitution de 1793 ; c'est à eux, sans nul doute, qu'il faut attribuer ce flot d'affiches et de pamphlets qui se succédaient sans interruption et qui étaient destinés à surexciter le peuple. Dans les dénonciations sans nombre qui couvraient les murs de Paris, l'intérêt personnel jouait le plus grand rôle. L'un des plus tristes résultats de ces écrits était d'exaspérer les anciennes haines, d'en faire éclore de nouvelles, de faire germer et croître parmi les citoyens les semences de guerre civile [2].

Depuis lors, les agitations « patriotiques » se confondirent de plus en plus avec les mouvements socialistes, dont nous parlerons ailleurs. Le café Chrétien prenait le plus grand intérêt au journal de Babeuf ; on y accueillait avec le plus vif empressement chaque nouvelle provocation à la révolte que ce publiciste adressait au peuple ; on y était toujours informé à l'avance de ce qu'il devait dire d'essentiel en chacun de ces

[1] III, 29, 37, 42 et suiv.
[2] III, 29, 43, 34 et suiv., 56.

débordements. C'est précisément à cette époque que Lebois, tout à la fois du café Chrétien et de la Société du Panthéon, fit paraître dans l'*Ami du Peuple* un article très-vif où il adoptait ouvertement le principe socialiste du partage ou de l'égalité des biens. Cet article donna lieu à la première poursuite dirigée par l'autorité contre les patriotes, en la personne de Lebois. Le 1er janvier, celui-ci annonça lui-même à la Société du Panthéon que le juge de paix de la section de l'Ouest avait lancé contre lui, à cause de cet article, un mandat d'amener ; il recommanda d' « attendre paisiblement le résultat ». Recommandation superflue, car, en dépit des protestations et des colères, la seule pensée de l'ingérence de la justice jeta la confusion au café Chrétien et dans la Société du Panthéon, même parmi les agitateurs patriotes les plus passionnés.

Le même jour, à neuf heures et demie, Lebois fut conduit devant le juge de paix et subit un interrogatoire. La police secrète apprit dès le lendemain que ce juge de paix, nommé par le Directoire sur la présentation du ministre de la Justice, avait mandé à Merlin de Douai : « Lebois est un jeune homme de vingt-sept ans, qui a de l'énergie, et il est bien malheureux qu'il (se) soit porté à cet excès : il serait bien mieux placé s'il voulait embrasser toute autre cause ».

Cependant les patriotes dissimulèrent leur ressentiment. La Société du Panthéon se contenta, sur des nouvelles reçues de province, de voter une adresse au Conseil des Cinq-Cents, où elle le priait « de faire cesser les nombreux assassinats qui se commettent chaque jour sur les patriotes dans tous les départements ». Mais, en même temps, les membres de la Société se répandirent dans le faubourg Saint-Martin pour faire des recrues ; ils distribuaient aux ouvriers des cartes d'entrée à leurs réunions : les ouvriers qui avaient du travail déclinèrent ces offres, les désœuvrés acceptèrent. Le café Chrétien, de son côté, déploya un nouveau zèle pour s'agréger des ouvriers [1].

Cet établissement devint, en ces circonstances, l'objet d'une surveillance toute spéciale. Un agent de la police mandait le 2 janvier 1796 : « J'ai suivi exactement le café Chrétien, où, *inter pocula* et une fumée épaisse de tabac que les habitants du Midi résidant depuis très-longtemps à Paris y faisaient, j'ai connu le fond de leurs intentions bien mieux que dans la vaste enceinte du Panthéon. Dans cette enceinte on tâche de faire paraître des ridicules, afin d'en venir à son but ; mais dans le petit coin réservé du café, on débite tout ce qu'il y a de plus clair contre le Gouvernement, pensant qu'il n'en sortira rien et que cela servira seulement de mot d'ordre à tous les chefs de la réunion. Cela ne réussit pas mal ; et, hier, j'ai obtenu dans ce petit Comité, plus que dans l'Assemblée, le secret de l'Etat. Le résultat de la séance prouve bien où l'on en veut venir ; mais, comme il n'est pas temps encore, on n'ose pas se démasquer... Le mot de l'énigme, c'est la Constitution de 1793 qu'ils veulent rétablir, parce qu'alors, suivant leur goût, les sans-culottes, sans moyens, mais

[1] III, 43, 47.

se disant bons patriotes, seraient en place. En effet, quoi de plus ridicule que de voir actuellement sans place des hommes qui ont fait la Révolution, et qui, quoique ayant déjà mis du foin dans leurs bottes, voudraient être les seuls, pendant toute leur vie, capables de remplir les places? Et encore comment? Sans doute, toujours en augmentant le titre ; car vous ne pourriez pas donner à un de ces patriotes par exclusion, qui, par exemple, aurait été commis, une place de garçon de bureau, mais bien celle de chef ; à celui-là qui aurait été lieutenant une place de caporal, mais bien une place de commandant de place... Ainsi donc, toute cette ambition culbutera tout ce que l'on a fait jusqu'à présent. Je l'ai dit, leur intention est le retour de la Constitution de 1793 ».

Le rapporteur raconte ensuite, qu'après avoir lu les journaux, Roussillon s'est écrié : « Jusqu'à quand tarderons-nous à dire leurs vérités aux représentants ? » et qu'il a ajouté : « Tels hommes en place sont aussi patriotes que Cobourg ; celui-là voulait de la Constitution de 1791, parce qu'il y avait un roi. Enfin, tout tend au plus affreux despotisme ». On a dit du ministre de la Justice, Merlin, qu'il était « plus grand Tartuffe que celui de Molière, qu'il forçait tous les employés patriotes à sortir de ses bureaux et les traitait indignement ». Mêmes discours sur le compte du ministre de l'Intérieur, Benezech. On parla aussi de Lebois ; mais, de peur de gâter son affaire, on préféra s'en occuper secrètement et n'en rien dire à la Société. L'auteur du même rapport fait observer, en finissant, qu'il y avait parmi ces patriotes des gens, comme Féru de Marseille, par exemple, qui se trouvaient depuis longtemps à Paris, sans emploi et sans revenu, et qui, cependant, vivaient avec prodigalité; ils devaient donc puiser abondamment à une source inconnue [1].

A l'affaire Lebois s'en joignit immédiatement une autre. La Société du Panthéon fut dénoncée par le ministre de l'Intérieur, comme ayant mis en question dans son sein le maintien de la Constitution et du Directoire. Le plus grand effroi se répandit de nouveau parmi les panthéonistes. Ils n'imaginèrent rien de plus hardi que de tenir une séance extraordinaire et d'envoyer une députation au Directoire pour démentir ce fait et y dénoncer les agents du ministre comme faisant de faux rapports. C'est à cause de cette séance des panthéonistes que, le 2 janvier, le café Chrétien se trouva sensiblement dégarni : l'arrestation de Lebois y avait aigri les esprits ! « Pourquoi, disait-on, arrêter un écrivain patriote et protéger les journalistes chouans, le *Courrier français*, celui de Paris, le *Messager du Soir*, etc.?... mais patience. Sous peu, nous serons vengés ». Le lendemain, on se réunit encore, et en grand nombre. On proféra de nouvelles plaintes contre le Directoire : toutes les requêtes des patriotes étaient, disait-on, rejetées avec hauteur ; celles des intrigants et des royalistes avoués, reçues amicalement ; tout allait mal : le Gouvernement était énervé ; mais une crise

[1] III, 44 et suiv.

favorable, et qui n'était pas éloignée, en remonterait les ressorts ».

Mêmes récriminations à la Société du Panthéon. On lui mandait du département de l'Ain : « Les journaux patriotiques ne parviennent pas dans cette contrée, mais on y est inondé de feuilles royalistes. Lebois se montra de nouveau et se plaignit de ce que, dans l'interrogatoire, on lui avait reproché d'avoir imprimé une lettre de Babeuf. On vit dans ce grief une atteinte à la liberté de la presse garantie par la Constitution. On proposa de lui donner des défenseurs officieux [1] pris dans le sein de la Société ; mais ce furent en somme les conseils pusillanimes qui dominèrent. On se préoccupa d'opposer aux calomnies dont la Société avait été l'objet près du Directoire, les moyens de défense les plus sophistiques du monde et qui révélaient la plus vive anxiété : loin d'avoir résolu de discuter la Constitution, la Société avait, au contraire, arrêté d'en faire la lecture toutes les décades, afin que tous les membres pussent la bien connaître et s'en pénétrer ; loin d'avoir demandé le renouvellement du Directoire, elle ne cesse de prêcher le respect qui lui est dû, la confiance qu'il lui a inspirée et qu'il mérite. L'adresse justificative au Directoire qui avait été proposée fut adoptée sur ces bases [2].

Amar, ex-membre du Comité de Salut public, était-il affilié à ces Sociétés, et dans quelle mesure ? Il est

---

[1] Tel est le texte français, M. Schmidt a écrit, en allemand : *Officiellen*. (*Le trad.*)

[2] III, 47, 50.

difficile de le dire. L'exemple de Charles Duval, de Pache, de Bouchotte et de quelques autres prouve que l'absence n'est point, à elle seule, une preuve de non-participation aux menées de ces groupes. En tout cas, nous savons que, dans les premiers jours de janvier, Amar et d'anciens membres des Comités révolutionnaires se rencontrèrent rue Saint-Honoré, et que, dans cette réunion, on attaqua vivement le Gouvernement et le Corps législatif; le 9 thermidor y fut au contraire représenté comme un jour funeste à la chose publique; Amar lui-même déclara qu'il se faisait gloire d'avoir partagé les travaux de Robespierre : le peuple alors avait du pain.

La nomination de Merlin de Douay au poste nouvellement créé de ministre de la Police (4 janvier 1796), étonna les patriotes et vint augmenter leur inquiétude; on le considérait en effet comme un modéré, et on savait qu'il n'aimait pas les Sociétés populaires. Mais on se consola au café Chrétien : Merlin n'occuperait pas ce poste longtemps. Lebois et Babeuf sauraient bien toujours, de leur plume énergique et malgré toutes les poursuites, démasquer les coquins. On demeurait disposé à saisir le premier incident favorable, au Corps législatif, pour donner le signal d'une journée comme celle du 31 mai [1].

Mais, en ce moment même, et sans que les dispositions personnelles du nouveau ministre de la Justice y fussent pour rien, il se manifesta de deux côtés à la fois

[1] III, 50, 53.

un mouvement hostile aux tendances perturbatrices des patriotes. D'une part, le Bureau central envoyait journellement des rapports qui peuvent se résumer ainsi : l'esprit du café Chrétien est mauvais ; la Société du Panthéon, qu'on a déjà vue « dégénérer de ses principes », se compose d'éléments « excessivement mélangés », et l'esprit dangereux qui y régnait précédemment est toujours le même. D'autre part, une inquiétude croissante se répandait dans le public. On reprochait tout haut aux patriotes « de reprendre leur système de calomnie avec le plus violent acharnement ». On voyait avec inquiétude l'accroissement continuel de la Société du Panthéon : sans doute, il pouvait s'y rencontrer quelques citoyens honnêtes ; mais ce groupe fourmillait de Terroristes connus pour avoir fait guillotiner, et de gens qui, dans les premiers jours de prairial, avaient marché contre la Convention. Cette Société était dangereuse ; et si on « voulait l'épurer », il y resterait peu de membres [1].

Ainsi, les modérés, d'accord avec les royalistes, poussaient à la suppression de la Société. « Ce n'est plus Babeuf, disait-on ironiquement, qui rédige sa feuille incendiaire : elle sort de la plume de Barras, membre d'un Directoire, qui souffre l'existence de la Société du Panthéon, dont le but est de faire renaître les Jacobins de leurs cendres ». On ne cessait de répéter qu'il existait un lien entre les Sociétés du Panthéon, de l'hôtel de Noailles et d'autres groupes ;

---

[1] II, 540 ; III, 37, 56, 41, 70, 72 et suiv.

que tous ces Cercles étaient « composés de démagogues outrés qui voudraient que, comme eux, on eût en exécration tous les individus qui ne partagent pas leurs opinions » ; qui, pour peu que l'un de ces malheureux proscrits dise ou fasse quelque chose de bon et de juste opposé à leurs sentiments, « l'égorgeraient sans pitié aux pieds de leur idole ». Les panthéonistes ne furent plus défendus, faiblement (d'ailleurs), que dans un petit nombre de cercles gouvernementaux, comme le café Corazza ; et cela, parce que, jusqu'alors, ils avaient été protégés ou, du moins, tolérés par le Gouvernement [1].

D'accord avec l'opinion, la presse ou, du moins, la grande majorité des journaux, condamnait également ces Sociétés. On ne s'en explique que mieux l'anxiété fiévreuse ou plutôt la fièvre d'agonie qui régnait parmi les patriotes. Les séances de la Société du Panthéon devinrent extrêmement tumultueuses : ses membres se répandirent en plaintes sur l'animosité avec laquelle certains journalistes se moquaient d'eux et déversaient le mépris sur leur conduite. Mais plus ils se défendaient, plus ils semblaient se dénoncer eux-mêmes ; car l'attaque n'en devenait que plus forte et plus personnelle.

A l'occasion de la nouvelle organisation des municipalités de Paris, organisation qui les mettait presque entièrement aux mains du Gouvernement, on nomma ou on proposa beaucoup d'individus contre lesquels

---

[1] III, 54, 57, 89 et suiv.

s'éleva, dans des groupes tout d'abord peu nombreux, puis dans une sphère de plus en plus large, une véritable tempête d'indignation. On reprochait à ces hommes une ignorance, une immoralité profonde, et le désir d'organiser des persécutions nouvelles. Ce sont, disait-on, des agents de Comités révolutionnaires, des gens flétris par l'opinion publique, des membres du club du Panthéon, « pour lesquels on n'aura ni respect ni confiance ». On citait notamment le fameux Baudin, l'ex-vicaire de l'évêque Gobel, l'homme le plus immoral, souillé, comme on disait, de tous les crimes, et qui, dans le temps de la Terreur, avait fait massacrer un citoyen dont il avait ensuite épousé la femme [1].

Ces circonstances ajoutaient naturellement de la force au mouvement dirigé contre les panthéonistes. En quelques semaines il produisit ses fruits, et l'agitation fut domptée, en son centre d'action, par la contre-agitation. En effet, le Gouvernement, indécis dans ses conseils et dans ses tendances, se jeta enfin, à demi-convaincu, à demi à contre-cœur, du côté de la réaction. La Société du Panthéon fut fermée le 27 février. A la vérité, la mesure fut moins dure pour les membres de cette Société, parce qu'elle fut appliquée en même temps à toute une série de clubs et de Sociétés, aussi bien royalistes que patriotes, notamment au Club royaliste du Salon des Princes. Mais la fermeture de la Société du Panthéon fut si bien considérée comme l'affaire principale, que le général Bonaparte, en sa

[1] III, 92, 94.

qualité de commandant de l'armée de l'Intérieur, dirigea personnellement l'entreprise et reçut les clefs de la salle. La grande majorité des citoyens approuva complétement la conduite du Gouvernement [1].

Par la suppression de la Société du Panthéon, ce qu'on appelle la conjuration de Babeuf, fut privé, à l'avance, de son principal élément de succès.

A la vérité, les Sociétés du café Chrétien et du café des Bains Chinois, qui, moins importantes, n'avaient pas été atteintes et auxquelles s'adjoignit alors une troisième Société, celle de la Madeleine, furent, depuis cette crise, en relation d'autant plus étroite avec Babeuf. Elles répétèrent ses diatribes contre la famine; elles combattirent les « jeunes gens » quand ils se montrèrent inférieurs en nombre, trois par exemple, pleins de confiance dans leurs bâtons ; elles provoquèrent l'agitation dans les groupes et les rassemblements qui, nommément au mois d'avril, étaient à l'ordre du jour et qui, surtout au Jardin des Tuileries, sur le Pont-au-Change et à la Porte-Saint-Martin, prirent un caractère souvent menaçant. Lorsque la loi du 16 avril défendit les rassemblements et les appels à l'anarchie aussi bien que les provocations en faveur de la royauté, au café des Bains Chinois on appela cette loi une tyrannie, on parla avec feu de la Constitution de 1793, et on continua à pousser aux rassemblements, quoique les provocateurs patriotes fussent devenus, par crainte de cette loi, plus circonspects [2].

[1] III, 116. Cf., entre autres, *Frankreich im Iahr* 1796 ; I, 278 et suiv.
[2] III, 156 et suiv.

En même temps, on chercha, à titre de compensation, quelques moyens nouveaux d'agitation, et on s'arrêta à la pensée de faire de la propagande en réimprimant les discours de Barère à la Convention. On les mit en vente en profusion et on en fit un étalage affecté. On les colporta aussi, mais avec un certain mystère. « Ceci est ridicule, observait le Bureau central : a-t-on besoin de lire les discours d'un homme dont le caractère est connu de tous les gens instruits, et dont le style entortillé de bouffonnement politique ne peut être compris de la classe inéduquée ? [1] »

Cependant, on sentit tous les jours davantage la nécessité de prendre une mesure contre les cafés politiques. « Sur les places publiques, lisons-nous dans un rapport du 4 mai, les parleurs semblent attendre et même annoncer un mouvement ; ici on reconnaît l'influence de ceux qui courent de caserne en caserne, de ces hommes qui échappent sans cesse à la surveillance, de ces habitués du café Chrétien et de celui des Bains Chinois ». Dans l'intérêt de la sûreté publique, le Bureau central transmit à plusieurs reprises, en haut lieu, l'avis suivant : Les émissaires de ces trois cafés (dans ce nombre trois est compris celui de la Madeleine) tiennent des discours séditieux ; de secrètes ramifications relient ces Sociétés à d'autres points de la ville ; elles sont en relation avec la taverne mystérieuse du coin de la rue Grange-Batelière, au faubourg Montmartre ; enfin, elles commencent à inspirer confiance à

---

[1] III, 173. Je respecte dans ces citations le style de la police. Il a lui-même son intérêt. (*Le trad.*)

divers groupes de mécontents. Le Bureau pousse avec instance le Gouvernement, et cela, dans son propre intérêt, « à déployer toute sa vigilance et sa fermeté contre ces rassemblements clandestins [1] ».

Ces exhortations eurent pour résultat l'arrestation de Babeuf et de ses affiliés (10 mai), la dispersion de tous les éléments qui composaient ce qu'on appela la conjuration de Babeuf, la suppression de tous les centres les plus importants d'agitation. Tous les chefs de ces groupes, notamment Vadier, Rossignol, Charles Germain, Choudieu et beaucoup d'autres furent également incarcérés. D'après le message directorial signé de Carnot, le complot devait éclater le 11 mai. Il avait pour objet le renversement de la Constitution et le meurtre d'un grand nombre de membres du Corps législatif et de personnages officiels. Le procès qui eut lieu à Vendôme, et dont nous n'avons pas à nous occuper ici, atteignit beaucoup de monde : le nombre des personnes compromises s'éleva définitivement à 64. Beaucoup se dégagèrent au cours de l'instruction : d'autres échappèrent par la fuite. Les seuls condamnés à mort furent Babeuf et Darthé : il y eut sept condamnés à la déportation.

En même temps qu'on ordonnait ces arrestations, on prenait des mesures énergiques sur une plus large échelle ; tous les ex-conventionnels, les magistrats destitués, les amnistiés, des individus constituant d'autres catégories, même des catégories de royalistes,

[1] III, 179, 183.

furent expulsés de Paris. Sans doute, une quantité de gens qui, en sous-ordre, avaient eu plus ou moins de part aux menées de Babeuf, ne furent pas inquiétés et restèrent parfaitement libres, notamment d'anciens membres des Comités et des tribunaux révolutionnaires, des panthéonistes et d'autres [1]; mais néanmoins le coup porta.

Tandis que l'attitude prise par le Gouvernement obtenait, parmi le peuple, l'approbation universelle, la peur et le découragement s'emparaient du reste des meneurs. Dans les trois cafés signalés par la police, les débris des habitués demeurèrent déconcertés. Les hôtes du café de la Madeleine se plaignirent d'être forcés d'abandonner toute espèce de parti. On peut conclure de là, écrit le Bureau central, que « la crainte du châtiment a plus d'empire sur ces esprits faibles et turbulents que l'amour des lois et de la patrie ». Les patriotes exclusifs caressaient bien toujours le projet d'une insurrection ; mais, d'une part, ils inclinaient, dans l'aigreur de leur haine, à faire alliance avec les royalistes ; d'autre part, les chefs de premier ordre leur manquaient et, par suite, toute énergie; les anarchistes, les amis de la Constitution de 1793 se réunissaient encore au café de la Madeleine ; ils décampaient en un clin-d'œil, dès qu'apparaissait un visage étranger, et le café restait vide. Au café des Bains Chinois, on se lamentait encore davantage : le propriétaire de l'établissement se plaignait « de ne

---

[1] III, 188, 189.

recevoir personne » ; depuis « plus de huit jours il n'avait vu un patriote chez lui ». Le café Chrétien perdit du coup et si complétement toute importance, qu'il disparut, pour ainsi dire. Les émeutes piteuses du mois d'août, lorsque Babeuf et ses complices furent transférés à Vendôme ; de septembre, lorsqu'on tenta de soulever l'armée du camp de Grenelle, furent les seuls et faibles échos d'une agitation qui avait duré longtemps, mais qui était maintenant en désarroi et se survivait à elle-même. Cependant, ce dernier complot conduisit à l'échafaud un certain nombre de conspirateurs, parmi lesquels Javogues, un des agitateurs du café Chrétien que nous avons fait précédemment connaître au lecteur [1].

Naturellement, pendant chacune des périodes précédentes, les cafés des antipatriotes, des antijacobins, des antianarchistes furent toujours en lutte avec ceux des patriotes. Si nous voulons décomposer en ses divers éléments positifs cette opposition négative, nous trouvons que les habitués, les orateurs et les chefs de ces cafés étaient aristocrates ou gens comme il faut, modérés ou « honnêtes gens », partisans sans condition du Gouvernement ou gouvernementistes, enfin royalistes. De toutes ces catégories, la fraction la plus forte et la plus agissante était celle des jeunes gens, qu'on appelait par plaisanterie les muscadins, les petits-maîtres.

Parmi les cafés antirévolutionnaires figuraient en

[1] III, 188 et suiv.; 193, 217, 219, 224, 278.

première ligne ceux du Palais-Royal, exactement à l'inverse de ce qui s'était passé au début de la Révolution. Le plus célèbre d'entre eux était le café de Chartres, plus tard café des Canonniers ; pendant la Terreur, il avait été le rendez-vous des aristocrates; il fut, après la chute de Robespierre, le quartier général des jeunes gens. Le café de Foi jouait, avec celui de Chartres, le principal rôle. Je citerai ensuite le café Valois, le café Corazza ou Italien, et le café du Caveau. Le café Valois était plus avancé que les deux autres. Il ne faut pas omettre : dans le voisinage et dans le même rang que les deux derniers établissements, le café Conti, au Pont-Neuf ; — il était encore, à certains moments, le centre et en quelque sorte la Bourse des agioteurs : — sur le même pied que le café Valois, le vieux et célèbre café de la Régence ; tout à côté, dans la vieille Comédie-Française, le non moins célèbre café Procope. Déjà, en 1793 et en 1794, ce dernier était fréquenté; le jour, par les aristocrates et les modérés [1] ; à l'entrée de la nuit, comme nous l'avons dit plus haut, par les Cordeliers et les Jacobins extrêmes. Je n'entrerai pas ici dans plus de détails [2].

En général, les cafés antirévolutionnaires furent loin d'avoir l'importance des cafés révolutionnaires. Toutefois, il n'est pas douteux que, depuis la chute de Robespierre, leur opposition n'ait trouvé sa plus haute expression dans l'hostilité du café Chrétien révolutionnaire et du café de Chartres antirévolutionnaire.

[1] I, 268.
[2] Voyez la Table des *Tableaux de la Révolution*, au mot : *Café*.

De ce dernier café procédèrent la destruction du club des Jacobins, celle du culte de Marat, la chasse aux cafés révolutionnaires, le port du bâton contre les émeutiers et les agitateurs, les préparatifs de l'autoda-fé des écrits révolutionnaires. Les jeunes gens, par leurs exemples, étaient toujours en avant; ils précédaient, en quelque sorte, l'histoire. Ce sont eux qui, en brûlant les écrits de Babeuf, engagèrent les **premiers**, dès le commencement de l'année 1795, la lutte contre les menées socialistes [1]. Lorsque le café de Chartres, à l'approche de la crise du 13 vendémiaire (5 octobre 1795), eut été fermé par le Gouvernement, le café Carchy ou Garchy, rue de la Loi, le remplaça et resta, pendant les années suivantes, le quartier général d'une partie des jeunes gens [2]. Mais avant de nous occuper particulièrement du rôle que jouèrent ces derniers, il nous faut suivre jusqu'à la fin l'histoire de leurs adversaires, les Jacobins.

---

[1] II, 279, 284.
[2] *Frankreich in Jahr* 1795; III, 268 (cf. III, 38). Thibaudeau; II, 334 et suiv. *Moniteur* des 19, 21 et 24 janvier 1798.

X

LE DERNIER CLUB JACOBIN

Des révolutionnaires incarnés, en dépit de tous les échecs et de toutes les mésaventures, ne doutent jamais du triomphe final de leur cause. Eux aussi sont doctrinaires.

Rossignol n'échappa qu'avec peine, dans le procès de Babeuf, au sort le plus rigoureux. En mai 1797, il fut, ainsi que Vadier, Amar et 52 autres accusés, acquitté et mis en liberté. Mais à peine avait-il échappé à ce danger qu'il se replongea dans ses rêves. En 1798, il correspondait activement de Toulon et d'autres lieux avec des ci-devant Jacobins et, notamment, avec Chrétien, le propriétaire du café de ce nom. Comme Vadier et Javogues, il avait été lui-même, dans ces réunions du café Chrétien, au nombre des habitués les plus exaltés et les plus confiants dans le succès. Cette correspondance n'échappa pas à la police. Dans une de ses lettres, Rossignol se plaignait de ce que le Directoire avait éloigné tous les patriotes; mais ils se réuniront pour détruire la tyrannie; les patriotes du Midi se serrent de près; d'après tout ce qu'il sait, Rossignol espère bien que les démocrates auront le dessus [1].

En 1799, l'esprit jacobin, ce qu'on appelait le patriotisme exclusif, fit preuve encore une fois de force et

---

[1] III, 342 et suiv.

de vie au sein de la Société du Manége, mais ce feu s'éteignit très-vite.

Le 6 juillet se tint la première réunion préparatoire. Le 11, la Société se constitua définitivement. Elle était incontestablement, dès l'origine, soutenue par de hauts protecteurs, parmi lesquels on comptait, dans le Corps législatif, François de Nantes et d'autres, dans le Directoire, Barras. Les cent premiers membres appartenaient, pour la plupart, au Conseil des Cinq-Cents. Aussi, ce local où avait siégé longtemps la représentation nationale leur fut-il ouvert sans délai : il était, d'ailleurs, disponible, depuis que le Conseil des Cinq-Cents avait pris possession, le 21 janvier 1798, de son nouveau palais. La réunion préparatoire du 6 juillet se tint elle-même dans la salle du Manége.

A la nouvelle du projet des Jacobins, l'effroi du public fut très-grand. On craignait une nouvelle, une « sainte insurrection », de nouvelles guillotines, de nouveaux meurtres [1]. A l'approche de la séance d'ouverture, une certaine agitation se fit sentir. La fête préparatoire du 10, qui consista surtout dans la plantation d'un arbre de la liberté, se passa cependant tranquillement. Mais, dans la soirée du 11, au moment où la Société se constituait dans le Manége sous la présidence de Drouet, ci-devant député, personnage dont la réputation était mauvaise, le mécontentement du peuple éclata au dehors. La terrasse des Feuillants était remplie d'antijacobins, de jeunes gens et de

[1] III, 399, 395.

royalistes. A 9 heures, des cris terribles retentirent de tous côtés : « A bas les brigands ! A bas les buveurs de sang ! » On criait, on tempêtait, on sifflait. Du jardin et de la terrasse des Feuillants les pierres volaient contre les fenêtres de la salle, et contre les groupes de Jacobins qui chantaient des hymnes républicains autour de l'arbre de la liberté. Il n'y eut pas de sang répandu, mais des scènes tumultueuses de tout genre ; de grossières insultes furent lancées à quelques Jacobins qui se montrèrent isolés sur la terrasse. On échangea un terrible feu croisé d'injures et d'imprécations. Le cri « Aux armes » s'y mêlait. A la fin, la force armée arriva et fit cesser le tumulte [1].

La presse modérée et monarchique accueillit avec aigreur cette nouvelle tentative d'agitation jacobine. On ne pouvait voir d'un bon œil une société dont les membres n'avaient cessé autrefois de prôner la Constitution de 1793 et qui, tout en se résignant à une reconnaissance apparente de la Constitution actuelle, se conduisit cependant dès le début comme l'ancien club des Jacobins. Dès les premiers jours, les calomnies, les appels au meurtre y furent accueillis par d'universels applaudissements. On s'attaqua même avec un fanatisme haineux aux hommes importants déjà tombés, tels que Rewbel, Merlin et Talleyrand [2].

Parmi les membres de la Société du Manége, qui s'était affilié en tout 250 députés des deux Assemblées,

[1] III, 400. Cf. le *Moniteur* des 9, 12, 13 et 14 juillet. *Hist. Parlementaire*, XXXVIII, 89 et suiv. Zinkeisen, II, 992 et suiv.
[2] III, 402 et suiv., 421, 406.

les uns convaincus, les autres conduits là par la peur, on remarquait, en première ligne, tout d'abord, l'ex-député Drouet que nous venons de nommer, l'artisan de la perte de Louis XVI ; — il avait figuré tout récemment parmi les coaccusés dans l'affaire de Babeuf, et s'était soustrait à cette poursuite par la fuite et par l'intrigue ; — après Drouet, Dobson, le chef de la révolution du 31 mai 1793 ; le cafetier Chrétien, ci-devant membre du Comité révolutionnaire, enragé patriote et « panthéoniste » ; Félix Lepelletier, compromis lui aussi dans la conjuration de Babeuf et qui avait pris part à toutes les agitations antérieures ; le représentant du peuple Santhonax, que le *Miroir* comparaît à un ours ; Marchand, l'ex-chef de la section des Sans-Culottes ; et Réal, commissaire du Directoire près l'administration du département de la Seine. En seconde ligne, nous trouvons le tragédien Talma, l'artiste Laïs et d'autres. Dans le public et dans la presse, on appela la Société une Convention bâtarde ou hermaphrodite qui s'élevait à côté des autorités légitimes et ne pouvait tarder à dicter des lois ; qui était destinée à « rallumer les torches de la guerre civile, à rouvrir les cicatrices de la Révolution et à inonder nos communes de sang français [1] ».

Dans les débats du club que publiait l'organe de la Société, le *Journal des Hommes libres,* Robespierre et Babeuf étaient continuellement prônés comme d'éclatants modèles ; on ne cessait d'en faire l'apothéose.

---

[1] III, 402 et suiv., 421.

L'inquiétude gagna très-vite le Corps législatif : la Société du Manége devint l'objet de ses discussions. On la jugea, tel fut surtout l'avis du Conseil des Anciens, un dangereux voisinage : on y vit une rivale. Dès le 26 juillet, le Conseil des Anciens résolut de ne souffrir aucune société politique sur la zone de terrain soumise à sa propre police. L'ordre d'évacuer la salle fut donné et, dès le lendemain, le club du Manége dut se résoudre à abandonner ce local. Il se transféra rue du Bac, au faubourg Saint-Germain, dans l'ancienne église des Jacobins qui avait reçu alors la désignation républicaine de Temple de la Paix. La première séance se tint le 28 juillet. On avait craint qu'à l'occasion de l'évacuation du Manége le peuple ne tentât quelque coup de force ; il n'en fut rien.

Mais ces colères étaient néanmoins bien loin de se calmer. Le 31 juillet, le Conseil des Anciens dénonça lui-même au Directoire un « rapport à la Société », où étaient condamnés dans les mêmes termes la royauté de 1791 et « la royauté pentarchique », c'est-à-dire le Directoire. Tout Paris était convaincu que la Société politique de la rue du Bac ou du Temple de la Paix, semblable à ses devancières, ne désirait autre chose que la Constitution de 1793. Dans les groupes, dans les lieux publics et dans les cafés, on n'entendait, à son sujet, qu'expressions sentant « la haine et le sarcasme ».

La presse dénonça l'arrivée de nombreux étrangers, qui étaient en relation avec la Société et devaient travailler, avec elle, à exciter le peuple. Elle soupçonna même les directeurs Sieyès et Barras de n'être pas étrangers à ces menées. Le journal que je viens de citer, le *Miroir*, fit paraître un article sarcastique intitulé : *Coup d'œil sur la ménagerie :* l'auteur, jouant sur les mots *manége* et *ménagerie*, passait en revue divers membres de la Société du Manége. Drouet était comparé au tigre, Santhonax à l'ours, Réal au chien, un quatrième à un orang-outang, le reste à des animaux descendant de la Montagne. Talma, Laïs et d'autres étaient traités de singes. Par allusion au mot *fraternité*, cher aux Jacobins, on les appelait ironiquement et brièvement « les frères ». La clique dirigeante avait reçu le nom de comité Vatar, parce que Vatar était l'imprimeur et l'éditeur de l'organe de la Société, le *Journal des Hommes libres*. On reprochait à ce journal d'avoir pour collaborateurs « les membres les plus dominants de la réunion du Manége » et de déchirer la Constitution de 1795. On prétendait qu'en se référant à la Constitution, on devait considérer comme interdites les séances publiques de pareilles sociétés, où membres et assistants étaient séparés les uns des autres ». On demandait pourquoi le Directoire ne dissipait pas ces rassemblements de tigres, et autres questions de ce genre [1].

La presse patriotique défendit les Jacobins avec une ardeur égale à l'attaque. Le *Journal des Hommes libres* débita cette fable : les royalistes, disait-il, avaient offert 25 millions au Directoire s'il voulait fermer la réunion de la rue du Bac. Conformément au procédé

---

[1] III, 413, 420 et suiv., 119 et suiv.

d'insinuation alors en usage et souvent efficace, il donnait à entendre que ces fonds étaient faits par l'Angleterre pour faciliter le développement de la réaction [1] ».

Mais l'ardeur de la lutte dans l'un et l'autre camp, et plus que tout autre chose, la pression toujours plus forte de l'opinion publique, qui, chaque jour, se manifestait dans toutes les classes de la société, obligèrent le Gouvernement à prendre une brusque décision : le 13 août, la réunion de la rue du Bac siégeant dans l'ancienne église des Jacobins, fut dissoute, après une existence d'un mois et ses papiers mis sous le sequestre.

C'est à ce résultat qu'aboutit le dernier effort des Jacobins. Vainement, au Conseil des Cinq-Cents, leurs amis tels que Declerc et Woussen se plaignirent hautement de la fermeture de cette réunion, vantèrent les sociétés de ce genre, s'emportèrent contre le Gouvernement, qui, d'après eux, inclinait visiblement vers la tyrannie et le despotisme. Vainement, le *Journal des Hommes libres* poussa des cris de détresse, qualifia la dissolution de la Société de perfidie, déclara que, par cette mesure « l'étendard officiel de la réaction venait d'être déployé et qu'on avait donné le signal évident et intentionnel du massacre des Républicains ». L'*Observateur*, dans son numéro du 16 août, annonça l'arrestation de douze des membres les plus importants de la Société ; parmi lesquels, outre Marchand et Félix Lepelletier, le cafetier Chrétien, C'est lui qui, après la

---

[1] III, 421.

chute de la Terreur, avait le premier ouvert son local aux Jacobins menacés, et en avait fait un lieu sûr pour de nouvelles intrigues ; il était, en quelque sorte, le dernier sur la brèche, lorsque s'éteignit le dernier brandon d'agitation jacobine. Effarouchés et impuissants, fuyant les dangers extérieurs, les Jacobins isolés évitèrent la lumière. Mais, chez beaucoup, le désir de la vengeance ne s'éteignit pas plus que l'ambition personnelle ; et c'est là ce qui explique qu'un grand nombre d'entre eux ait bien accueilli ce régime qui avait été autrefois par-dessus tout, l'objet de leur réprobation : je veux dire la monarchie (représentée par Bonaparte). Cette monarchie les vengeait tout à la fois et du Directoire et du Corps législatif ! A beaucoup d'entre eux, je dis à beaucoup, elle procura ou de petites ou de grosses places, si souvent, si longtemps convoitées vainement [1].

---

[1] Ici un chapitre intitulé : *Die Mythe von der Jeunesse dorée*, qui n'a pas été traduit.

XI

LA JEUNESSE — SES DÉBUTS

§ 1ᵉʳ. — *Les Jeunes Gens avant la chute de la Gironde.*

C'est principalement la jeune génération qui, en province et à Paris, s'efforça d'arrêter les excès et les désordres de la Révolution française. Ce rôle remarquable de la Jeunesse parisienne ne remonte pas seulement, comme on a coutume de le croire, au 9 thermidor, à la chute de Robespierre. Dès le commencement de la Révolution, la Jeunesse forma un groupe politique vigilant qui, tantôt timide, tantôt plein d'activité, sut saisir toute occasion favorable de manifester ses sentiments antirévolutionnaires et antijacobins. Le parti de la Jeunesse se recrutait indifféremment dans toutes les couches sociales. Ses principaux adhérents n'étaient pas les fils de famille, les jeunes gens appartenant à la noblesse de race ou à la noblesse d'office, — cette catégorie de français suivait, chaque jour, plus nombreuse, l'exemple donné par les émigrés, — c'étaient plutôt les jeunes gens appartenant aux familles de haute ou de moyenne bourgeoisie, les fils des riches banquiers, des propriétaires, des marchands et des ouvriers, la foule des jeunes fonctionnaires ou employés de toutes sortes, des commerçants et des industriels, les élèves des écoles supérieures, les clercs de notaires, d'avocats, les élèves en chirurgie, en pharmacie, etc.[1]

Mais la forte organisation d'un parti politique manquait à la Jeunesse. Un point unique et central de formation n'était pas facile à trouver à cause du grand nombre et de la dispersion sur tous les points de Paris de tous ceux qui avaient les mêmes opinions. On se concertait, où et comme on pouvait, dans de petites réunions, dans les cafés, dans les assemblées des sections, dans les ateliers, dans les écoles. Ce n'est qu'au commencement du mois de mai 1793 que surgit la pensée et le projet d'une organisation plus forte, en partie politique[2].

La «Jeunesse» tenait, en première ligne, au maintien de la monarchie constitutionnelle. Aussi, en juin 1791, lors de la fuite du roi, se montra-t-elle très-zélée pour empêcher le prétendu enlèvement du roi par les ennemis du bien public. Un grand nombre de jeunes étudiants se mit, dans cette circonstance, au premier rang. Les effroyables événements de l'année 1792, l'invasion des Tuileries au 10 août, la déposition du roi et les épouvantables massacres de septembre intimidèrent la Jeunesse, tout en donnant plus d'intensité à ses sentiments antirévolutionnaires. Les jeunes gens du Collége de l'Égalité, et sans aucun doute, d'autres encore, se firent alors inscrire en grand nombre comme volontaires pour l'armée destinée aux frontières, en vue de faire cause commune avec les émigrés.

[1] Table des *Tableaux de la Révolution*, art. *Jeunes gens*.
[2] *Tableaux*, I. 186.

Après la chute de la royauté, la grande masse des jeunes gens s'appuya sur le parti parlementaire de la Gironde, parce que ce parti représentait, du moins, les principes d'une république conservatrice, la modération, l'ordre, la tranquillité. Tant que la Gironde fut aux affaires, la Jeunesse parisienne forma un élément essentiel du parti de gouvernement. Aux mois d'avril et de mai 1793, les bureaux des ministères et toutes les branches de l'administration étaient remplis de jeunes commis et employés que les Jacobins *détestaient cordialement*, à cause de leurs principes antirévolutionnaires, en d'autres termes parce qu'ils étaient hostiles à toute expérience révolutionnaire nouvelle et aux menées de la Montagne. Ces employés devinrent un des principaux points de mire des dénonciations et des poursuites. On les appelait avec mépris *aristocrates, contre-révolutionnaires, antijacobins*. Quand on voit Hébert et Dutard évaluer à 20 ou 30,000 le nombre des contre-révolutionnaires ou antijacobins capables de soutenir une lutte ouverte, quand on voit Hébert redouter singulièrement ces adversaires, dans le cas où ils pourraient se grouper facilement, il faut, en première ligne, songer aux jeunes gens [1].

Ceux-ci cherchèrent, comme nous l'avons déjà vu, à s'opposer ou à se soustraire à la levée d'hommes destinée à combattre les Vendéens; et cela non pas simplement parce qu'ils éprouvaient une profonde aversion pour le service militaire, mais aussi parce qu'ils ne

[1] I, 164; 176 et suiv.

pouvaient contribuer à l'anéantissement d'un parti pour lequel ils avaient des sympathies plus ou moins marquées, et qu'ils considéraient plutôt comme leur allié naturel en face du jacobinisme[1].

Avec les journées des 4 et 5 mai 1793 commença, pour ainsi dire, le rôle politique officiel des jeunes gens. Plusieurs d'entre eux, surexcités par le projet de réquisition, soucieux de défendre la Gironde déjà ébranlée et chancelante, résolurent de mettre à la raison, et dans les sections et en tous lieux, les agitateurs révolutionnaires. Ils prirent donc activement part, dans les assemblées de section, à la guerre dite des chaises, qui assura, pour le moment, la prépondérance aux modérés dans toutes les sections[2].

Mais la Jeunesse ne se contenta pas de jouer un rôle dans les luttes des sections ; elle prit en même temps une attitude personnelle. Le 5 mai, avant midi, 500 jeunes gens environ, employés de commerce, clercs de notaires, etc., se réunirent aux Champs-Elysées, pour s'y occuper des préparatifs d'une grande réunion de 10,000 jeunes gens. Ce fut le premier essai d'organisation de la Jeunesse modérée. Lorsqu'à 11 heures, le général jacobin Santerre, commandant général[3] de la garde nationale, traversa les Champs-Élysées à cheval, il fut accueilli par des cris injurieux et sifflé. Peu après, ces 500 jeunes gens se retirèrent sur l'em-

---

[1] I, 180.
[2] Voyez plus haut, pp. 45, 46.
[3] Le texte du rapport de police dit : « L'aide-de-camp du général ». — *Tableaux*, I, 184. — (*Le trad.*)

placement compris entre le Pont-au-Change et le Pont-Notre-Dame. Divers orateurs prirent la parole. On « parla assez vertement de la liberté » ; on fit des démonstrations contre les chefs de la Révolution, avant tout contre Marat qui soulevait déjà une haine furieuse ; cette haine devait rester jusqu'à un certain point le symbole du parti de la Jeunesse parisienne ; on cria de toutes parts : « A bas Marat ! Marat à la guillotine ! » L'intervention de la force armée et l'arrestation de quelques-uns des instigateurs mit fin au tumulte. Mais le soir, à 10 heures, à sa sortie du club des Cordeliers, Marat fut assailli par une troupe de jeunes gens et frappé à coups de poing jusqu'à ce qu'un nombre suffisant de citoyens accourussent au secours ; on proféra tout haut cette menace : il faut que « demain les têtes de tous les anarchistes partent [1] ».

On n'en vint pas là du tout. Ce feu de paille s'en alla en fumée : les courages tombèrent. Les hommes d'État de la Gironde dénués de toute énergie, tremblaient, bien différents de ceux de la Montagne, devant un coup de force, devant un coup d'État, seule mesure, néanmoins, qui, dans cette crise aigüe, pût encore les sauver ; ils rejetèrent tous les conseils qui leur furent donnés en ce sens, et laissèrent en plan la Jeunesse toute prête à les aider. Tout ce que celle-ci put obtenir, et cela sur la demande des sections où dominaient momentanément les modérés, ce fut l'élargissement de ceux de ses membres qui avaient été mis en

[1] I, 184 et suiv.

état d'arrestation. La Commune révolutionnaire qui, dès le 15 avril, avait demandé les têtes des Girondins et les avait désignés aux assassins, prit naturellement parti pour les Jacobins de la Montagne ; la force armée était à ses ordres, ainsi que la police urbaine qui faisait la chasse à tous les suspects et fut pour cette raison surnommée « la sainte inquisition ». L'issue de la lutte ne pouvait être douteuse. Dans les sections, les révolutionnaires reconquirent leur domination, en partie par la violence ; et les modérés retombèrent dans leur état d'hébétement et dans leur lâche inaction [1].

Des deux catégories principales de la Jeunesse modérée ; l'une, celle des fonctionnaires et des marchands, des employés d'administration et de commerce, pouvait bien alors compter à elle seule 25,000 hommes ; celle des fils de propriétaires 20,000 hommes [2]. Mais les jeunes gens manquaient de lien entre eux, n'avaient ni organisation, ni direction ; Dutard aurait vivement désiré et demanda vainement au Gouvernement cette organisation des jeunes gens. Dégoûtée et éloignée des affaires publiques, une partie de la Jeunesse se jeta d'autant plus facilement avec une résignation apathique dans le tourbillon des dissipations extérieures, fréquenta les théâtres, se livra aux plaisirs et aux caprices ridicules de la mode. Les jeunes gandins, « petits-maîtres ou élégants », aimaient notamment à se signaler par les gilets et les cravates [3]. D'autre part, dans le cours

---

[1] I, 180, 186, 193, 191.
[2] I, 216 ; II, 70.
[3] I, 257 et suiv.; 325, 216.

du mois de mai, l'anarchie croissant en toute liberté, des jeunes gens, toujours de plus en plus nombreux, préférèrent faire la guerre comme volontaires plutôt que de rester dans la capitale. A l'armée, ils trouvaient, du moins, cette sûreté des personnes et des propriétés, qui manquait complétement à Paris; ils trouvaient une autorité, une direction qui leur épargnait le révoltant spectacle de l'anarchie. Ils avaient là l'avancement militaire en perspective, si les circonstances étaient favorables et l'espoir de contribuer indirectement ou même directement à délivrer la patrie de l'anarchie et du terrorisme. Dutard qualifiait de belle jeunesse les volontaires de Saint-Roch ou de la section de la Butte des Moulins (du Palais-Royal) qui, formant « un cortége charmant », quittèrent Paris le 20 mai. Dutard se sert aussi de l'expression « brillante jeunesse »; Chaumette dit « les belles cuisses[1] ».

Malgré le départ d'une si grande quantité de jeunes gens, le nombre des contre-révolutionnaires augmenta dans Paris plutôt qu'il ne diminua[2]. Les restants, et ceux-là même qui, cédant à l'entraînement, s'abandonnaient à la dissipation, ne renoncèrent nullement aux conversations politiques, et ne cessèrent point de faire des manifestations, d'exprimer leurs espérances[3]. Plus d'une fois on en vit, et c'était une joie pour Dutard, qui, désireux d'agir, portaient, au côté, des

[1] I, 266, 257 et suiv.
[2] I, 196.
[3] I, 216, 539, 253 et suiv.

bâtons menaçants[1]. Le 14 mai, il y eut dans les sections et au Palais-Royal des conflits avec les Jacobins, dont la haine contre les jeunes contre-révolutionnaires allait jusqu'à une pensée d'extermination. Les Jacobins les insultèrent, les appelant tous et sans distinction « Petits-Maîtres ». Mais ceux qu'on nommait les Élégants formaient toujours la majorité dans les patrouilles et dans les rondes de la garde nationale; c'était le cas, par exemple, dans la journée du 23 mai, et ils surent faire preuve contre les anarchistes provocateurs de désordre, d'un courage plein de dignité, de hardiesse et de décision[2].

Pendant la crise fatale, le 31 mai, aussi bien que le 1er et le 2 juin, on était prêt, dans les rangs de la Jeunesse, à opérer une diversion ; mais le manque de cohésion, l'incapacité du Gouvernement impuissant à organiser une forte résistance laissa à chaque individu isolé une seule chose à faire : exprimer plus ou moins hautement sa colère. Au moment même où la Commune révolutionnaire, exagérant sa force, disait : « Pas un contre-révolutionnaire quel qu'il soit ne restera impuni », les jeunes gens accusaient publiquement de lâcheté le ministre Garat, accueillaient chaque concession nouvelle de la majorité girondine, par exemple, la suppression de la Commission des Douze, par des réflexions moqueuses du genre de celle-ci : « C'est du Pache ! du Garat tout pur..... des terreurs paniques ». Ils déclaraient, au café du Caveau, que la Convention

[1] II, 325.
[2] I, 226, 229, 276.

ne se tirerait jamais d'affaire, que quand elle aurait auprès d'elle 80,000 hommes, quand elle aurait cassé la Commune [1].

Mais personne ne réunit la Jeunesse, personne ne demanda son assistance. La majorité de la Convention resta inactive : elle n'osa rien ; elle était sans tête. Le ministre Garat après avoir fermé les yeux pour ne pas voir le danger qu'il pressentait, déclara ne rien voir. Cependant, les chefs de la Gironde, déjà proscrits, prêchaient la morale, se considéraient comme les citoyens les plus populaires, et se complaisaient dans une foi entière en eux-mêmes. Les Montagnards et leurs suppôts prêchaient, au contraire, presque ouvertement l'insurrection, minaient secrètement le sol sous les pas de la Gironde : ce travail fait, ils cernèrent la Convention. La crise était arrivée à maturité. Un coup violent ouvrit la trappe et précipita subitement dans le noir abîme les prêcheurs de morale : la proscription déjà décrétée fut réalisée. La Montagne triompha.

§ 2. — *La Terreur et les Muscadins.*

La Jeunesse sans faire, pour ainsi dire, acte de volonté propre, s'était tenue aux jours décisifs aux abords de la Convention, mêlée aux rangs de la garde nationale, ne sachant, au fond, si elle était utile ou nuisible, ni à quel parti ; et, cela, jusqu'à l'heure où

---

[1] I, 296, 373 et suiv.

elle vit enfin le mal consommé, la Gironde abattue et s'aperçut qu'elle-même était dupe. Il se produisit alors au premier moment un mélange de sentiments opposés. Par-dessus tout, un mépris dédaigneux pour la nouvelle République révolutionnaire et ses partisans, tant hommes que femmes. On se moquait de l'appétit vorace des vainqueurs qui prétendaient désarmer, arrêter et emprisonner tous les contre-révolutionnaires. Tantôt, on rejetait avec colère toutes les fautes sur la Convention; on l'accusait, reproche effroyable, de n'avoir pas prévenu la crise, en employant elle-même les moyens dont s'étaient servis les Jacobins dans les journées de septembre 1792; tantôt on cherchait à se disculper soi-même, en affirmant que le parti de la Montagne aurait voulu un massacre et que ce plan avait échoué devant l'attitude de la garde nationale. On s'élevait avec la plus grande indignation contre l'arrestation en masse des modérés et contre le terrorisme qui régnait dans toutes les assemblées, grâce à la publicité du vote; on accusait les patriotes, c'est le nom que se donnait à lui-même le parti opposé, et surtout les chefs de ce parti, de menées secrètes, d'hypocrisie, d'ardente convoitise pour les places: on leur imputait la cherté croissante; on se répandait en sombres prophéties, en menaces amères, et même çà et là on tentait une bravade publique[1].

Ces opinions se manifestaient surtout dans les cafés où les jeunes gens se réunissaient habituellement

[1] I, 374 et suiv.; II, 5 et suiv.; 24, 44, 49 et suiv.; 50 et suiv.; 57, 83, 85.

entre 4 et 10 heures du soir ; ils y lisaient les journaux avec des lorgnettes de 12 livres, et faisaient leurs commentaires : notamment, au café du Caveau, au café de la Régence [1], au café Procope et au café de Chartres. Ce dernier établissement, au Palais-Royal, était déjà le rendez-vous de certaines gens qui donnaient le ton ; dans un rapport du 19 juin, ils sont appelés « gens comme il faut, grands discoureurs, plus ou moins bon raisonneurs ».

La police a, d'ailleurs, nombre de mots élogieux pour les meneurs du groupe des jeunes gens : l'un a beaucoup d'esprit, d'autres sont « éduqués », de bonne mise, ou même très-instruits. Eux-mêmes s'appellent les jeunes gens, mais, par raillerie, on les nomme les aristocrates, les gens comme il faut, les élégants, les petits-maîtres. Et pourtant, ce sont presque exclusivement des jeunes gens de la classe moyenne. Un jeune perruquier, qui s'est procuré une chandelle de sept sous après être resté trois mois sans en acheter, est classé tout simplement parmi les élégants. Les jeunes ouvriers de la garde nationale qui gagnent tout juste leur vie sont, sans difficulté, appelés petits-maîtres [2]. Le nombre des modérés allait, tous les jours, en augmentant ; la masse des journalistes et le personnel des imprimeries appartenaient presque entièrement à ce parti [3]. Il faut en dire autant de la

---

[1] Dans l'original allemand, *café d'Argence*.

[2] I, Voyez les citations précédentes et 1, 254 ; II, 70, 75, 83, 86.

[3] Voyez plus haut, p. 22.

majorité des jeunes gens employés dans les hôpitaux et dans la pharmacie [1].

Une anecdote intéressante montre bien quelle répugnance soulevaient dans la population honnête de Paris les hideux personnages de la Terreur, Henriot, notamment, celui qui avait assuré la journée du 31 mai. Faisons tout d'abord connaissance avec Henriot. Voici le portrait pris au vif qu'en a tracé un agent (Dutard). Ce portrait est certainement le plus caractéristique que nous possédions : « Monsieur Henriot est une espèce d'artisan de bas-rang, qui m'a paru avoir été soldat. Sa taille est de 5 pieds 3 pouces tout au plus. Il a à peu près 40 ans. Il a une figure très-dure et grimacière; il fait de ce genre de grimaces qui désignent un vilain homme. Coléreux par caractère, un peu réfléchi et grossier. Quand il parle, on entend des vociférations semblables à celles des hommes qui ont un scorbut; une voix sépulcrale sort de sa bouche, et quand il a parlé, sa figure ne reprend son assiette ordinaire qu'après des vibrations dans les traits de sa figure ; il donne de l'œil par trois fois, et sa figure se met en équilibre. Il m'a paru n'avoir fréquenté que des hommes désordonnés ; je suis sûr qu'on trouverait en lui l'amour du jeu, du vin, des femmes, et tout ce qui peut constituer un mauvais sujet [2] ».

On célébra, le 23 juin, aux Champs-Elysées, avec apparat militaire, devant un public complétement indifférent, ce qu'on appelait la fête civique. Le premier

[1] II, 42.
[2] II, 85, cf. Mercier, V, 135.

rôle y était joué par le brutal Henriot, en sa qualité de commandant de la garde nationale. Au moment où les troupes durent défiler devant lui, un jeune garde national de 24 à 25 ans, qui avait servi dans l'armée, fut saisi d'un dégoût invincible : il se refusa à saluer le général et sortit des rangs. On ne nous dit pas s'il fut puni : mais il est très-possible qu'il n'ait pas été dénoncé ; car la grande majorité des gardes nationaux passés en revue partageait, sans aucun doute, ces sentiments, tout en les maîtrisant mieux [1].

Vers le commencement de septembre 1793, le sobriquet de Muscadins fut donné pour la première fois aux jeunes gens de Paris. Ce mot avait été imaginé quelque temps auparavant, à l'occasion du soulèvement de Lyon contre la Montagne. Ce soulèvement est du 29 mai ; il était trop tard alors pour empêcher ou pour retarder la chute de la Gironde. Quand elle fut tombée, la Montagne triomphante fit commencer, le 7 août, le siége de la ville révoltée, et celle-ci dut se rendre, sans condition, le 10 octobre. On fusilla des centaines d'insurgés. Ceux-ci, avant et pendant le siége, étaient traités d'aristocrates par leurs adversaires maîtres du terrain à Paris; on les surnommait aussi, par plaisanterie, les Muscadins : cette expression, correspondant à celle d'Aristocrates, signifie proprement pastille de

---

[1] Le passage qu'on vient de lire n'est pas, dans la traduction, textuellement conforme à l'original allemand. En outre, quelques développements de l'auteur sur le désir des jeunes gens de Paris de faire cause commune avec l'ennemi ne sont pas traduits.

musc, façon de dire l'homme qui respire le musc, qui sent le musc, le héros, le gandin du musc.

C'est, paraît-il, Hébert qui, dans son journal le *Père Duchesne*, vers le commencement de septembre, appliqua pour la première fois ce surnom d'une manière générale à ceux qu'on appelait les Aristocrates, puis, plus particulièrement à la Jeunesse parisienne, notamment aux jeunes gens de la première réquisition. Le 8 septembre, nos rapports de police nous apprennent pour la première fois que le *Père Duchesne* tonne contre les « Muscadins » et les nobles de la marine ; le 19, la Société des Jacobins de Bourg-l'Égalité jure « haine aux Muscadins » ; le même jour, la police jacobine de Paris signale le danger de laisser les Muscadins dans les mêmes bataillons [1] ».

La Terreur ne fit cesser complétement ni les réunions des contre-révolutionnaires ni celles des jeunes gens. Les divers lieux de rendez-vous étaient, pour les uns, les maisons de jeu, pour d'autres, les cafés de Chartres, de Foi, de Valois, d'Italie, au Palais-Royal [2]. Aux mois de novembre et de décembre, la Commune et le club des Jacobins manifestèrent la plus profonde hostilité à l'égard des jeunes gens, qu'ils désignaient purement et simplement sous le nom de Muscadins. Nous manquons de détails sur leur compte pendant la

---

[1] II, 114 et suiv.; 125.
[2] II, 136. Séance de la Commune du 24 novembre dans *Révolutions-Almanach* ; le récit du *Moniteur* du 28 novembre est très-sommaire et le mot *Muscadin* ne s'y trouve pas.

Terreur ; il faut attribuer cette pénurie pour une part, à la retraite fort explicable des Muscadins, pour l'autre, à la lacune que présentent, à cette époque, les rapports de police, aussi bien que les autres archives.

La lutte entre Robespierre et les Hébertistes en mars 1794 stimula évidemment le courage et les espérances de la Jeunesse, tandis que, de son côté, le Gouvernement s'inquiétait de plus en plus des audaces possibles de celle-ci. Il suspectait particulièrement tous ces jeunes gens « retirés depuis peu des armées sous prétexte de mauvaise santé ». On se préoccupa de les enrôler de nouveau et de les envoyer de force rejoindre leurs corps, d'autant plus que quelques jeunes gens avaient ouvertement provoqué, sur la place de la Révolution, à une attaque contre le pouvoir qui avait la force en main. Aussi bien, les partisans du Gouvernement convoitaient les places des suspects.

On ne peut assurément douter que la plupart des jeunes gens qui s'étaient attachés au ministre de la Guerre Bouchotte et au secrétaire général Vincent et, par eux, étaient arrivés aux places, ne fussent animés d'un esprit antirévolutionnaire : s'ils avaient des sympathies pour les Hébertistes, c'est qu'ils voyaient en eux des adversaires déclarés de l'odieux gouvernement révolutionnaire [1] : ces sympathies n'allaient pas plus loin.

Hébert et Danton tombèrent sans que rien fût changé dans ce régime sanguinaire. Dans leur conjuration

[1] II, 170, 183, 187, 197.

contre Robespierre, Tallien, Fréron et Barras, membres de la Convention, furent plus heureux qu'Hébert qui n'était pas conventionnel. Sous leur direction, la France fut enfin délivrée de Robespierre le 9 thermidor ou 27 juillet 1794. La réaction de thermidor fut la conséquence inévitable, la conséquence historique et nécessaire de la chute de Robespierre.

XII

APOGÉE DE LA JEUNESSE PARISIENNE

§ 1ᵉʳ. — *Son entrée en scène après la crise de Thermidor.*

Voici, dans l'histoire de la Jeunesse parisienne, la phase la plus importante. Celle-ci donne un corps et une direction au mouvement réactionnaire : il y a plus, la réaction elle-même est, on peut le dire, en grande partie, l'œuvre de la Jeunesse.

Le 9 thermidor, les rangs de la Jeunesse restée à Paris se grossirent, entre autres éléments, des jeunes gens qui revenaient de la frontière. La nouvelle de la chute de Robespierre fut accueillie dans les armées avec un enthousiasme général : à partir de ce moment, les jeunes gens refluèrent en foule vers le centre de la France et à Paris. Dès les premiers jours du mois d'août, on vit se promener dans les rues de Paris, non-seulement beaucoup de soldats et d'officiers des différents corps de troupes, mais aussi beaucoup de jeunes gens appartenant à la première réquisition ; chaque jour, chaque semaine leur nombre augmentait notablement. « C'étaient presque tous des jeunes gens de quelque éducation et de quelque fortune ». Ils se concertèrent avec leurs amis restés à Paris, et, sur-le-champ, dominèrent, avec eux, les cafés, les rues, les places, les théâtres et les tribunes. Le bâton devint de plus en plus leur signe de ralliement et leur arme commune. Aux Jacobins, on se plaignait de ce que « les Muscadins et les Aristocrates étaient dans toutes les avenues de la Convention ». De son côté, la police écrivait dans ses rapports : « Les Muscadins fourmillent partout [1] ».

On s'expliqua bientôt la cause de cette affluence soudaine de jeunes gens, et le but qu'ils poursuivaient fut suffisamment connu. Il s'agissait pour un très-grand nombre d'entre eux de venger sur les coupables la mort de parents ou d'amis ; pour tous, de prévenir à jamais le retour des scènes horribles qu'on venait de traverser. Il ne paraissait pas possible d'atteindre ce but sans faire une guerre énergique au passé dont on sortait à peine, à tout ce qui, dans le présent, tenait encore au passé, ou en était comme un débris, un symbole ou un souvenir.

Telle fut la direction imprimée par la Jeunesse de Paris : sa conduite fut la mesure de l'histoire. Elle dirigea le mouvement dans les voies qu'elle avait tracées ; c'est elle qui désignait le but le plus prochain à atteindre, le pas à faire, l'acte à accomplir : on la suivait : elle formait l'opinion publique ; puis, soutenue par elle, elle réclamait, commandait, prohibait, et personne n'osait, même à la Convention, lui résister. Dans les premiers jours du mois d'août, elle demanda une épuration rigoureuse du tribunal révolutionnaire, qu'on appelait alors « le tribunal de sang » : il fut épuré. Elle demanda la mise en liberté des person-

---

[1] *Frankreich im I.*, 1795, I, 17 ; III, 337 et suiv. *Tableaux* II, 225, 232. *Hist. parlem.*, t. XXXVI, 63, 70.

nes arrêtées pendant la Terreur : elles furent délivrées. Dans les sections, elle prêcha la révolte contre les comités révolutionnaires et leur dissolution : ils finirent par être dissous. A partir du 26 août, elle réclama audacieusement dans les groupes animés du Jardin des Tuileries l'épuration du Comité de Salut public et du Comité de Sûreté générale, l'expulsion de certains membres de ces comités, tels que Barrère, Collot-d'Herbois et Billaud-Varennes ; elle voulut qu'on les obligeât à rendre compte et qu'on les châtiât : tout ce programme fut réalisé peu à peu. Le nouveau Gouvernement n'admit pas dans son sein une seule personne compromise, de telle sorte que Tallien et Fréron qui, malgré leur lutte ouverte contre Robespierre, étaient cependant suspects à la Jeunesse en qualité de Terroristes, en furent exclus [1].

Tous les jeunes gens réunis dans une pensée commune aspiraient vers un gouvernement fort et modéré ; tous haïssaient et Marat qui avait suscité la Terreur et les Jacobins qui la représentaient. Aussi, dans tous les théâtres, applaudissaient-ils les allusions favorables au modérantisme : aussi, tout en acceptant et même avec entrain, l'autorité de la Convention, étaient-ils résolus à détruire une fois pour toutes l'influence que les Jacobins exerçaient encore sur cette assemblée ; on n'en avait que plus à redouter les complots continuels des Jacobins, qui cherchaient à restaurer le gouvernement sanguinaire tombé et à lui rendre sa puissance. Du

---

[1] II, 224, 227, 228 et suiv. *Hist. parl.*, XXXVI, 58. *Frankreich im Iahre* 1795, I, 15.

groupe des journalistes favorables à la Jeunesse, sortirent, dans la première moitié du mois de septembre, quelques écrits contre les Jacobins, écrits qui, dans l'un et l'autre camp, échauffèrent beaucoup les têtes : Je citerai notamment la brochure intitulée : *Les Jacobins démasqués* [1].

§ 2. — *Le culte de Marat et la chute du Club des Jacobins*

Le 3 septembre, Tallien et Fréron furent obligés de quitter le club des Jacobins. Il est sensible qu'il était dès lors de leur intérêt de s'appuyer sur la Jeunesse. Mais on n'en vint pas encore à une coalition. Une méfiance réciproque s'y opposait, ainsi que la divergence des vues.

Le 11 septembre parut le premier numéro du nouvel *Orateur du Peuple* de Fréron, journal autrefois fondé par Dussault. On a prétendu [2] que ce premier numéro était venu aiguillonner les jeunes gens : si on entend parler d'une excitation dans le sens voulu par Fréron lui-même on se trompe et on affirme une chose impossible, car ce premier numéro était précisément consacré à l'apothéose insensée de Marat. Fréron y apostrophait en ces termes les mânes de son ami : « O Marat, toi qui tant de fois m'a appelé ton disciple chéri, le successeur de ton choix ; toi dont souvent j'ai rédigé les feuilles courageuses ;..... ombre immortelle !..... Aide-moi à sauver la patrie, à terrasser le royalisme, le modéran-

[1] II, 232, 234.
[2] *Hist. parlement.*, XXXVI, 78 et suiv., cf. 58.

tisme et l'aristocratie, qui prennent des forces nouvelles ;..... à frapper cette nouvelle faction..... qui veut remettre la nation aux fers!..... Car le système de terreur et de compression (du tyran Robespierre) est plus que jamais à l'ordre du jour; on brûle de s'emparer de ta succession..... O mon maître! O mon éternel modèle! Ne souffre pas que des fripons et des bourreaux se disputent comme des chiens dévorants les lambeaux de la République, etc.[1] ».

Certes, les jeunes gens n'avaient pas besoin qu'on allumât leur haine contre les Terroristes ; mais il pouvait leur convenir que Fréron voulût bien les combattre aussi. Quant à la menace d'écraser le modérantisme, quant à l'apothéose de Marat, tout cela ne pouvait qu'exciter davantage la Jeunesse contre Fréron. La haine violente de celle-ci contre Marat allait si loin, que comme nous l'avons vu, elle l'avait combattu de son vivant, et qu'elle avait unanimement adopté ce cri de ralliement : « A bas Marat! Marat à la guillotine! »

Il ne peut être, en ce moment, question, il s'en faut, et il ne pourra de si tôt être question d'une direction imprimée à la Jeunesse par les exhortations de Fréron ; on s'y est généralement trompé : cette influence était alors d'autant moins possible, que chaque jour Fréron répétait ses apostrophes à son dieu, à son « éternel modèle[2] ».

C'est bien plutôt dans les rangs des Terroristes que le premier numéro de Fréron recueillit l'approbation à

[1] Deschiens, *Bibliographie des journaux*, p. 415.
[2] *Hist. parlem.*, XXXVI, 112 et suiv.

laquelle il avait droit. Dès le lendemain, le 12 septembre, la Convention prit une mesure qui provoqua la plus profonde indignation dans le camp des jeunes gens ; elle décréta l'apothéose de Marat, c'est-à-dire qu'elle ordonna le transfert solennel de ses cendres au Panthéon. Cette translation fut opérée, en effet, le 21 septembre, avec une pompe immense, à la joie de tous les Terroristes. Deux jours après, dans une séance de la Convention, Fréron reprocha à d'autres députés, comme un crime de lèse-majesté, d'avoir été autrefois accusateurs de Marat.

La Jeunesse, toutefois, ne se laissa point détourner de sa voie, bien qu'elle dût supporter encore quelque temps dans sa niche le chef des assassins, le dieu Marat. Elle était surtout décidée à briser les liens de solidarité qui s'étaient formés entre la Convention et le Jacobinisme, et à annihiler ce dernier. Bien que des liens nouveaux parussent resserrer l'alliance de ces deux forces, les jeunes gens, en toute circonstance importante, parcouraient les rues par troupes, pour faire des démonstrations contre les Jacobins. En même temps, ils poussaient ces deux cris qui semblaient à beaucoup de gens contradictoires : « Vive la Convention ! A bas les Jacobins ! » Le 18 septembre, un conflit sérieux éclata entre la Jeunesse et les Jacobins, au jardin du Palais-Égalité, ex-Palais-Royal. Après s'être injurié réciproquement, on en vint, des deux côtés, aux coups de bâton. Les jeunes gens furent traités de « Muscadins », les Jacobins d' « intrigants », de « queue de Robespierre ». On ne parvint qu'à

grand'peine à disperser ces groupes. Le même soir, de 8 à 9 heures, **une affaire** s'engagea dans un coin du jardin, entre le député **Lanot** jacobin et une bande de 80 jeunes gens dont le nombre s'éleva bien vite à 600 et qui firent entendre sans discontinuer, ce cri : « Vive la Convention ! A bas les Jacobins ! » Les Jacobins furieux déclarèrent le lendemain en séance que la Maison-Égalité était devenue, de nouveau, Palais-Royal.

Quant à la police, elle prit encore parti pour les Jacobins, railla même, dans ses rapports, les jeunes gens, les traitant de « Muscadins, gens à bons mots, intrigants »; mais il lui fallut aussi, pour être exacte, mander que les jeunes gens en question déclaraient hautement ne vouloir souffrir désormais aucun Jacobin, aucune société de Jacobins. Pendant plusieurs jours, elle consacra assidûment tous ses soins à arrêter les adversaires des Jacobins. La police parisienne, réorganisée suivant une décision de la fin du mois d'août, ne commença à fonctionner, d'après ce mode nouveau, que le 17 octobre : sa conduite fut, dès lors, moins partiale [1].

A la tête du mouvement réactionnaire se plaça plus particulièrement la Jeunesse de la section Lepelletier et avec elle les électeurs de la même section. Ce corps électoral fut animé, à l'origine, de sentiments royalistes, plus tard il fut Girondin. Ceci prouve suffisamment que la jeunesse de cette section, sauf peut-être quel-

---

[1] *Hist. parlem.*, XXXVI, 78 et suiv. *Tableaux*, 231 et suiv., 238. Cf. Beaulieu, VI, 19, 111.

ques exceptions, ne pouvait en aucune manière goûter un homme tel que Fréron, qui avait célébré l'anéantissement du royalisme et du modérantisme, poursuivi et obtenu l'apothéose de l'odieux, du monstrueux Marat. Il n'y a donc pas un mot de vrai dans la tradition dominante suivant laquelle Fréron « aurait recruté sa jeunesse dorée dans la section Lepelletier[1] ». En effet, Fréron ne recruta rien, la Jeunesse ne se livra point à lui ; elle ne s'appelait point *Jeunesse dorée*[2] ; elle n'appartenait point à la seule section Lepelletier ; enfin, on peut dire, d'une manière générale, qu'elle ne fut point recrutée. Elle se constitua d'éléments appartenant à toutes les sections de la ville proprement dite ; à vrai dire, elle ne relevait que d'elle-même.

Le Palais-Royal était dès lors et resta depuis le centre de réunion des jeunes gens. Le jardin et les cafés environnants leur servirent, comme précédemment, de rendez-vous. A toute heure du jour, il y avait là, au moins, 50 à 100 jeunes gens ; le soir, ils se comptaient par centaines et même par milliers. Entre 3 et 4 heures, la plupart d'entre eux allaient dîner chez le traiteur ou le restaurateur (l'expression *restaurant* ne désignait alors qu'un établissement où on ne fait pas de repas complets, ce qu'on appelle, en allemand, Stärkung ou Imbiss). A partir de 4 heures, les cafés commençaient peu à peu à se remplir. Entre 6 et 7 heures, une partie de cette foule s'écoulait dans

[1] *Hist. parlem.*, XXXVI, 122.
[2] Voyez cependant la note sur la *Jeunesse dorée* à la fin du volume. (*Le trad.*)

les théâtres ; un courant nouveau la remplaçait : car, à cette époque, la pure distraction et le plaisir étaient, pour le plus grand nombre, quelque chose de si secondaire que les luttes les plus vives, les plus chaudes avaient lieu au Palais-Royal, précisément à l'heure du théâtre.

Le café des Canonniers, jadis café de Chartres, devint le quartier général de la Jeunesse. C'est là que se montraient les principaux orateurs : c'est là que la plupart du temps on venait se consulter au début d'une affaire, puis prendre les dernières résolutions ; c'est de là que sortait le mot d'ordre décisif, là que se distribuaient les rôles et qu'on assurait l'exécution des décisions arrêtées. Depuis le mois de septembre, cette réunion affecta de plus en plus l'allure d'un club ; au mois de janvier, l'organisation était définitive. Un comité ou bureau de 6 personnes paraît avoir exercé une direction permanente : il recueillait toutes les nouvelles du dehors et, sans nul doute, préparait l'ordre du jour : de la sorte, les affaires ne surgissaient point inopinément [1]. Le club surveillait les jeunes gens et exerçait sur eux une sorte de police : il les louait quand ils avaient agi dans l'esprit de la réunion : il adressait des admonitions solennelles et dans toutes les formes à ceux qui se permettaient des sorties trop vives, surtout contre des députés [2]. Il contrôlait tous les billets, vers ou couplets qui devaient être jetés sur la

---

[1] 285, Ce rapport de police est écrit, d'ailleurs, à l'occasion d'une pure fable.
[2] II, 298.

scène, lus ou chantés[1]. Il décidait — de nombreux exemples le prouvent — si, par quelque motif politique, telle pièce, tel écrit devait être ou non proscrit. S'était-on décidé pour l'affirmative, la pièce succombait sous les efforts des jeunes gens qui ne négligeaient aucun moyen d'action : quant à l'écrit, il était livré à un solennel auto-da-fé qui, souvent, se célébrait dans plusieurs cafés à la fois.

Le club ne formait pas une société fermée ; il était largement ouvert. Tous les jeunes gens, sans distinction, entraient au café de Chartres, tant qu'il y avait de la place, et chacun d'eux pouvait y prononcer des discours ou y faire des propositions. Les membres présents prenaient les décisions. Il est évident qu'il se forma un noyau d'habitués réguliers et assidus qui ne se composait pas exclusivement de jeunes gens, car des hommes d'un âge mûr, en grand nombre, recrutés notamment parmi les prisonniers de la Terreur échappés à la mort, s'étaient réunis aux jeunes gens. Le nombre des habitués s'élevait environ à 100. Le café de Chartres était en communication constante avec les autres cafés, et, dans les grandes circonstances, on délibérait dans le jardin, où des centaines et même des milliers de personnes formaient une sorte d'assemblée générale. Quand le rassemblement était trop considérable, les orateurs se séparaient et des groupes se formaient autour de chacun d'eux. Ces rassemblements ne devenaient tumultueux que dans le cas

[1] II, 277.

où des perturbateurs s'y introduisaient : car, en général, ces milliers de jeunes gens, animés d'un seul et même esprit, étaient extrêmement faciles à mener, dociles à la voix des orateurs et aux mots d'ordre qu'on leur donnait.

Nous l'avons vu, la Jeunesse n'obéit, au début, à d'autre direction qu'à la sienne propre. Des agents de Fréron, aussi bien que des agents du Comité de Sûreté générale pouvaient souvent trouver place dans ces réunions, mais ils ne parvinrent à exercer aucune influence, tant que la Jeunesse fut en opposition avec Fréron et avec le Comité. Si, le 18 septembre, un cousin de Fréron, Royon, fut arrêté comme antijacobin, cela ne peut servir à prouver l'intervention de Fréron, car Royon pouvait parfaitement agir spontanément, et, en outre, son arrestation n'eut pas même lieu au Palais-Royal, mais dans un café de la rue Saint-Honoré [1]. Quant à Louis Jullian qui était incontestablement en relation avec Fréron, il n'apparaît qu'au mois de mars suivant, en qualité d'orateur de la Jeunesse [2].

Les orateurs ou les chefs appartenaient, d'ailleurs, aux catégories les plus diverses. De ci-devant nobles, comme l'ex-marquis de Saint-Huruge et l'ex-chevalier de Jean n'exercèrent qu'une influence accidentelle [3]. Un groupe de jeunes journalistes et publicistes joua

---

[1] *Hist. parlem.*, XXXVI, 80.

[2] *Moniteur* du 25 mars 1795 (24, 38). C'est là la seule base du récit de Thibaudeau, *Mémoires*, II, 143.

[3] *Tableaux*, II, 244, cf. *Hist. parlem.*, XXXVI, 175.

un rôle considérable [1]. A leur tête figurait Alphonse Martainville, alors âgé de 18 à 19 ans, plus tard auteur dramatique des plus féconds ; ce Martainville dont l'esprit égalait la vaillance, qui avait échappé comme par miracle à la guillotine, enflammait constamment les courages et, partout, plein d'énergie, se montrait au premier rang. Lorsqu'il comparut devant le tribunal révolutionnaire, le président doutait que son nom fut simplement *Martainville* et non pas *de Martainville :* l'accusé lui fit cette vigoureuse réponse : « Citoyen président, je suis ici pour être raccourci, et non pour être allongé [2] ». Sa haine pour la mémoire de Marat, l'instigateur du régime sanglant de la Terreur, était sans limite : il se trouvait par là en opposition complète avec Fréron et son irréconciliable adversaire. A la catégorie des journalistes appartenait encore Lacretelle le jeune qui devait marquer, plus tard, comme historien : il était âgé de 28 ans et arrivait de l'armée, pour se jeter avec énergie dans la réaction : il paraît avoir fréquenté tantôt les salons thermidoriens, tantôt les salons royalistes.

Citons encore Charles His qui, dès 1793, s'était fait remarquer par ses articles audacieux et pleins d'idées ; Souriguières, âgé de 27 ans, déjà connu comme poète dramatique, et qui avait conquis une célébrité analogue

---

[1] Louvet, dans le *Moniteur* du 6 juin 1795 (24, 611), cite trois noms et ajoute : « Et plusieurs dont je cherche les noms, tous écrivains polémiques ».

[2] II, 247, 278, 284. *Moniteur, loco cit. Biographie universelle*, XXVII, 87 et suiv.

à celle de l'auteur de la *Marseillaise*, mais dans le sens tout opposé. Quant à Beaulieu, âgé de 40 ans, collègue de Souriguières à la rédaction du *Miroir*, il paraît s'en être tenu au simple rôle de spectateur. Au monde des artistes appartenaient les célèbres acteurs Gavaudan et Micalef; à la classe des artisans, Olivier, ouvrier menuisier, l'un des nombreux défenseurs de la patrie appelés lors de la première réquisition, mais rentrés dans leurs foyers, et, sans aucun doute, aussi Gonchon, le célèbre orateur populaire du faubourg Antoine, si bien d'accord naguère avec les Jacobins. Au premier rang, parmi les jeunes gens, figuraient encore l'alsacien Dietrich le jeune, fils du baron de Dietrich, maire de Strasbourg et guillotiné, le fédéraliste Malo qui n'avait lui-même échappé qu'à grand'peine à l'échafaud et qui devait, plus tard, en qualité de chef d'escadron et commandant d'un régiment de dragons, étouffer la tentative de soulèvement terroriste du camp de Grenelle.

Au mois d'octobre, les provocations et l'ardeur de la Jeunesse contre les Terroristes et les Jacobins devinrent de plus en plus violentes. Les groupes au jardin des Tuileries déclaraient hautement : « que la queue de Robespierre était encore bien longue, qu'une partie de cette queue était dans le sein de la Convention ».

On demandait, avec énergie, l'arrestation et la condamnation du sanglant boucher de Nantes, Carrier; de jour en jour on se montrait plus irrité de la Convention « trop lente à prendre un parti dans une affaire si évidente ». Le soir, on se pressait aux tribunes des

Jacobins, pour y faire des démonstrations contre ce club. Dans l'*Orateur du Peuple*, Dussault, par conviction, Fréron, par calcul, luttaient pour la même cause que la Jeunesse ; de même, Tallien, dans son *Ami des Citoyens*, repris le 22 octobre. Mais il n'y avait alors aucune solidarité entre les deux partis, si bien qu'il ne vint point encore à l'esprit des plus ardents adversaires de la Jeunesse de lui décerner les surnoms qui supposent des relations avec Fréron, surnoms qui, comme nous le verrons, apparurent beaucoup plus tard. Les citoyens se rassemblaient toujours en foule autour de la Jeunesse, s'unissaient partout à sa colère, à ses murmures, à ses démonstrations publiques contre Carrier et les Jacobins [1].

Le 9 novembre, les jeunes gens du Palais-Royal et notamment du café de Chartres organisèrent un rassemblement considérable devant le club des Jacobins. Aucun document ne nous apprend que Fréron ait, en cette circonstance, excité lui-même la Jeunesse dans le Jardin-Égalité [2], et cette hypothèse est en contradiction avec l'ensemble de la situation. Les plus hardis d'entre les Jacobins se hasardèrent à descendre dans la rue et luttèrent à coups de bâton avec la Jeunesse, qui les refoula dans leur salle. Les femmes des tribunes furent rossées et renvoyées chez elles : on leur signifia que leur véritable place était dans leur ménage. A cette occasion, le parti des Jacobins qualifia les jeunes gens d'antijacobins, d'anticarrier, de muscadins,

[1] II, 240, 242 et suiv.
[2] Sybel, III, 367.

d'aristocrates et d'assassins ; mais il ne les appela pas Jeunesse de Fréron. Car il n'y avait encore aucun motif de supposer un lien de dépendance entre la Jeunesse et Fréron. Les plus fanatiques Jacobins comme Duhem et Duroy ne la désignaient eux-mêmes à la Convention que par ces expressions : « Peuple du Palais-Royal, faquins, assassins, muscadins et aristocrates ». Le lendemain, l'excitation des esprits fut extrême ; la pression de la Jeunesse et celle de l'opinion publique qui appuyait la Jeunesse devinrent irrésistibles ; la Convention dut se résoudre à prendre des décisions et à agir. A la fin, dans la nuit du 11 au 12 novembre, à 3 heures du matin, après un nouvel attroupement tumultueux et une lutte à coups de bâton dans le cours de laquelle on n'épargna pas aux jeunes gens les épithètes de Chouans, d'Émigrés et d'Échappés de Coblentz, le club des Jacobins fut fermé et on y mit les scellés. La suppression complète du club fut décrétée, l'arrestation de Carrier fut résolue et opérée. Paris célébra cette victoire avec un enthousiasme immense, et illumina brillamment [1].

§ 3. — *La chasse aux Jacobins et la lutte contre Fréron.*

Les Jacobins n'abandonnèrent pas du tout la partie. Ils cherchèrent, mais vainement, à se constituer de nouveau en club au Muséum, en se fondant avec le

---

[2] II, 244. *Hist. parlem.*, XXXVI, 154, 157 et suiv.; 161, 165 et suiv.; 170 et suiv.; 172 et suiv. *Frankreich im Iahre* 1795, 1, 15. Beaulieu, VI, 117 et suiv.

club électoral. Ils travaillèrent à préparer l'acquittement de Carrier et de ses complices. Ils s'efforcèrent de sauver les ex-membres de l'ancien Comité de Salut public, Barère, Collot-d'Herbois et Billaud, ainsi que les autres chefs terroristes menacés.

La Jeunesse, de son côté, et, à sa tête, le café de Chartres mit, en avant, depuis le 13 novembre, l'idée d'exercer partout contre les Jacobins une correction patriotique, au moyen du bâton. Un de ses chefs les plus chauds, le jeune journaliste Martainville fit paraître, le 17 novembre, contre les Clubistes jacobins, une satire populaire, qui réussit à ridiculiser parmi les classes inférieures aussi bien les Sociétés populaires que les Jacobins et le club électoral ; il était intitulé : « *Les cabanons de Bicêtre mis en réquisition pour loger les Jacobins et le Club électoral* ». La littérature légère antijacobine prit un nouvel et rapide essor. Le 23 novembre, le même Martainville, au théâtre de la République, jeta sur la scène des couplets contre les Terroristes, premier exemple, paraît-il, de ce mode d'action nouveau : il fut fécond en résultats. Des yeux d'Argus surveillèrent le procès de Carrier : la suppression de tous les comités révolutionnaires devint le mot d'ordre : on poussa la classe ouvrière à prendre une attitude nettement hostile aux Terroristes [1].

Lorsque, enfin, le 16 décembre, Carrier fut condamné à mort mais avec seulement deux de ses complices, les 30 autres ayant été acquittés, la Jeunesse montra

[1] II, 244 et suiv.; 247, 249, 252. *Frankreich im Iahre* 1795, I, 201-212.

la plus grande irritation ; le lendemain, un Nantais acquitté, Goulin[1], s'étant présenté hardiment au café de Chartres, les jeunes gens jetèrent à la porte cet « homme de sang » : ils réclamèrent une révision du procès. La Convention obéit, et, dès le 18 du même mois, 26 acquittés furent de nouveau arrêtés. Autre succès de la Jeunesse : c'est à elle qu'on donna satisfaction, le 27 décembre, en appelant enfin trois membres de l'ancien Comité de Salut public, Barère, Collot et Billaud à rendre compte et en nommant une commission d'enquête de 21 membres demandée depuis longtemps[2].

Au contraire, lorsque Lacroix dénoncé à la Convention comme royaliste par le Jacobin Duhem pour un article du *Spectateur français*, soi-disant contre-révolutionnaire, fut réprouvé sur tous les bancs de l'assemblée ; lorsque le Comité de Sûreté générale ordonna la saisie de toute l'édition, l'arrestation de l'auteur, celle de l'éditeur et imprimeur Buisson, les jeunes gens, au nom de la liberté de la presse, prirent carrément parti le soir même, au Palais-Royal, pour Lacroix et Buisson. Ils parlèrent très-ironiquement du triomphe des dénonciateurs : ils blâmèrent les mesures qui avaient été prises : ils déclarèrent « qu'on ne pouvait faire un crime à un homme d'émettre son opinion, ni au libraire de l'imprimer ». Et bien que la Convention fût inondée d'adresses de remerciements des Jacobins, ils

---

[1] II, 253. Ce n'était point un des conjurés, comme le dit Beaulieu, VI, 129.
[2] II, 255 et suiv.

défendirent leur opinion si énergiquement et avec tant de force que, le 5 janvier 1795, la Convention acquitta l'éditeur et imprimeur, et que même des républicains tranchés comme Fréron, Mercier et Réal se prononcèrent dans leurs journaux pour Lacroix et la liberté de la presse [1].

Bien qu'elle eût pris parti pour Lacroix, la Jeunesse ne manifestait pas encore de tendance royaliste. Et même, pour écarter toute accusation de cette nature, le 5 janvier, au soir, on proclama formellement au café de Chartres que le peuple ne devait se laisser mener ni par les royalistes et les aristocrates, ni par les anarchistes, les intrigants, les malveillants, les coquins qui avaient fait périr tant de victimes. Ainsi la Jeunesse déclarait ne faire nulle différence entre Jacobin et Aristocrate. Depuis lors, elle repoussa encore énergiquement et à plusieurs reprises, l'accusation de royalisme; au mois de mars, elle brûla publiquement, dans le jardin du Palais-Royal, des écrits contre-révolutionnaires et royalistes [2]. Ce qu'il y avait en elle de fondamental était donc toujours l'esprit girondin; c'est-à-dire, qu'elle était vouée au modérantisme et qu'en grande majorité, elle se fût contentée d'une République conservatrice. C'est ce qui explique que, bien loin de vouloir renverser la Convention, elle lui ait voué de bonne foi fidélité et ne se soit proposé de la purger de tous ses éléments terroristes et jacobins, qu'en

[1] II, 256. *Frankreich im Jahre* 1795, I, 32 et suiv.: 199.
[2] II, 260, 259, 265, 285, 294, 298.

vue de la mettre en état de fonder une constitution modérée et conservatrice.

Avant le 1ᵉʳ janvier, la chasse aux Jacobins était déjà commencée. Mais la Jeunesse parisienne n'eut pas, n'eut jamais la pensée d'assassiner ses adversaires. Elle voulut seulement les mettre hors d'état de nuire, d'une part, en traduisant devant les tribunaux pour y être condamnés aux peines de droit, les meneurs proprement dits, les véritables criminels, d'autre part, en imprimant aux autres, aux égarés, une terreur salutaire, au moyen du bâton ou de la « correction patriotique ». C'est, comme nous l'avons vu, le 13 novembre, que ce mot piquant fut lancé au café de Chartres ; la correction avait été déjà plusieurs fois éprouvée, en détail, sur quelques Jacobins. Le 29, le mot d'ordre contre les Jacobins fut renouvelé et avec succès. Depuis lors, tout Jacobin qui se montrait en public et qui était reconnu comme tel, soit au Palais-Royal, soit au Jardin des Tuileries, soit dans les cafés, les théâtres ou d'autres lieux publics, était durement apostrophé, insulté, battu. Si la dignité de ce moyen de correction peut paraître contestable, son efficacité ne saurait être mise en doute. Car le témoin oculaire et le juge le plus compétent, Beaulieu, dit expressément : « C'était les coups de canne qu'on se distribuait au Palais-Royal, aux Tuileries et dans les cafés, qui décidaient du sort de l'empire ».

Dans ces divers lieux, la Jeunesse, au mois de décembre, fit entendre partout ces deux cris : « A bas les Jacobins et tous les coquins! Vive la Convention !

Vivent les honnêtes gens!» A chaque mouvement nouveau du Jacobinisme, soit à la Convention, soit en dehors de l'Assemblée, l'excitation gagna en étendue et en profondeur. Au café de Chartres, non-seulement on jetait à la porte avec les plus dures épithètes et même avec des coups quiconque se faisait connaître ou seulement se laissait reconnaître comme Jacobin; mais on déclarait encore qu'on ne voulait pas même souffrir les ci-devant Jacobins [1].

Quant aux coups de force, aux entreprises meurtrières, aux assassinats, la Jeunesse parisienne y était si peu disposée que plusieurs journaux qui, par toutes sortes de dénonciations et d'excitations, paraissaient l'y pousser, ne réussirent qu'à lui déplaire. Ainsi, précisément dans les premiers jours de la nouvelle année, l'*Orateur du Peuple* de Fréron, souleva, à cet égard, un mécontentement formel [2].

C'est immédiatement après que la Jeunesse se mit, de la manière la plus ouverte, en opposition avec Fréron. Marat, type et modèle de tous les prêcheurs d'assassinat était pour elle, comme précédemment, un objet d'horreur, un symbole épouvantable de la sanglante Terreur. C'est lui pourtant dont Fréron avait fait un dieu! Lui que la Convention avait placé dans le temple des dieux! Le culte de Marat, malgré le mouvement vers une réaction, malgré la chute de la Terreur, loin de décroître, avait gagné, au contraire, non en

---

[1] II, 244, 249, 253 et suiv. Beaulieu, VI, 110, 112. (L'expression *Jeunesse de Fréron* est prématurée.
[2] II, 258.

profondeur, mais en étendue. Dans tous les théâtres, dans tous les cafés, dans tous les lieux publics, aux coins des rues, aux étalages apparaissaient les bustes du dieu tutélaire de Fréron, souvent couronnés de laurier. Partout où on dirigeait ses pas, partout où on jetait les yeux, même sur les tapis qui ornaient les parois des chambres brillaient les portraits de Marat, se répétant, se multipliant souvent de la manière la plus confuse. Il était impossible d'échapper à ce spectacle. Dans la salle même de la Convention, le pinceau et le ciseau de l'artiste avaient immortalisé le souvenir de Marat. Un colossal monument en pierre était élevé en son honneur sur la place du Carrousel ou de la Réunion, un autre sur la place des Invalides. La gloire du Panthéon rayonnait sur ses cendres. Au mois de septembre, pour ne pas être accusée de révolte ouverte contre la Convention, la Jeunesse de Paris avait accepté, quoiqu'en murmurant, la mascarade de l'apothéose de Marat, et, provisoirement, refoulé sa colère. A l'époque où nous arrivons, cette colère se fit jour, avec une force irrésistible.

L'orage éclata, le 7 janvier 1795, au café de Chartres, à l'occasion du rapport de Courtois à la Convention sur les papiers trouvés chez Robespierre (5 janvier), rapport qui avait rallumé toutes les haines contre les Terroristes morts ou vivants. Déjà, le 5, au soir, dans le même café, on avait tonné énergiquement contre les vivants : ce jour-là, on damna surtout Marat, on éleva Charlotte Corday jusqu'au Ciel : on forma le projet de marcher sur la place du Carrousel armé de pioches et de marteaux et d'y renverser le monument de Marat : on était décidé à en finir avec le culte de Marat [1].

A la suite de ces séances du café de Chartres, une nouvelle agitation fermenta dans Paris contre les Terroristes morts ou vivants : les sections s'alarmèrent ; elles ébauchèrent des projets d'adresse à la Convention ; le section du Mont-Blanc et celle de Guillaume Tell figurèrent cette fois au premier rang. La section du Mont-Blanc, dès le 11 janvier, réclama, à la barre de la Convention, de la manière la plus expresse, des poursuites contre les Jacobins et les Terroristes.

§ 1. — *L'appel de Fréron.* — *L'Auto-da-fé de son Journal.*

C'est alors que parut dans le numéro 59 de l'*Orateur du Peuple*, 12 janvier, le fameux appel de Fréron à la Jeunesse française.

Fréron y invitait cette Jeunesse « à sortir de son sommeil léthargique et à venger la mort des vieillards, des femmes et des enfants, en exterminant les massacreurs et égorgeurs ». — « Jusques à quand, s'écriait Fréron, ceux qui ont des lumières ou des richesses se contenteront-ils de frapper l'air de plaintes inutiles ? Jusques à quand n'offriront-ils à la liberté, à la sécurité publique qu'un tribut de vains soupirs et de faibles larmes ? N'êtes-vous bons qu'à jouir des plaisirs de la vie, qu'à méditer des voluptés, qu'à juger du mérite

---

[1] II, 260 et suiv.

des comédiens ou des cuisiniers, de la prééminence de tel chanteur ou de tel tailleur? Les armes sont-elles trop lourdes pour votre bras?... C'est nous, dites-vous, qui nous sommes levés contre les Jacobins, c'est nous qui avons assiégé leur repaire, c'est nous qui les avons chassés, c'est nous qui avons fermé leurs portes! Eh bien! La République vous en loue... Mais, le salut de la patrie réclame encore votre intrépidité, et cette audace impétueuse qu'aucun péril n'intimide jamais. Vous laisserez-vous encore égorger comme des moutons? Laisserez-vous égorger vos vieux pères, vos femmes, vos enfants? Non, le serment en est déjà dans vos cœurs; vous ne souffrirez pas qu'une odieuse faction triomphe; vous avez déjà fermé les Jacobins; vous ferez plus; vous les anéantirez [1] ».

On le voit: Fréron, l'ancien ultra-terroriste, repoussé par la Montagne, suspect aux adversaires de la Montagne et méprisé par eux, sentait de plus en plus le besoin de « se retrancher sous la bannière d'une faction ». Il chercha donc l'alliance si peu naturelle pour lui du parti des jeunes gens, « parti puissant de jeunesse, d'énergie, de vengeance [2] ». Mais, cette alliance paraît contraire à l'ordre naturel des choses, surtout parce que toute la Jeunesse réactionnaire de France devait nécessairement considérer le provocateur lui-même comme un Terroriste et l'exécrer comme tel. Aussi, une alliance proprement dite ne se forma point

---

[1] *Hist. parlem.*, XXXVI, 214 et suiv. Lacretelle, *Conv. nat.*, II, 364 et suiv.

[2] Nodier, I, 114. Nodier confond ici les dates. Voyez ci-après.

encore, du moins avec la Jeunesse parisienne. L'appel n'eut d'autre effet que de provoquer dans diverses provinces ce qu'on appela la Terreur blanche, horreurs sanglantes auxquelles se livrèrent les bandes décriées des partisans les plus exaltés de la réaction et du royalisme, bandes de Jésus ou Jéhu et bandes du soleil. Mais, que fit la jeunesse de Paris? Répondit-elle à cet appel et suivit-elle cet exemple? Nodier, Beaulieu, Lacretelle, Thibaudeau, et, en général, tous les auteurs dignes de foi attestent qu'elle joua un rôle qu'on ne peut vraiment qualifier de coupable et qu'elle ne se souilla pas d'un seul meurtre. Cependant Fréron la provoqua au meurtre en des termes qui ne laissent pas le moindre doute.

D'après l'*Histoire parlementaire,* qui fait loi parmi les écrivains, la Jeunesse française — ces mots désignent la Jeunesse de Paris — aurait répondu aux provocations de Fréron en couvrant les murs de Paris de placards où elle jurait de se montrer digne d'un tel chef. Le même ouvrage ajoute que, dans le numéro du 20 janvier, Fréron félicita cette Jeunesse républicaine de son courage, de son patriotisme, de sa magnanimité et l'engagea à persévérer.

Nous ne mettons pas en doute l'existence de l'article de félicitations de Fréron, article habile et calculé; mais, l'incident qui donna lieu à cet article, incident adroitement saisi par Fréron, ne fut autre que l'affichage de quelques placards tout-à-fait isolés, œuvre de gens non-autorisés. En effet, les sources les plus directes et les plus authentiques, je veux parler de nos rapports journaliers de police, s'expriment tout autrement. Voici, d'après ces documents, ce qui eut lieu [1] :

Du 13 au 17 janvier, tout Paris fut en proie à une grande fermentation. Les articles de Fréron prêchant l'anéantissement et l'extermination des Jacobins étaient l'objet de toutes les conversations. Au jardin du Palais-Royal il était impossible de mettre un frein à l'exaspération des esprits. Toutefois, l'appel de Fréron ne trouva aucun écho parmi les jeunes gens. On déclarait tout haut que les reproches faits à la Jeunesse française étaient injustes, et, qu'en outre, Fréron n'avait point mission de les lui adresser. Toute une série de phrases particulièrement accentuées excitèrent le mécontentement le plus prononcé. Fréron, dans cette circonstance, souleva les colères : elles s'accrurent de jour en jour. On était, à la vérité, d'accord avec lui dans la pensée de combattre sans faiblesse les Jacobins et les Terroristes ; mais, nous l'avons vu, dans cette lutte contre les vivants, on entendait mettre exclusivement en œuvre la Convention ou les tribunaux, ou encore employer la correction patriotique, en venir enfin à la guerre ouverte en cas d'insurrection : du meurtre, on n'en voulait pas. Mais, comme précédemment, on croyait toujours que, pour réussir, il fallait, avant tout, stigmatiser le souvenir des dieux morts du Terrorisme, détruire cet ignominieux culte de Marat, qui entravait tout progrès, qui empestait l'atmosphère politique. En partant de cette idée, on en vint à

[1] II, 262 et suiv.

appliquer précisément à Fréron lui-même le système d'anéantissement et d'extermination qu'il avait recommandé ; on l'appliqua à Fréron, à ses principes les plus arrêtés, à ses actes les plus récents et les plus arrogants : la Jeunesse s'arrêta fermement à cette résolution.

Ainsi, le 13 janvier, au Palais-Royal, l'*Ami du Peuple*, de Chasles, journal terroriste, continuateur de l'*Ami du Peuple*, de Marat, fût brûlé publiquement par les jeunes gens aux cris de : A bas l'*Ami du Peuple !* A bas les imitateurs de Marat! On se moquait ainsi de Marat, l'idole, le demi-dieu, le possédé du diable. Sans doute, il ne manquait pas de gens qui consentaient à laisser en repos les cendres de ce misérable dont on n'avait plus rien à craindre, mais qui, en revanche, voulaient qu'on attaquât courageusement les monstres qui, le prenant pour modèle, prêchaient toujours le pillage et le meurtre. Mais, cette opinion ne triompha pas. On se proposa même, tout d'abord, de briser, le 15 au soir, dans tous les théâtres, les bustes de Marat et de Lepelletier. La section Marat songea à prendre, désormais, le nom de *section Philippeaux*[1]. On entendit des orateurs, notamment au café de Foy, qui déclaraient vouloir prescrire, dorénavant, les dénominations encore en vigueur et rappelant le Terrorisme, comme le mot *Montagne* et d'autres analogues. Il faut signaler surtout les habitués du café de Chartres, représentants les plus autorisés de la Jeunesse parisienne. De tous

---

[1] Cf. *Frankreich im Iahre* 1795, I, 67 et suiv.

côtés ils se mêlaient au peuple pour tenir les esprits en éveil.

Le 14 janvier, la section Guillaume Tell présenta à la Convention l'adresse contre les Terroristes, dont le projet était antérieur à l'appel de Fréron : cette adresse provoqua de la part de la Convention le serment formel de poursuivre les Terroristes jusqu'à la mort [1]. Naturellement, il s'agit ici de poursuivre les Terroristes par la voie des tribunaux ou par celle des armes, en cas d'émeute, non point par l'assassinat [2]. A ce serment de la Convention se rattache — et il faut lui donner le même sens — le serment que la Jeunesse prononça le 15 au café de Chartres, serment de combattre jusqu'à la mort les Jacobins ou les Terroristes. Le projet de renverser ce soir-là les bustes de Marat et de Lepelletier fut ajourné, parce qu'on annonçait que des mesures énergiques étaient prises à la Convention en vue de protéger ces bustes ; dans cette délibération, la Convention qualifiait expressément de *saints* Marat et Lepelletier. En revanche, la Jeunesse, celle du café de Chartres la première, prit la résolution de brûler le jour de la fête du 21 janvier, célébrée en souvenir de l'exécution de Louis XVI, un mannequin de Jacobin (Marat), pour symboliser l'anéantissement complet du Jacobinisme ; de proscrire, une fois pour toutes, le bonnet rouge et d'inviter les cafés à refuser, désormais, l'accès à tout

---

[1] *Moniteur*, n. 117 (23, 215).
[2] Le 11 septembre précédent, toute la Convention avait fait entendre le même cri de *guerre à mort* contre les modérés et les aristocrates. (*Hist. parl.*, t. 36, p. 76. — *Le trad.*)

Jacobin. Le projet de mannequin fut étudié le soir même par les jeunes gens dans différents cafés, et, les jours suivants, on lui ménagea la plus grande extension [1].

La presse, composée en grande partie d'adhérents de la Jeunesse, la soutint avec zèle. Le *Messager du Soir* appela l'ancien Comité de Salut public un « Comité d'assassinat public » et s'expliqua en ces termes sur le compte de Marat : « Il seroit pourtant bien temps de signaler, avec des couleurs vraies, cet homme qui, avec les visions les plus extravagantes, s'étoit fait, on ne sait trop pourquoi, un colosse de réputation. Les imbéciles ont conçu pour Marat l'admiration la plus stupide, les fripons l'ont propagée, les ambitieux s'en sont servi, les gens raisonnables ont gémi et n'ont jamais regardé Marat que comme un insensé plus digne de mépris que de tout autre sentiment. Au reste, celui qui demandoit trois cents mille têtes pour baser notre République, qui se proposoit comme dictateur pour la régir, ne peut pas jouir de beaucoup d'estime auprès des citoyens doués d'un peu de bon sens ».

Ce journal, à l'inverse des articles de Fréron qui excitaient une colère croissante, obtint de la Jeunesse l'approbation la plus formelle.

Quelques jeunes gens se réunirent, le 16 janvier, chez Fevrier, à la Maison-Egalité, pour y célébrer un banquet simple et frugal. On y porta des toasts à la République, à la Convention, à la guerre contre les

[1] II, 265.

Jacobins, les Terroristes et tous les Vandales. On débaptisa le salon de la Montagne pour l'appeler le salon des Amis de l'humanité ; on chanta des chants patriotiques ; on s'entretint beaucoup du souvenir sanglant du « Comité de l'assassinat » ; on s'encouragea à protéger ceux qui avaient échappé à la mort, et, finalement, la Société se répandit dans les divers cafés du Jardin-Egalité pour y rechercher les Jacobins, suivant l'usage, et leur infliger la correction patriotique [1].

La soirée du 16 janvier fut extrêmement agitée ; elle fut décisive. La colère provoquée par l'appel de Fréron produisait ses fruits. On prenait des résolutions et on agissait. Au café de Chartres et dans tous les cafés du Palais-Royal, la Jeunesse se montra animée du même esprit. La condamnation de Fréron fut prononcée ; le numéro 59 de son *Orateur du Peuple* fut brûlé à cause de l'appel à la Jeunesse, au milieu des plus vifs applaudissements [2]. Les auteurs de ce mouvement se considérèrent, se désignèrent eux-mêmes comme les organes de la Jeunesse française [3]. En réponse, — c'est l'expression même dont on se servit, — en réponse au numéro 59 de l'*Orateur du Peuple* de Fréron, on traça le plan d'une adresse ou pétition à la Convention pour justifier la Jeunesse française inculpée par un représentant.

Le texte en fut lu à haute voix dans des réunions de jeunes gens, notamment au café de Foix et au café de Chartres. Plusieurs passages témoignaient, comme

---

[1] *Frankreich im Iahre* 1795, I, 67 et suiv.
[2] II, 266.
[3] II, 274.

disent les rapports de police, « d'assez bons principes[1] ». Un de ces passages était ainsi conçu : « Que nous importe que Marat soit au Panthéon ! Camille Desmoulins est bien au cimetière de la Madeleine ». Tous les jeunes gens de Paris et des faubourgs furent convoqués pour porter cette adresse à la Convention: on se donna rendez-vous au Palais-Royal, le prochain décadi, c'est-à-dire le 19 janvier, à midi. Gouchon, l'orateur du faubourg Antoine, fut désigné pour jouer dans cette affaire un rôle principal. On invita donc plus particulièrement le faubourg Antoine et surtout les hommes du 14 Juillet, c'est-à-dire les vainqueurs de la Bastille, à prendre part à cette démonstration et à s'unir à la Jeunesse contre les « buveurs de sang [2] ».

En même temps, on discuta d'autres mesures. On demanda que la Commission des Vingt-et-Un fît promptement son rapport sur Barère, Collot et Billaud-Varennes « pour déjouer les menées sourdes des ci-devant Jacobins et du reste des Terroristes ». On demanda que l'ex-président du Tribunal révolutionnaire, Fouquier de Tinville et ses complices fussent enfin, eux aussi, une bonne fois jugés. On proposa de faire triompher le même esprit dans toutes les sections en y infusant la Jeunesse, puis de frapper, à l'aide de l'union des sections, un coup décisif contre les Terroristes. On recommanda ironiquement d'envoyer les Jacobins sur un champ de bataille après le combat pour étancher leur

---

[1] Sic. *Tableaux*, II, 265. M. Schmidt écrit : « Recht guten Grundsätzen ». — (*Le trad.*)
[2] II, 265 et suiv.; 276.

soif du sang. Au surplus, on était prêt à assommer ou plutôt à faire arrêter quiconque provoquerait à la royauté.

Mais, la destruction du culte de Marat resta l'objectif principal. On demanda de la manière la plus pressante l'expulsion des cendres de Marat de l'enceinte du Panthéon, ou, comme on disait, l'épuration du Panthéon. On brûlait du désir d'organiser en grand une guerre générale contre les bustes et les portraits, contre les monuments et les symboles de Marat. Et même, çà et là, on en vint au fait, et les escarmouches commencèrent. Au café de la Convention, on fit disparaître les bustes de Marat et de Lepelletier; on inaugura une petite guerre contre les écriteaux et les enseignes qui, comme celle du café de la Montagne, rappelaient le Terrorisme.

Du reste, une circonstance particulière ne contribua pas peu ce jour-là et les jours suivants à exciter les esprits: dans la matinée du 16 janvier, un des membres de la Jeunesse française, le menuisier Olivier, avait été tué d'un coup de couteau par le jacobin Moreau, porteur d'eau. Malgré son irritation, la Jeunesse ne se laissa point aller à commettre, de son côté, un meurtre pour exercer une vengeance politique. On se contenta d'une collecte pour la veuve d'Olivier [1].

Il nous faut négliger les événements de moindre importance qui appartiennent à l'histoire de ces journées: nous ne parlerons ni des Jacobins expulsés de tous les lieux où ils se montraient, ni des agents de

---

[1] II, 266, 271. *Hist. parlem.*, XXXVI, 221 et suiv.

police mis à la porte des cercles où ils se glissaient et tâchaient de pénétrer, ni du travail qui se fit en vue de préparer les votes dans les sections. La grande réunion projetée pour le 19 janvier dans le Jardin-Egalité eut lieu. Mais nous ne savons rien de ce qui s'y passa, ni du résultat qu'elle obtint. On nous apprend seulement que les agents de la surveillance prirent leurs dispositions pour éviter un trop nombreux rassemblement et aussi que les trois sections du faubourg Antoine durent aller à la Convention présenter une pétition. Le procès-verbal de la Convention, à la date de ce jour, ne fournit d'autre renseignement que cette mention finale : « Un grand nombre de pétitionnaires sont entendus sur des objets particuliers ». La séance fut levée à quatre heures [1]. C'est le 20 janvier que Fréron fit paraître les félicitations simulées dont nous avons déjà parlé. Il passa, à nos yeux, habilement sous silence, la réponse de la Jeunesse à ses reproches, aussi bien que la lutte engagée par celle-ci contre son idole Marat, et, dans ses louanges exagérées, il fit seulement allusion au serment qu'avait fait la Jeunesse de combattre jusqu'à la mort pour protéger la Convention contre les Terroristes.

§ 5. — *La fête du Mannequin et l'abolition du culte de Marat.*

Malgré les habiletés de Fréron, la fête du Mannequin se célébra, le 21 janvier, telle qu'elle avait été concertée. Toutefois, le mannequin ne représenta en

[1] II. 267. *Moniteur*, n. 123.

gros qu'un Jacobin abstrait; on put en faire, en un sens plus étroit, le dieu Marat.

Une députation de deux cents jeunes gens avait invité, mais sans succès, les ouvriers du faubourg Marceau à prendre part à la manifestation. Au contraire, la section Montreuil, du faubourg Antoine, avait envoyé, de bon cœur, une délégation au café de Chartres pour fraterniser avec les jeunes gens. On se donna le baiser fraternel, tout en portant des toasts aux sans-culottes, à la nation, à la Convention. Deux à trois cents [1] « frères du faubourg Antoine » prirent part à la fête qui commença à sept heures du soir : ils eurent l'honneur de porter le mannequin. Ce mannequin était affublé d'une perruque noire et d'un bonnet rouge ; il tenait, d'une main, une bourse et un portefeuille, de l'autre, une torche. On le traîna, avec intermède de cérémonies variées et de chants, depuis le Jardin-Egalité jusqu'à la place du Carrousel, devant le monument de Marat.

On insulta à la mémoire du dieu par des outrages et des imprécations ; puis, on se dirigea vers la cour des Jacobins où le mannequin fut brûlé. Pour jouer la contre-partie de l'apothéose de Marat, on mit les cendres du mannequin dans un pot de chambre et on les jeta dans l'égoût Montmartre.

---

[1] Le texte du rapport de police dit que la manifestation se composa en tout de deux à trois cents personnes, mais non pas qu'il y eût deux à trois cents délégués du faubourg Antoine. (*Tableaux* II, 271. — *Le trad.*)

Dans des vers de circonstance, on désignait cet affreux égoût comme le vrai panthéon de tous les buveurs de sang; on exprima seulement cette crainte sarcastique, que l'égoût ne fût empesté par ces cendres. Deux passages des couplets pleins d'énergie que chantaient les jeunes gens en portant le mannequin doivent être signalés. Voici le premier de ces passages :

> « Cette bête à noire crinière,
> Qui forgea les noms *Muscadins*
> Pour perdre la jeunesse entière ».

On pourrait en conclure, ce qui, pour d'autres raisons, est d'ailleurs vraisemblable, que le sobriquet est, en effet, de l'invention de Marat. L'autre passage est ainsi conçu :

> On n'a pas en vain réveillé
> La jeunesse française,

ce qui, sans nul doute, est une allusion à l'appel de Fréron. Naturellement, cet appel, en lui-même, plaisait aux jeunes gens, car il était en harmonie avec les tendances dont, depuis longtemps, ils avaient fait preuve ; mais, ce qui ne leur convenait pas, c'était la forme donnée à cet appel et l'esprit maratiste qui l'avait dicté à Fréron [1].

La fête du Mannequin fut, à proprement parler, le signal de la ruine du culte de Marat. Dès le 17 janvier,

---

[1] II, 270 et suiv. *Frankreich im Iahre* 1795, I, 70 et suiv. Beaulieu, VI, 131.

au café de Chartres, à propos de la qualification de *saint* appliquée à Marat dans la séance de la Convention du 15, la motion de faire ôter Marat du Panthéon avait été formulée parce qu'il n'y avait plus de saints ». Le 18, au théâtre Favart, on trouva le buste de Marat mutilé et il fut impossible de découvrir l'auteur de ce fait. Mais, c'est le 22 que commença une véritable tourmente contre les bustes de Marat. Au théâtre Favart, on brisa le buste et on le jeta dans le puits faisant partie de la décoration de la pièce du jour; au théâtre de la République, on lui enleva la couronne civique; enfin, le 31, aux théâtres Feydeau et Louvois, les jeunes gens jetèrent à bas les bustes aux applaudissements universels. C'est en vain que, le 1er février, le Comité de Sûreté générale dénonça les jeunes gens à la Convention, et promit, sans que la Convention y contredît, le rétablissement des bustes. Ce ne fut là que de l'huile sur le feu. Le jour même, on brisa dans tous les cafés les bustes de Marat. Le soir, une tourmente dix fois plus violente sévit dans les théâtres. Les jeunes gens, par bandes qui montèrent jusqu'à cent personnes, arrivèrent, à la même heure, dans les divers théâtres et y brisèrent partout, tumultueusement, les vieux et les nouveaux bustes, aux cris de : A bas Marat! Le même soir, au café de Chartres, ils jurèrent de faire disparaître « ou de briser » le monument de Marat placé sur le Carrousel, ainsi que le colosse élevé sur la place des Invalides, parce que la conservation de cette « pagode » était, à leurs yeux, une honte. On adopta aussi et catégoriquement la proposition « de demander que Marat fût mis hors du Panthéon [1] ».

Le 2 février, démonstration contre le monument de Marat sur la place du Carrousel, bris du buste de Marat au café Payen dans le Jardin des Tuileries, au théâtre Favart renversement du buste de Chalier qu'on avait attaché à cet effet à la corde du rideau, au théâtre Feydeau, nouveau renversement du buste de Marat qui avait été réintégré ; on le remplace par le buste de J.-J. Rousseau qui est accueilli par de vifs applaudissements. On en fit autant au théâtre de la République, au théâtre Montausier, aux Italiens, au théâtre des Arts ; là on jeta le buste de Marat au feu [2].

Cependant Fréron voulut, de nouveau, jouer le rôle de censeur. Dans le numéro de l'*Orateur du Peuple* du 3 février, il reprocha avec aigreur aux jeunes gens la persécution qu'ils avaient organisée contre son idole. « Vous êtes tombés, écrivit-il, dans ce piége que nous nous étions efforcés de vous montrer. Pour le vain plaisir de signaler votre fureur contre des bustes de plâtre, vous avez fait de cette révolution un jeu d'enfants, et vous avez fourni à la faction qui vous surveille et vous épie, les moyens de vous créer des crimes, et de vous reprocher des attentats. La Convention nationale avait placé les restes de Marat dans le Panthéon ; vous deviez respecter son décret [3] ». Mais la Jeunesse savait fort bien qu'il ne s'agissait pas pour

---

[1] II, 267 ; 272-276.
[2] II, 276 et suiv. *Moniteur*, n. 137 (23, 370 et suiv.
[3] *Hist. parlem.*, XXXVI, 230 et suiv.

elle du plaisir de briser quelques bustes de plâtre ; elle savait que la ruine du culte de Marat n'était pas un jeu d'enfant ou un crime, mais une œuvre politique très-sérieuse, un devoir moral rigoureux. Cette tentative de Fréron pour dissuader la Jeunesse rencontra donc parmi elle le mépris général et souleva la risée. Ce jour-là seulement fut régulièrement lancée, avec d'innombrables variantes, la guerre aux images de Marat. Parmi les lutteurs, se signalait le journaliste Martainville, que les auteurs français ont qualifié, étrange erreur, de créature de Fréron ; il était toujours en avant, dès qu'il s'agissait d'anéantir les symboles anciens ou restaurés de cette idolâtrie de Marat, de rendre vains les efforts contraires du Comité de Sûreté générale, de lutter avec force contre les conseils de Fréron, et de trouver toujours une forme nouvelle à donner à cette guerre incessante.

Le jour même de cette réprimande, quantité de bustes de Marat furent processionnellement portés jusqu'à l'égoût Montmartre par les jeunes gens, qui les outrageaient et les couvraient de crachats ; et là on en enterra les débris. C'est seulement à partir de ce jour que, dans les théâtres, on ne se contenta plus de remplacer les bustes de Marat par ceux de Rousseau et de couronner de fleurs ces derniers, mais qu'on se mit, invention piquante, à purifier avec des réchauds et de l'encens l'endroit de la scène où les débris des bustes de Marat étaient tombés, comme si cette place eut été empestée et polluée. La tourmente courut des théâtres aux autres lieux publics, aux cafés, aux lieux de réunion des sections. Tous les symboles de Marat de quelque genre qu'ils fussent, bustes, portraits, gravures, tentures furent poursuivis et anéantis [1].

Le 5 février, un article du *Moniteur* vint appuyer les jeunes gens. L'entreprise des jeunes gens y était désignée comme « une manifestation éclatante de l'opinion nationale ». Le rédacteur s'exprimait ainsi : « De quel droit un comité prescrit-il un culte public?... L'adoration d'un homme quelconque peut-elle être commandée par une loi? L'idolâtrie des bustes, le respect servile des images n'ont jamais été l'effet que d'une législation tyrannique ou de l'enthousiasme inconsidéré des sectes; voudrait-on, en consacrant ce joug honteux de la pensée, perpétuer l'avilissement de l'espèce humaine? [2] » A la fin, la persévérance de la Jeunesse fut couronnée d'un premier succès. La Convention n'osa plus continuer sa résistance, et le Comité de Sûreté générale ordonna, le 6 février, l'enlèvement des bustes de Marat qui se trouvaient encore dans les théâtres [3].

Cependant, la Jeunesse avait suivi l'exécution de ses délibérations du 1er février. Dès le 4, au café de Chartres, — après l'auto-da-fé du *Tribun du Peuple* de Babeuf, condamné parce qu'il avait appelé ce café *le café de Coblentz*, — une adresse à la Convention fut rédigée et adoptée. Définitivement, on y demandait la destruction du monument de Marat élevé sur la

---

[1] II, 278, 283 et suiv. *Frankreich im Iahre* 1795, I, 71.
[2] *Moniteur*, n. 137 (23, 371).
[3] *Moniteur*, n. 142 (23, 415).

place du Carrousel, le retrait du décret qui accordait à Marat les honneurs du Panthéon. Mais on ne se contenta pas de cette adresse. Le 7 février, au même café, on lut une déclaration très-énergique qui avait pour but : 1° de demander à la Convention la punition des anciens membres du Comité de Salut public ; 2° de réclamer le renouvellement du décret, aux termes duquel personne ne pourrait avoir les honneurs du Panthéon que vingt ans après sa mort ; 3° d'exiger que Marat, cette « idole hideuse » fut immédiatement expulsée du Panthéon ; 4° d'engager tous les citoyens à se réunir pour combattre les Jacobins et leur donner la mort « s'ils osaient faire éclater la guerre civile ». On prit avec entrain la résolution de faire imprimer cette déclaration et de la propager, en la placardant.

Le résultat ne se fit pas attendre. Dès le lendemain, la Convention décréta que les honneurs du Panthéon ne pourraient être accordés à aucun citoyen moins de dix ans après sa mort, et que ses bustes ne pourraient être exposés dans la Convention ou dans des lieux publics, avant l'expiration du même délai. Ainsi, les honneurs rendus à Marat sur les instances de Fréron lui furent retirés, au bout de cinq mois de luttes, sous l'action de la Jeunesse. Les tableaux et les bustes de Marat et de Lepelletier (le célèbre tableau de David notamment) disparurent pour toujours de la salle de la Convention ; il fut expressément défendu d'exposer leurs bustes dans aucun lieu public. Les jeunes gens et les citoyens ravis purent voir expulser du Panthéon les cendres de Marat : la joie fut plus grande encore lorsque, le 9 février, on enleva officiellement sa pagode de la place du Carrousel : la foule qui entourait les travailleurs les aida à leur œuvre [1].

§ 6. — *Le chant du Réveil du Peuple.*

Ce n'est que pendant cette période de l'assaut contre les bustes qu'apparut le célèbre chant de la Jeunesse, le *Chant du Réveil du Peuple*. Les historiens modernes et d'autres écrivains lui font, par erreur, jouer un rôle près de six mois trop tôt. Voici les faits :

L'agitation contre les Terroristes fit naître, dans les rangs de la Jeunesse, quantité de couplets et de chants. Mais, abstraction faite de quelques tentatives antérieures et isolées, ce n'est que vers la fin de janvier que commença l'usage de jeter sur la scène des billets qui contenaient des essais littéraires de ce genre et d'en demander la lecture. Il est certain que le 22 janvier, au théâtre des Arts, deux billets en vers furent jetés sur la scène et qu'on en réclama la lecture. Ce qui fut fait. Ces vers étaient dirigés contre les Terroristes et les Buveurs de sang : ils furent applaudis. On exigea ensuite qu'ils fussent mis en musique et le lendemain, on les chanta au théâtre Favart. L'un de ces deux chants était-il le *Chant du Réveil* ? C'est une question qu'il n'est pas possible de résoudre. En tout cas, d'après les rapports de police, il faut admettre que l'affaire n'eut pas de suite. Mais les jours suivants, les

---

[1] II, 278 et suiv.; 282 et suiv.; 288. *Moniteur*, n. 143 (23, 418, 421).

jeunes gens, dans divers théâtres, exigèrent, avec une violence croissante, le chant de couplets qu'ils avaient, comme dit la police, « mis à l'ordre du jour[1] ». Les désordres qui se produisirent à cette occasion firent que les habitués du café de Chartres régularisèrent ce mode d'agitation. Dorénavant, tous les couplets destinés à être jetés sur la scène durent, au préalable, être apportés au café de Chartres, « pour y passer à la censure ».

Sans nul doute, ce contrôle s'était exercé, lorsque, le 30 janvier, au théâtre de la République, avant qu'on commençât la seconde pièce où l'acteur Fusil, connu par ses assassinats à Lyon, devait jouer le rôle principal, un papier contre les Jacobins fut de nouveau jeté sur la scène : il venait des rangs des jeunes gens. On en demanda la lecture aux cris de : « A bas Marat » ! C'était le célèbre *Réveil du Peuple*, pièce de vers composée par le journaliste et poète Souriguières, du parti de la Jeunesse parisienne. L'acteur le plus rapproché ayant donné le titre, mille voix s'élèvent pour demander que Fusil, une torche à la main, dans l'attitude d'un coupable, en fasse lecture. Il obéit. Le passage qui presse le peuple souverain :

« **De rendre aux monstres du Ténare**
« **Tous ces buveurs de sang humain** ».

dut être lu une seconde fois, le public le réclamant aux cris de : « Répète ton jugement, misérable ». Ensuite,

[1] II. 274.

on l'interrompt et on exige que d'autres acteurs compromis, tels que Dugazon et Caillard continuent la lecture; mais on ne les trouve pas. A leur place apparaît le jeune Talma : « Non, non, crie-t-on, Talma, tu n'es pas Jacobin, tu n'es pas buveur de sang, tu n'es pas un vrai patriote! » Des voix isolées paraissent, au contraire, demander Talma. Lui, avec un mouvement plein de feu : « Citoyens, tous mes amis sont morts sur l'échafaud ». On le prie d'achever les couplets. Il recommence tout le morceau : il lit avec cette expression vraie et cette chaleur qui lui sont propres. Pendant ce temps, Fusil tenait toujours sa torche. Quand Talma arriva au serment de vengeance contre les affreux cannibales, tout le théâtre le prononça avec lui. Ce fut une scène indescriptible. De violents éclats de douleur et de vengeance se croisaient avec les cris de : « Vive la Convention! Vive la République! » Tantôt on battait des mains avec violence, tantôt on levait et on agitait les chapeaux. Fusil avait aussi levé la main pour jurer avec tout le monde ; mais un cri général d'indignation l'obligea à la laisser retomber. La représentation ne continua pas parce qu'on ne voulut pas entendre Fusil et qu'il ne se trouva personne pour le remplacer. Vers dix heures on quitta le théâtre, chacun témoignant hautement une joie que tous partageaient.

L'agitation continua au Palais-Royal et surtout au café de Chartres. Le Cercle des jeunes gens devint de plus en plus nombreux et plus tumultueux. On menaçait tout haut Fusil aussi bien que le comédien Lais ; le premier, parce qu'il avait fait partie de la Commission sanguinaire de Lyon ; le second, parce qu'il avait été membre de celle de Bordeaux. Plusieurs meneurs furent arrêtés par la police.

Le *Réveil du Peuple* ne le cédait guère pour la chaleur de l'expression à la *Marseillaise*. Toutefois, il ne provoquait pas au meurtre, bien qu'il fût susceptible d'être entendu en ce sens et qu'on lui ait, en effet, donné cette interprétation. Il demandait que le jour de la vengeance se levât le plus promptement possible ; il promettait une hécatombe de cannibales ; mais, dans l'esprit des jeunes gens dont les actes répondent à cette idée, il s'agissait de hâter l'action des tribunaux vengeurs ; il s'agissait d'une guerre ouverte dont l'heure pourrait bientôt sonner.

L'agitation se prolongea : la Jeunesse voulut absolument que le *Réveil du Peuple* fût mis en musique et chanté. Le 3 février, au théâtre Feydeau, lisons-nous dans le rapport de police, on jeta sur la scène, puis on lut un papier qui était « un appel au meurtre contre les Terroristes, pour venger les mânes des victimes innocentes égorgées par leur cruelle faction ». Sans d'ailleurs tenir compte de l'expression arbitraire de meurtre, la comparaison des expressions prouve qu'il s'agit ici du *Réveil du Peuple* de Souriguières. Bien certainement, on n'en entendit pas la lecture sans demander de nouveau qu'il fût mis en musique et chanté. Le théâtre Feydeau était parfaitement choisi pour cela. Dans les huit jours, le morceau fut mis en musique par le compositeur Gaveaux, artiste du théâtre Feydeau, et, le 10 février, au théâtre Audinot, il fut chanté, sur la demande du public, par le chanteur Gavaudan, qui appartenait au parti de la Jeunesse. Un ou deux jours après, le célèbre chanteur Garat, frère de l'ex-ministre girondin, le fit entendre, véritable Orphée, au théâtre Feydeau.

Depuis lors, le *Réveil du Peuple*, tantôt joué, tantôt chanté, toujours avec un impétueux enthousiasme, se répandit partout, dans les théâtres et les lieux publics, dans les rues et sur les places ; on l'entendit à tout propos, en toute circonstance, importante ou non. Il fit en vainqueur son tour de France. Ce fut la *Marseillaise* de la Jeunesse ; la *Marseillaise* des Jacobins se tut devant cette *Marseillaise* nouvelle et fut proscrite [1].

§ 7. — *Les Mœurs et les Modes.*

Un incident des premiers jours de février nous engage à jeter tout d'abord un coup d'œil sur les mœurs des jeunes gens et sur les modes qui régnaient parmi eux.

Notre précédent récit vient déjà, au fond, contredire l'affirmation des historiens modernes postérieurs à 1824, suivant lesquels la Jeunesse parisienne se serait composée d'individus déréglés et efféminés, de débauchés et de voluptueux : d'ailleurs, des témoignages formels démontrent que cette opinion est erronée.

[1] II, 272, 274 et suiv., 277. *Frankreich im Iahre* 1795, I, 190 et suiv.; 279, 282 et suiv. Beaulieu, VI, 113 et suiv.

Un observateur impartial, un Allemand, dans une lettre datée de Paris, le 25 janvier 1795, a tracé le tableau suivant de la Jeunesse : « Les mœurs ont plutôt gagné que perdu. Les jeunes gens, sous l'empire des circonstances, sont vite devenus des hommes. Une certaine simplicité extérieure, le mépris le plus tranché pour tout ce qui est petite frivolité, le goût des préoccupations et des entreprises sérieuses, une façon de parler énergique, une certaine réserve de jugement, un visage, un teint florissant (ce qui résulte tout naturellement du changement des habitudes), tel est le portrait, je ne parle que des traits caractéristiques de la plupart des jeunes gens qui appartiennent à la classe cultivée [1] ».

En face de ce témoignage désintéressé, la masse des mémoires et des fantaisies historiques, y compris les Mémoires de Thibaudeau, n'ont aucune valeur et aucune autorité.

D'autres sources sont en parfait accord avec ce témoignage étranger : ainsi, dans un article du 3 mars 1795, le *Moniteur*, à propos de la Jeunesse, met en relief cette grande majorité d'éléments vigoureux à laquelle il oppose seulement « un petit nombre d'êtres éphémères qui déshonorent la qualité d'hommes ». Nodier déclare que parmi les jeunes gens qui ont servi à Paris la réaction thermidorienne, quelques-uns seulement se sont joués « dans les fantaisies du luxe et les frénésies de la volupté [2] ».

---

[1] *Frankreich im Iahre* 1795, I, 17.
[2] *Moniteur* du 4 mars 1795. Nodier I, 112 et suiv.

Ce qu'ont dit les modernes au sujet du costume que la Jeunesse aurait adopté dès l'origine par ostentation est tout aussi erroné. Il ne s'agissait que d'un changement de mode, entreprise dans laquelle naturellement la réaction obtint aussi la victoire et où la masse des jeunes gens, comme en témoigne cet observateur allemand, sut conserver la simplicité extérieure. A la place des bonnets, les réactionnaires, d'abord, puis les jeunes gens reprirent, en général, les chapeaux qui n'avaient jamais complétement disparu ; la mode leur donna les formes les plus variées. Les queues poudrées reprirent faveur, et remplacèrent les cheveux coupés dessinant un rond sur la tête, chevelure proscrite par la Jeunesse [1]. On portait les cheveux relevés en avant ou séparés par une raie ; de chaque côté, on les laissait tomber sur les tempes et jusque sur les oreilles : ils se réunissaient par derrière à la queue ou aux tresses formant la queue. Les pantalons furent de nouveau remplacés par les culottes, et le frac céda de plus en plus le terrain soit à la rotonde, soit à l'habit carré à longue taille : seulement la mode voulut que les pans de la redingote descendissent jusqu'aux genoux et les culottes jusqu'aux mollets.

En 1793, comme nous l'avons vu, quelques personnes avaient déjà adopté l'usage de porter des cravates au lieu de laisser le cou découvert : les cravates se répandirent de plus en plus et l'usage tendit sans cesse à s'en généraliser. Le gilet que les Élégants de 1793 [2] por-

[1] II, 273.
[2] I, 216.

taient aussi déjà, ne joua aucun rôle ou ne joua qu'un rôle minime dans l'ensemble des modes de la Jeunesse, car on n'en parle pas. On soigne surtout d'une manière générale le costume en drap. En septembre 1794, les manchettes se montraient encore, mais elles tombèrent en défaveur et finirent par disparaître complétement. Les jabots que portait encore Robespierre furent aussi complétement abandonnés. On mit à la place une chemisette plus ou moins fine, de toile ou de batiste, ordinairement ornée d'une épingle et, si on le pouvait, d'une épingle d'or. Jeunes et vieux portaient un bâton, la plupart du temps long et noueux. Beaucoup de personnes de tout âge portaient des lunettes ou des lorgnettes ; ces dernières étaient généralement de qualité modeste : on les vendait au prix de 12 livres [1].

Tout en respectant ce cadre général, mais toujours oscillant de la mode et des mœurs qui laissait, en général, au goût un jeu très-large et admettait les plus nombreuses diversités, chacun des jeunes gens s'habillait tout-à-fait à son gré et suivant ses moyens. La culotte, la queue tressée et le bâton étaient la règle commune ; tout le reste variait. On voyait encore le frac à côté de la redingote, les bottes à côté des souliers plus à la mode. Les souliers étaient de coupe tantôt lourde, tantôt délicate ; les bottes tantôt montantes et tantôt courtes couvraient plus ou moins les bas. Ainsi, dans la masse des jeunes gens, les diffé-

---

[1] Ce prix de 12 livres n'est-il pas, au contraire, un prix élevé ? (*Le trad.*) Cf. II, 70. Mercier. V, 194 et suiv. *Hist. parlem.*, XXXVI, 82.

rences de fortune, de condition ou de profession ne pouvaient se marquer par le genre de mode adopté, mais seulement par la coupe et la qualité de chacune des parties du vêtement. Naturellement, celui qui en avait les moyens soignait davantage ou quelques-unes des parties de sa toilette, ou sa toilette tout entière ; mais, beaucoup aussi étaient entièrement mal vêtus, portaient, par exemple, de très-mauvaises culottes [1].

Il ne s'agit pas, en tout ceci, d'un costume particulier ou d'un signe général de reconnaissance bien tranché. Il fallait qu'un œil bien exercé et pénétrant sût discerner tous les détails, pour distinguer en un instant les jeunes gens de la réaction des jeunes Jacobins. Car, beaucoup de Jacobins, par exemple Robespierre, n'avaient jamais abandonné le chapeau, la poudre, la queue et la culotte, bien que le bonnet rouge de Marat fût considéré comme le signe de ralliement des Jacobins, et le pantalon adopté aussi par lui comme le signe de ralliement des Sans-Culottes : — les Allemands traduisent communément Sans-Culottes par *ohnehosen (sans pantalons)* ; c'est une mauvaise traduction : il faut dire : « Ohne-cülotton », c'est-à-dire, « ayant de longs pantalons » —. D'ailleurs, les Jacobins se plièrent naturellement de plus en plus à la mode, au goût général. Les faits suivants, entre bien d'autres, prouvent qu'au mois de février le parti de la Jeunesse parisienne se distinguait encore bien peu des Jacobins par la mode. Le 16 février, au café de Chartres, c'est-

---

[1] *Hist. parlem.*, ibid.

à-dire au quartier général de la Jeunesse, plusieurs jeunes gens exprimèrent le désir « que les Jacobins fussent pendant six jours au carcan, pour qu'on pût bien les reconnaitre ensuite ». Le lendemain, plusieurs Jacobins déclarèrent, de leur côté, que leur signe de reconnaissance et de ralliement était simplement « de mettre la queue de leurs cheveux dans le collet de l'habit lorsqu'ils étaient assez longs, et sous le chapeau lorsqu'ils étaient courts [1] ».

Dans la masse des jeunes gens qui portaient la queue (d'où le nom de jeunes gens à cadenettes), se détachait toute une couche particulière et importante d'individus qui se signalait en modifiant sur un point essentiel la mode que je viens de décrire, je veux parler de ceux qui portaient les chevelures à la victime. Tous ces jeunes gens, aussi bien que des personnes plus âgées, avaient perdu quelque parent ou quelque ami, victime de la Terreur; animés d'un sentiment de vengeance, ils voulaient conserver vivant pour eux-mêmes et aux yeux des autres le souvenir des victimes, en reproduisant l'aspect que présentait leur tête au moment de l'exécution; pour obtenir ce résultat, ils tenaient une partie de leurs cheveux de devant hérisssés sur le front, de chaque côté de la tête; les cheveux — oreilles de chien — retombaient sur les épaules. Les uns portaient sur le derrière de la tête les cheveux très-courts, les autres conservaient la queue. Il est évident que cette mode n'exigeait

---

[1] II, 287 et suiv.

aucune dépense, et que les gens gênés aussi bien que les riches, enfin, beaucoup de personnes qui n'avaient à pleurer aucune victime de la Terreur, pouvaient parfaitement l'adopter. Quelques-uns portaient au bras un crêpe en signe de deuil, mais c'étaient là des faits isolés, non pas l'usage.

Il est clair pour tout le monde que ni cette coupe de cheveux adoptée par quelques-uns, ni la mode générale ne pouvaient en elles-mêmes être l'indice de l'« élégance », car rien en tout ceci n'était l'attribut exclusif soit de la Jeunesse, soit des gens à l'aise. Ceux qui, à bon droit, pouvaient être appelés petits-maîtres, formaient tout au plus une minorité prise dans la masse des jeunes gens, minorité, qui, par la coupe plus recherchée, le meilleur goût, le prix plus élevé des diverses parties de la toilette, se faisait remarquer comme plus riche ou plus à l'aise. Car, je dois le répéter, le costume était, en gros, le même pour tous. Toutefois, précisément, parce qu'ils étaient tous habillés dans le même style, parce qu'à l'opposé des Sans-Culottes, ils portaient tous, au lieu du pantalon et du bonnet, la culotte et le chapeau, et se couvraient le cou d'une cravate au lieu de le laisser découvert, il a pu arriver que, par comparaison avec les Sans-Culottes, les jeunes gens moins aisés, et tous ceux qui étaient moins bien ou même très-mal vêtus, fussent eux aussi appelés petits-maîtres et reçussent, confondus avec les riches, le surnom de Muscadins.

Assurément, c'était là un abus de langage ; car le sobriquet de Muscadins ne convenait, en toute vérité, qu'à une catégorie encore insignifiante de jeunes gens pour lesquels, en effet, le gandinisme était un idéal, jeunes gens affolés non-seulement de réaction, mais aussi « de luxe et de volupté », et qui s'approchaient chaque jour de ce type des Incroyables et des Merveilleux ou « Elégants de 1795 », dessinés par Carle Vernet. Le nombre, plus tard, s'en accrut considérablement, en même temps que le fini du costume s'accentua. Mais, nous savons par Nodier qu'en 1794 ils n'étaient que « quelques-uns », et, en mars 1795, l'article du *Moniteur* que j'ai cité les désigne encore comme un petit nombre. Il ne faut donc, en aucune manière, les identifier avec la Jeunesse parisienne ; ils ne formaient au milieu d'elle qu'une très-petite fraction qui disparaissait dans la masse. Ils étaient reniés par elle, car ils représentaient à ses yeux l'aristocratie et l'immoralité[1]. Et si le *Moniteur* ose les qualifier « d'êtres éphémères qui déshonorent la qualité d'hommes », cette phrase, bien loin de renfermer une accusation à l'adresse de la Jeunesse parisienne, a pour but, tout au contraire, d'apaiser les accusations, de donner satisfaction à la Jeunesse et de lui rendre hommage.

Si les jeunes gens aux oreilles de chien formaient une fraction distincte dans la masse des jeunes gens à cadenettes, de leur côté, les Elégants n'étaient qu'une très-petite fraction des jeunes gens aux oreilles de chien. La mode adoptée par ces Elégants conduisit, tout naturellement, au costume des Incroyables ou des

[1] *Moniteur* du 12 février 1795 (XXIII, 425 et suiv.).

Elégants de 1795, que nous décrirons plus tard. Gilet à effet — les Elégants de 1793 en avaient déjà donné l'exemple — débordant jusqu'au dessus du menton, large cravate, recherche de toute espèce d'ornement accessoire, tel qu'épingles de prix pour les chemisettes, belles lorgnettes, coquet flacon d'odeurs, petit bâton noueux, telle est la mode élégante de 1794. On s'avisa d'appeler ces Elégants Merveilleux et Incroyables au plus tôt vers la fin de 1794, et, suivant toute vraisemblance, en 1795 seulement. Au mois de février de cette année 1795, on se moquait encore d'eux, en les appelant tout simplement Elégants ou Muscadins, au sens le plus étroit du mot.

Ces vrais gandins ne s'occupaient la plupart du temps de politique que pour ferrailler et faire du vacarme dans les théâtres. Ils allaient de cafés en cafés et de promenades en promenades, et tenaient au parti des membres actifs de la Jeunesse parisienne, parce que, pour leur plaisir, ils souhaitaient la réaction, tant qu'il n'en résulterait pour eux aucun danger. Ce sont là ces jeunes gens à la fois riches et amollis, que Mercier a flagellés du nom de lâches et de Muscadins, au vrai sens du mot. Ce sont là ces jeunes gens débauchés et voluptueux, et, pour parler comme l'*Histoire parlementaire*, cette « partie de la population parisienne la plus dépravée », que ce dernier ouvrage, et, en général, les ouvrages modernes confondent constamment avec l'ensemble de la Jeunesse parisienne. Ce sont là ces lâches qui, d'après Thibaudeau, se cachaient chez eux dans les jours de troubles et dissimulaient leurs costumes distinctifs, tandis qu'il est notoire que, dans cette phase de la réaction, précisément aux jours de trouble, l'élite aussi bien que la masse de la Jeunesse parisienne était dans la rue [1].

Il est possible qu'un certain nombre de ces jeunes garçons ait été se former dans les salons de Mme Tallien et qu'ils aient reçu directement ou indirectement le mot d'ordre de Fréron ou de Tallien ; mais, ils n'étaient point en état de faire de propagande pour le compte de ces personnages et des faits certains prouvent suffisamment que la masse des jeunes gens ne fit absolument aucune attention à eux et suivit sa propre voie.

Il n'est pas douteux que, pendant l'hiver de 1794 ou les premiers mois de 1795, ils n'aient pris une part importante aux bals dits « bals à la victime ». Assurément, il était naturel qu'après la chute de Robespierre, Paris, plus spécialement, et, d'ailleurs, toute la France, crût sortir d'un cauchemar et respirer comme une vie

---

[1] Mercier, IV, 44 et suiv. *Hist. parlem.*, XXXVI, 78. Thibaudeau, II, 331. Cf. les dessins dits dessins du temps dans la réimpression du *Moniteur* : Funérailles de Marat (sept. 1794), XXII, 34. — Rixe entre les jeunes gens à cadenettes (le mot *Incroyables*, mis entre parenthèses, est certainement une intercalation arbitraire) et les Jacobins dans le jardin du Palais-Royal (sept. 1794), 22, 42. — Emeute à la sortie des Jacobins (oct. 1794), 22, 474. — Marat, apôtre sanguinaire, traité comme il le mérite ; applaudissements unanimes des spectateurs. (Renversement des bustes au théâtre Feydeau, le 31 janvier 1795), 23, 362. — Costumes de 1794, Merveilleux et Incroyables (cette légende ne me paraît pas suffisamment authentique), 22, 385. (1er novembre 1794.) — Merveilleux et Incroyables (costumes de 1795), XXIII, 418.

nouvelle, que cette joie de vivre se mêlât au désir de vengeance qui animait tout parent d'une des victimes de la Terreur. Ce qui n'était pas naturel, ce qui était, au plus haut degré, frivole et baroque, c'était d'exprimer d'une seule et même manière, et cette volupté nouvelle de la vie et cette douleur qui laissait après elle la mort de parents exécutés pendant la Terreur; c'était d'organiser ces bals à la victime, dits aussi bals des victimes, où danseurs et danseuses apparaissaient en costume de victimes [1]. Est-il besoin de dire que le plus grand nombre des jeunes gens qui avaient à pleurer des parents et qui, en signe de deuil, portaient les cheveux à la victime, ne prirent aucune part à ces bals frivoles? Quant à ces misérables « éphémères », ils mirent à goûter les joyeux et voluptueux deuils des bals à la victime non moins d'effronterie qu'à savourer, avec les courtisanes, les enivrements des Concerts Feydeau.

§ 8. — *Les Concerts Feydeau et la pièce intitulée :*
LE CONCERT DE LA RUE FEYDEAU.

En effet, le plus grand plaisir des fats élégants dont nous parlons, c'était le célèbre Concert Feydeau, c'est-à-dire le concert du théâtre de la rue Feydeau. Il y régnait un luxe extrême, une toilette étincelante. C'était le rendez-vous des hommes et des femmes à la mode. Riches débauchés, vieux et jeunes, sans même

[1] Mercier, III, 24 et suiv. Nodier, I, 113. Les dames se montrèrent habillées de rouge et les cheveux coupés à la fleur du cou.

rien comprendre à la musique, y paradaient avec leurs maîtresses ou y faisaient de nouvelles connaissances légères et coûteuses. Le prix d'entrée était très-élevé ; il semble que le prix de 10 livres s'applique à une loge du second rang [1] ; le simple public — car là même il ne manquait point — devait se contenter des places les plus mauvaises à des prix très-inférieurs. La masse des jeunes gens qui se réunissaient au Palais-Royal et dont le quartier général était le café de Chartres, non-seulement était hostile en principe à ces réunions frivoles et immorales des personnes les plus riches de la société parisienne, mais, en fait, était hors d'état de prendre souvent part à ces jouissances raffinées et ne pouvait y occuper que les places les plus modestes. Il n'était facile qu'à un petit nombre d'entre eux de jouer tout à la fois un rôle politique au Palais-Royal et un rôle voluptueux d'Adonis dans les Concerts Feydeau.

Un anonyme [2] entreprit, en écrivant une comédie en un acte intitulée : *Le Concert de la rue Feydeau* ou *La Folie du Jour*, de donner à ces derniers une leçon publique, et, dans les premiers jours de février, il fit jouer cette comédie sur le théâtre Audinot, boulevard du Temple (théâtre de l'Ambigu-Comique). Il y flagellait, en général, le luxe de ces soirées musicales et l'immoralité des principaux habitués ; mais, plus particulièrement, un jeune aristocrate employé dans les

[1] *Frankreich im Iahre* 1795, I, 313, 322 et suiv.
[2] La plaquette du temps porte : *par les citoyens René Périn et Cammaille*. — (*Le trad.*)

bureaux des hôpitaux militaires et qui osait remplir à la fois ces deux rôles incompatibles. Cet aristocrate jouait, dans la pièce, sous le nom de Desrosées, le rôle principal ; il y était flétri en qualité de vrai et méprisable Muscadin.

Desrosées est un jeune débauché désœuvré. Bien qu'il ait un emploi, on ne le voit pas souvent à son bureau, parce qu'il ne pense qu'à **ses plaisirs**. Il apparaît armé d'un flacon pour calmer ses sens agités ; d'une lunette à deux branches pour paraître avoir la vue basse et montrer qu'il est exempt de la réquisition. Il est fou des dames et, pour elles, il est prêt à tout faire, pourvu qu'elles fassent aussi quelque chose pour lui. Il est fou des Concerts Feydeau, quoiqu'il ne comprenne rien à la musique. Car, il s'écrie : « Ce concert est le Temple du goût, la réunion des grâces et de la beauté. L'amour y préside, le plaisir en fait les frais ; et, pour régner souverainement sur tous les sens, la musique enchanteresse s'est emparée de tous les cœurs. Mes yeux se promènent dans ce lieu de délices : j'y vois des femmes charmantes qui se disputent à l'envi la gloire de donner l'art pour successeur à la nature. Vénus seule a fixé les couleurs, et sa cour nombreuse et brillante s'empresse d'obéir à ses lois. Tout élève, tout enflamme, tout enchante. Non, d'honneur, je ne jouis, je n'existe que dans un concert ».

Il se hâte donc d'aller encore une fois à ce concert avec sa maîtresse Cornélie, vêtue à la romaine ; mais, tout d'abord, dans le faubourg Marceau, où la pièce se joue, il essaye d'entraîner avec lui au concert une jeune femme, mère d'un petit garçon, Mme Dorval ; il veut que, ruinant le bonheur et la paix de sa maison, elle dissipe son petit avoir, l'héritage de son fils, en vêtements luxueux à la mode, en jouissances frivoles. Desrosées emploie tous les moyens de persuasion : la dépense ne durera pas, ne comptera bientôt plus ; car, ces concerts sont le refuge de la galanterie française ; c'est là où les grâces ont relégué Plutus ; Mme Dorval sera sous peu « au faîte de la fortune ». Son mari, au lieu de se tuer à son bureau, sera bien placé, élevé, considéré ; elle, « brillante, ayant un rang », fera « mourir de jalousie toutes celles qui seraient tentées de l'imiter sans avoir les mêmes ressources ».

Dorval, le mari, ne réussit qu'à grand'peine à détourner sa femme de ce sentier de perdition ; émue à la voix de son enfant, celle-ci rentre en elle-même au moment décisif. Ainsi, la vertu bourgeoise, les mœurs simples de la bourgeoisie triomphent, à la fin, du vice et de la séduction. Le séducteur, le débauché, est puni par la perte de son emploi et le rappel à l'armée, pour y entendre un autre concert. La pièce finit avec cette allocution de Dorval à sa femme : « Laissons ces riches fainéans cacher leur nullité sous un luxe honteux ; laissons-les préférer quelques ariettes molles et efféminées comme eux aux chefs-d'œuvre de Gluck et aux beautés mâles de nos grands maîtres. L'art a besoin de les soutenir ; mais nous, qui ne connaissons que la nature, allons à nos théâtres savourer à longs traits les sentiments républicains ; et, en rentrant chez nous, reportons-y l'horreur du vice et l'amour de la patrie :

c'est alors, seulement, que la société pourra regarder le théâtre comme l'école des vertus ».

Voici la pointe politique de la pièce : le propriétaire des Dorval, Dumont, traite le tentateur avec rudesse, avec dureté et dédain. Celui-ci se rengorge et se donne comme un jeune homme, c'est-à-dire comme appartenant à la Jeunesse parisienne. Dumont le rabroue, et, raillant ses pareils, il l'apostrophe ainsi : « Ne confondons pas, s'il vous plaît. Les jeunes gens, vrais amis de la patrie, soutiens constans de la justice, ont planté, sur les débris sanglans du terrorisme, la palme toujours consolante de l'humanité. Ceux mêmes que leur âge destinoit à marcher aux frontières, mis en réquisition par l'Etat, servent la République par leurs talens et leurs lumières. Tous, à coup sûr, désavoueroient pour leur partisan un être sans génie, dont toute l'occupation est de traîner ignominieusement sa scandaleuse fainéantise. Protégez le commerce et les arts ; défendez l'innocence et la vertu ; faites un rempart de vos corps à la Convention régénératrice de la France ; poursuivez sans pitié jusqu'à la mort les Terroristes et les buveurs de sang et vous mériterez l'honneur d'être compté parmi la Jeunesse parisienne ».

Malgré cette glorification enthousiaste de la Jeunesse parisienne, glorification mise, qui plus est, dans la bouche d'un habitant du faubourg ouvrier Marceau, la Jeunesse fut très-vivement choquée de cette comédie. Et, cependant, l'immense majorité de ses membres n'avait rien à faire avec ces concerts, avec ce luxe, avec cette conduite immorale ! Elle ne pouvait donc, en aucune manière, se reconnaître et se dire persiflée dans le personnage principal de la pièce. Enfin, cette circonstance qu'elle devina tout de suite l'individu qu'on avait voulu tourner en ridicule dans le personnage de Desrosées et l'accusa elle-même d'être un aristocrate et un débauché, prouve suffisamment combien peu de membres actifs du parti de la Jeunesse pouvaient être comptés parmi les voluptueux habitués des Concerts Feydeau et appartenaient à cette catégorie d'êtres « ignominieux » et « sans génie ». Si malgré ce chaleureux éloge, malgré les hommages que contenait la comédie, la Jeunesse en prit si fort ombrage, c'est qu'elle craignit que cette pièce ne fût pourtant de nature à faire suspecter le parti, à le rendre méprisable et odieux aux yeux des ouvriers des faubourgs avec lesquels il s'efforçait de nouer les plus fraternelles relations.

D'abord, le débauché Desrosées était qualifié, dans la liste des personnages, de jeune Muscadin ; et ce sobriquet, quoiqu'il fût en cette circonstance bien appliqué, avait été définitivement étendu par les Jacobins à toute la Jeunesse parisienne. Il était à craindre qu'on ne prît pour type de l'ensemble ce personnage isolé. En second lieu, ce débauché se classe, lui, parmi les jeunes gens, se montre tout plein de morgue aristocratique et agit comme si, de tout Paris, il ne connaissait que le Palais ci-devant Royal et l'aristocratique faubourg Germain. En troisième lieu, il parle avec son effrontée concubine des ouvriers et de leur faubourg Marceau du ton le plus méprisant : à ce mot Marceau, il s'arrête court, il le bégaye comme s'il ne l'avait jamais prononcé ou en avait seulement entendu parler; comme si le rendez-vous avec Mme Dorval eût seul pu lui faire faire connaissance avec ce monde ignoré : il se plaint surtout d'avoir « eu bien de la peine à trouver cette rue ». Il se moque du faubourien Dumont comme d'une personne comique et s'écrie en l'apercevant : « Qu'est-ce que c'est que cette figure-là? » Tous les habitants du faubourg sont traités par ce couple irrégulier de « petites gens » qui « ne connoissent pas plus le monde ! »

La pièce parut donc de nature à semer la discorde entre les jeunes gens de Paris et les ouvriers des faubourgs. Les Jacobins, en effet, l'exploitèrent aussitôt en ce sens; ils s'en servirent pour exciter contre les gens de la ville qu'ils appelaient Muscadins et Peuple doré la haine des citoyens des faubourgs qu'ils nommaient les Sans-Culottes [1].

C'est ainsi que la Jeunesse de Paris en arriva à concevoir contre cette pièce une véritable colère. Le 5 février, elle se porta en masse au théâtre et fit un tel tapage qu'on dut laisser la représentation inachevée. Elle demanda tumultueusement que l'auteur et le directeur vinssent faire amende honorable, demande à laquelle, sans doute, on ne put faire droit, du moins en ce qui concerne l'auteur qui était resté inconnu. On demanda tout aussi tumultueusement que la pièce fut brûlée sur la scène, demande qui, certainement, n'eut pas plus de succès. Le tumulte ne fut apaisé que par

---

[1] *Frankreich im Iahre* 1795, I, 277 et suiv.

l'apparition du commissaire de police qui promit de transmettre la pièce au Comité de Sûreté générale. Ces incidents attisèrent la haine des jeunes gens contre les Jacobins et les Terroristes. Ils n'attendent, lisons-nous dans un rapport de police, que le premier coup de baïonnette pour mitrailler tous ces scélérats [1].

Le lendemain soir, le tumulte recommença avec plus de violence. Le Comité de Sûreté générale avait approuvé la représentation de la pièce; elle devait donc avoir lieu en dépit de tout: le théâtre était cerné par la force armée. Néanmoins, les jeunes gens réunis en masse dans l'intérieur empêchèrent la représentation. Quelques-uns d'entre eux montèrent sur la scène le bâton à la main, blâmèrent le Comité de Sûreté générale, déclarèrent la pièce immorale, attentatoire au Gouvernement et à la liberté et arrachèrent le cahier des mains du souffleur. A la sortie, plusieurs de ces jeunes gens furent arrêtés d'une façon inconvenante au nom du Comité révolutionnaire encore existant de la section des Gravilliers, mais aussitôt délivrés par le Comité de Sûreté générale, qui se contenta de les exhorter à respecter la liberté du théâtre.

A l'occasion de ces événements, la Jeunesse rédigea, pour sa justification, une déclaration au Comité de Sûreté générale, déclaration qui recueillit sur-le-champ un très-grand nombre de signatures. « Le prétendu Muscadin de cette pièce, lisons-nous dans cette déclaration, est un jeune homme aristocrate, employé dans

[1] *Tableaux*, II, 279 et suiv.

les bureaux des hôpitaux militaires ; il tourne en ridicule les faubourgs et parle avec emphase du ci-devant Palais-Royal, de sorte que l'on ne peut apercevoir dans le rôle de ce personnage que l'intention de rendre odieuse la Jeunesse parisienne en la calomniant. Le patriotisme des jeunes gens, leur union de cœur avec tous leurs frères, tous leurs amis, tous leurs parents des faubourgs, leur commandaient d'arrêter la représentation d'une pièce aussi dangereuse ». A la vérité, l'officier de police a fait « une déclaration de non-improbation de la pièce par le Comité de Sûreté générale ». Mais, « le public, juge né des ouvrages dramatiques, ne voit en cela rien qui l'empêche de désapprouver une pièce immorale et dangereuse par les caractères qui s'y trouvent ». On se plaignait ensuite des inconvenances commises lors de l'arrestation, de celles notamment qui étaient le fait du Comité révolutionnaire ; on se plaignit des cris : « A la guillotine ! » et enfin de la conduite insolente du représentant Léonard Bourdon. La déclaration finissait ainsi : « Vive la République ! Vive la Convention nationale ! A bas les Jacobins ! » Elle eut pour résultat la dissolution, depuis longtemps attendue, du Comité révolutionnaire et l'arrestation de ses membres. Le 7 février, au Palais-Royal, la Jeunesse brûla un journal, « *Le Courrier des Armées* », parce qu'il avait, dans l'exposé des événements du 5, traité les jeunes gens de « *Muscadins* [1] ».

[1] II, 280 et suiv., 282. *Moniteur*, n. 144 (23, 425 et suiv.); n. 142 (p. 415) ; n. 143 (p. 419) ; n. 141 (p. 408). *Frankreich im Iahre* 1795, I, 278. La relation de l'*Hist. parl.*, XXXVI, 231 est trompeuse.

Malgré ces événements et bien que le directeur du théâtre Saint-Aubin eût, disait-on, retiré la pièce, le 10 février, à six heures du soir, le bruit se répandit au café de Chartres que cette comédie allait être jouée, le soir même, à la demande du public. Aussitôt les jeunes gens sortirent en masse pour s'y opposer et prirent, sur le boulevard, en face du théâtre, une attitude menaçante. Ils avaient, cette fois, à leur tête, Alphonse Martainville, qui, aussi énergique que de coutume, était décidé à ne pas souffrir que le parti contraire battît monnaie avec cette pièce et voulait, par conséquent, en empêcher à tout prix la représentation. Il menaçait ouvertement « de forcer l'entrée si la représentation avait lieu ». A l'intérieur, division et désordre : la majorité voulait la pièce, la minorité n'en voulait pas. Cependant, les menaces des jeunes gens groupés au dehors, menaces qui pouvaient avoir les suites les plus funestes, déterminèrent les autorités à céder et à prévenir ainsi de plus dangereuses entreprises. Un commissaire de police annonça que la Commission de police venait de suspendre provisoirement la représentation de la pièce, par ordre du Comité de Sûreté générale. Cette annonce ramena le calme au dedans et au dehors. A dix heures, Martainville, fier du succès remporté, rentra, avec son monde, au Palais-Royal.

La presse prit parti pour les jeunes gens, notamment le *Moniteur*, et cela bien moins à cause de la pièce en elle-même, qu'en raison de l'abus que les Jacobins, s'appuyant sur cette comédie, faisaient du mot *Muscadins*[1].

[1] II, 284 et suiv. *Frankreich im Jahre* 1795, 1, 278 et suiv.

Dès le 11 février, le *Moniteur* parut avec un article d'apaisement : « Pourquoi les jeunes gens seraient-ils plus chatouilleux que les ci-devant marquis? Le ridicule lancé dans une pièce ne peut offenser ceux qui ne l'ont pas encouru et les autres manquent d'adresse s'ils indiquent les originaux qu'on a voulu jouer. Il ne faut pas prendre les intérêts de quelques particuliers avec trop de chaleur ; une simple plaisanterie ne mérite pas d'attirer l'attention des bons patriotes [1] ».

Le lendemain, dans son quartier général, la Jeunesse se demanda s'il ne vaudrait pas mieux laisser le champ libre à la représentation de la comédie. N'était-il pas périlleux d'y faire opposition ? Cette opposition ne pouvait-elle pas facilement faire naître des conflits avec les citoyens des faubourgs, alors qu'il importait surtout de songer à fraterniser avec eux ? Le 15 février, un rapport de police annonce que l'effervescence des jeunes gens « paraît entièrement calmée [2] ».

D'où venait cet apaisement spontané ? Il semble que Martainville avait, à ce moment même, adopté un autre plan pour combattre efficacement l'impression produite par cette pièce. Ce qui est certain, c'est qu'il changea ses batteries et opposa à la comédie en un acte intitulée *Le Concert de la rue Feydeau* un vaudeville en un acte avec le même titre. Il y flagellait, de son côté, les Jacobins et excitait contre eux la plus violente haine. De nombreux couplets, bien aiguisés, formaient la partie la plus importante de ce

---

[1] *Moniteur*, n. 143 (23, 419).
[2] II, 285 et suiv., 287.

vaudeville. Le héros de la pièce, un coquin, est le jacobin Brise-Scellé (nom qui porte avec lui sa signification), membre d'un Comité révolutionnaire : il a fait arrêter et emprisonner de la manière la plus arbitraire un honnête citoyen marié, Belval. Mais grâce à un heureux concours de circonstances, ce dernier a été rendu à la liberté : il revient dans sa famille composée de sa femme et de ses deux filles. La scène se passe dans sa modeste habitation.

Madame Belval lit un journal. Auguste apprend par cœur les « Droits de l'homme », Adèle confectionne un habit d'uniforme pour son père qui est de la garde nationale. Enfin, le père apparaît en uniforme, un fusil au bras, portant le pantalon ou culotte longue, à la mode des Sans-Culottes. Il dit avoir été de service ; pour l'instant il est tout heureux de revoir sa famille et il montre sa joie : il annonce que le cousin Saint-Albin va venir pour conduire tout le monde au concert de la rue Feydeau. On découvre bientôt qu'il a été arrêté pendant vingt-quatre heures. En ce moment apparaît le Jacobin, persécuteur de Belval : il est en péril de mort ; il a été, d'un autre côté, dénoncé pour actes arbitraires : il déclare qu'il est perdu si Belval ne le protége. Celui-ci lui reproche bien d'avoir cherché à le perdre sans songer « qu'il était époux et père » ; toutefois, il est disposé à s'adoucir et à pardonner. Mais le cousin Saint-Albin survient, jette le Jacobin à la porte, ne veut pas entendre parler de « grâce aux fripons », et déclare, entre autres choses, « que les ennemis du dedans sont des monstres qui veulent déchirer le sein d'une mère bienfaisante », tandis que « ceux du dehors n'ont que besoin d'être éclairés pour devenir nos frères ».

Cependant, on se prépare pour aller au concert. Belval paraît avec une toilette faite pour « lui attirer de gentilles épithètes » de la part de « ces messieurs qui prétendent qu'on ne peut être républicain qu'avec un habit malpropre et des cheveux mal peignés ». Brise-Scellé survient encore, se jette, en désespéré, aux pieds de Mme Belval, et supplie qu'on lui pardonne. Tous, même Saint-Albin, sont disposés à lui accorder sa grâce, mais Belval demande si son écrin est resté sur son secrétaire. Alors Brise-Scellé l'exhibe et le remet à Belval en balbutiant des excuses. En ce moment, vacarme au dehors ; Brise-Scellé tremble de peur : Florville, un ami de la maison, se montre, prêt à arrêter le Terroriste. Belval veut l'en empêcher ; mais Florville fait son devoir et entraîne le coupable. Les autres s'en consolent en pensant qu'ils sont « débarrassés d'un monstre » et expriment l'espoir d'être bientôt délivrés des autres [1].

Le vaudeville de Martainville fut joué [2] le 24 février. Ce fut la contre-partie de la comédie du même nom ; il fut très-applaudi : la représentation eut lieu au centre

---

[1] Martainville, *Le Concert de la rue Feydeau, vaudeville en un acte et en prose*, Paris, 1795, in-8° (28 pages).

[2] Muret donne la date du 19 février 1795 (9 ventôse an III) — *L'histoire par le théâtre*, 1re série, 1865, p. 155. — La plaquette originale que j'ai eue entre les mains porte la date du 1er ventôse an III. (*Le trad.*)

même du domaine de la Jeunesse, au théâtre de la Montagne dans la Maison-Égalité. Pendant la représentation, on cria à plusieurs reprises : « Pas de grâce aux Jacobins ! » Quelques jeunes gens exaltés crièrent même : « Nous leur couperons bras et jambes, et le temps approche où nous marcherons dans leur sang [1] ». Un couplet surtout provoqua de grands applaudissements et fut bissé chaque soir [2]. C'est ce couplet en huit vers :

> Lorsque l'on voudra dans la France
> Peindre des monstres destructeurs,
> Il ne faut plus de l'éloquence
> Emprunter les vives couleurs ;
> On peut analyser le crime ;
> Car tyran, voleur, assassin,
> Par un seul mot cela s'exprime,
> Et ce mot-là, c'est... Jacobin.

Martainville publia plus tard lui-même « *Le récit de ce qui s'est passé relativement à la pièce intitulée : le Concert de la rue Feydeau* », sous ce titre : *La Nouvelle Henriotade*. Je n'ai pu me procurer cet écrit sans date : il manque même dans les deux plus grandes bibliothèques de Paris [3].

Cependant, le dernier mot sur l'épisode Feydeau fut dit par le *Moniteur* du 4 mars — article souvent cité, daté du 2 mars, très-énergique en faveur de la Jeu-

---

[1] II, 289 et suiv.
[2] *Dict. de nouvelle biog. génér.* (Firmin Didot), t. XXXIII, art. *Martainville*.
[3] Cette plaquette se trouve maintenant à la Bibliothèque nationale : elle y est cotée $\frac{L\ B^{41}}{1643}$ — (*Le trad.*).

nesse. — En voici tout à la fois un résumé général et des extraits :

« Dans tous les moments critiques, on crie contre les jeunes gens de la première réquisition qu'on traite de lâches. Ces hommes affreux dont le règne est passé, n'ayant rien de plus à reprocher aux jeunes Français, les ont traités de Muscadins; ils n'ont pas eu même l'intention de faire une application vraisemblable de ce mot qu'on inventa à Lyon pour en mitrailler les habitants; ils le donnèrent indistinctement à ce petit nombre d'êtres éphémères qui déshonorent la qualité d'hommes et à cette majorité de vigoureux serruriers, les noirs forgerons, les forts artisans qui ont tous été enveloppés dans la même réquisition; ils sont si aveugles dans leurs proscriptions qu'ils donneraient même le nom de *Muscadin*, au brave et malheureux jeune homme qui, après avoir perdu à la défense de son pays, les deux bras et les deux jambes, aurait le tronc un peu moins fatalement vêtu que le leur ». Les jeunes gens, poursuit le journaliste, ont tout fait pour la patrie à l'étranger et à l'intérieur. Mais « les anarchistes avaient bien senti qu'ils ne pourraient jamais tout désorganiser, tant qu'ils auraient contre eux les jeunes Français; aussi, ne fût-ce qu'après leur départ pour l'armée qu'on commença à mitrailler, à tuer, à égorger par centaines. Tout ce qui s'est passé nous a prouvé qu'en ordonnant la levée de la première réquisition on avait bien moins en vue de défendre la patrie que de sacrifier la jeunesse française. Que les jeunes gens veillent sans cesse! Encore quelques efforts et la patrie est sauvée ! »

§ 9. — *Alliance de Fréron et de la Jeunesse.*

Ce n'est guère qu'en ce temps-là que Fréron et la Jeunesse contractèrent une véritable alliance. Le culte de Marat, — c'est cette question qui les avait surtout divisés, — n'existait plus : le second obstacle à l'union, la méfiance réciproque céda dès lors facilement la place à l'intérêt commun du moment. Fréron, qui, lui-même avait excité la Jeunesse à prendre l'initiative contre les Terroristes, et qui l'avait vue, — il ne s'y attendait pas, — faire usage de cette initiative contre sa propre idole, était assez habile pour confesser sa défaite et pour s'incliner devant le fait accompli. Il estima que la coopération de la Jeunesse lui était plus que jamais nécessaire. Sa position, en effet, était de plus en plus ébranlée ; les attaques dirigées de tous côtés contre lui, chaque jour plus nombreuses et plus violentes.

Le 4 février, son appel à la Jeunesse lui valut la plus violente agression d'un écrivain qui fit paraître un pamphlet intitulé : *Le dernier coup de tocsin de Fréron*. On attribua immédiatement cet écrit au terroriste Chasles. Le 19, parut une autre brochure intitulée *Fréron démasqué* et signée Saint-Maurice. Le 20, le représentant jacobin Moyse Bayle fit afficher un placard qui attira l'attention générale : il y accusait précisément Fréron d'être lui-même un Terroriste et un homme de sang [1].

---

[1] II, 289. Conf. Nodier, I, 114. L'attaque dirigée par Isnard contre les Terroristes en général, n'est que du 22 mars 1795, son attaque contre Fréron, en particulier, du 20 mars 1796. Conf. *Frankreich im Iahre* 1796, II, 235 et suiv.

De son côté, la Jeunesse inclinait à faire alliance avec Fréron, par cela même qu'elle le voyait plus vivement attaqué par ses ennemis mortels. Avant sa victoire définitive mais à un moment où elle était déjà sûre de vaincre, elle lui avait provisoirement épargné un nouvel auto-da-fé, malgré son article de censure du 3 février. En outre, dans la séance de nuit de la Convention du 4 février, elle s'était montrée favorable à Tallien et à Fréron, en ce sens qu'elle n'avait fait de démonstration que contre les autres députés ex-jacobins. Le 5, les habitués du café de Chartres, ceux du café Valois et du café de la Régence brûlèrent le pamphlet *Le dernier coup de tocsin de Fréron*, surtout parce que l'odieux Chasles en était réputé l'auteur et les Jacobins buveurs de sang les propagateurs [1]. Enfin, la Jeunesse ayant pleinement atteint son but les jours suivants, et le culte de Marat étant dès lors à jamais détruit par elle et malgré Fréron rien ne s'opposait plus à la conclusion d'une alliance avec ce dernier.

Ajoutez que cette solidarité devenait, en ce moment, d'autant plus désirable qu'on était menacé par les Jacobins d'un coup de force qui, en cas de succès, pouvait écraser Fréron aussi bien que la Jeunesse. Le 2 mars, Saladin, au nom de la Commission des 21, avait fait un rapport sur les membres du Comité de Salut public accusés. Les Jacobins étaient décidés à les sauver par une insurrection et à les mettre à la

---

[1] II, 278 et suiv., 277 et suiv., 281.

tête d'une nouvelle Terreur. Leurs réunions secrètes se tenaient dans le faubourg Antoine, chez le restaurateur Venua et ailleurs ; ils étaient menaçants. **50,000 hommes** allaient se lever ; l'occasion qu'on allait choisir serait la **remise d'une** pétition portée en masse à la Convention. Les Comités du gouvernement, de leur côté, prirent leurs précautions : les réunions de Venua furent si bien surveillées que jour et nuit on fut informé de leurs agissements ; les coquins, **non**-originaires de Paris, furent expulsés ; des troupes furent postées aux environs de Paris et un nombre de plus en plus considérable de jeunes gens de la première réquisition fut rappelé pour se tenir prêt, dans la capitale même, à tout événement. Par suite, la Jeunesse parisienne se grossit de jour en jour [1].

C'est dans ces circonstances que, le 1er mars, Fréron, dans un discours décisif, fit à la tribune de la Convention l'éloge de la Jeunesse, qu'il identifia avec l'opinion publique et avec la nation. « L'opinion publique, dit-il, en s'échappant des liens de nos derniers tyrans, a développé des ailes de feu ; elle vole *devant* la loi qui a peine *à la suivre ;* elle la guide, elle *lui trace le chemin... Depuis six mois,* la loi qui doit être l'expression de la volonté générale, porte le caractère le plus parfait qu'elle puisse avoir dans une si vaste République : elle est, autant que possible, l'ouvrage de la nation tout entière ; le peuple prévient tous vos vœux, tous vos projets et ne vous laisse, pour ainsi dire, que

[1] II, 290-294. *Frankreich im Iahre* 1795, I, 260. *Moniteur,* n. 163. (23, 579.)

le soin d'apposer, sur ses pensées, le sceau de l'autorité nationale... La loi s'échappe et s'élance de l'opinion publique, qui, quelquefois, *vous devance;* et si cette *irrésistible activité* vous ôte souvent la gloire de l'*initiative*, elle vous fait toujours éprouver le **plaisir**... d'avoir pensé comme le peuple et d'**être d'intelligence** avec lui dans tout ce que vous **faites** pour son bonheur... Au milieu de cette insurrection générale de l'opinion publique et de ce bouillonnement de la vengeance nationale, vous sentez le besoin de retenir avec sagesse ce tumultueux débordement de l'indignation populaire... Quoique ce contraste de votre justice si lente, si timide, si impartiale, fasse encore ressortir toute la turpitude de ces hommes qui assassinaient le jour, qui assassinaient la nuit... le peuple sait contenir la juste impatience qui l'irrite, il ne murmure point de ces lenteurs de la justice. . . . .
. . . .
Des coupe-jarrets, des assassins, des hommes nés pour tous les crimes ont inondé Paris;... une loi sage vient de les repousser... dans leurs départemens. . . . . .
. . . .

La paix! la paix! s'écrient tous les peuples affaissés sous le poids de leurs armes impuissantes; et le peuple français leur répond d'une voix douce et fière : la paix! elle est l'objet de tous les vœux, de toutes les espérances ». Il concluait en proposant une révision des lois qui aurait pour objet d'abolir toute disposition tyrannique ; la mise en liberté immédiate de tous ceux que la loi terroriste du 17 septembre 1793 avait mis au rang des suspects; il voulait encore que la Convention se réservât à elle seule le droit de juger un représentant du peuple, et, qu'enfin, elle préparât tous les moyens de mettre en œuvre la Constitution de 1793 et d'installer un gouvernement définitif.

Ce discours scella l'alliance entre Fréron et la Jeunesse. Fréron avait voulu la flatter; son programme la satisfit. L'appel à la Constitution de 1793 ne pouvait la faire reculer; car la Convention avait promis définitivement cette constitution depuis la crise de thermidor, et, de plus, Fréron signalait la nécessité d'une importante révision. Il avait, d'ailleurs, à ce sujet, fourni déjà des garanties par un placard daté du 13 février et intitulé : « *Réponse de l'*Orateur du Peuple *aux calomnies du prêtre Chasles et Compagnie* [1] », placard d'où il résultait qu'il était plus favorable à la Constitution de 1789 ou à celle de 1791 qu'à celle de 1793. Cette dernière, qui était réclamée de plus en plus ouvertement par les Jacobins, était précisément à cause de cela inacceptable par Fréron, et, d'ailleurs, parfaitement inexécutable ; elle avait été improvisée en vingt-quatre heures [2].

En fait, depuis le 1er mars, Fréron fut considéré comme le chef d'un parti qui voulait la Constitution de 1791 [3] ; et, aux yeux de tous les Jacobins, la Jeunesse parisienne fut elle-même le parti qui aspirait à cette solution. C'est seulement depuis lors que, dans les deux

[1] Voir l'*Orateur du Peuple* du 23 pluviose an III.
[2] II, 286, 294. *Frankreich im Iahre* 1795, I, 266.
[3] II, 294.

camps hostiles, on admit comme certaine l'alliance de Fréron et de la Jeunesse ; seulement depuis lors — ce point a complétement échappé aux historiens modernes — on applique à la Jeunesse les épithètes qui supposent cette alliance. Nous trouvons, pour la première fois, le 9 mars, dans les rapports de police, ces expressions : « La Jeunesse de Paris, dite Armée de Fréron », et nous rencontrons en même temps l'accusation de royalisme dirigée contre ce parti : l'accusation est encore fausse à cette époque [1]. Le 16, on l'appelle « *Jeunesse Fréronnière* » et on ajoute : « C'est ainsi qu'on l'appelle » : le 21, « *Jeunes gens de Fréron* » ; à la Convention, Duhem se sert de l'expression : « *Jeunesse de Fréron*[2] ». Depuis lors, cette désignation persista avec de nombreuses variantes.

A partir de ce moment, Fréron, dans son *Orateur du Peuple,* ne cessa d'adresser à la Jeunesse, et cela avec succès, des conseils et des exhortations : il prêcha, avant tout, la modération et invita à ne plus exciter de troubles. Le 9 mars, au café de Chartres, après la lecture d'un article de ce genre, les jeunes gens résolurent à l'unanimité de suivre ces exhortations, de ne plus se porter en masse dans les lieux publics et de n'y occasionner, désormais, aucun désordre [3]. A la vérité, ils ne conformèrent que très-imparfaitement leur conduite à cette résolution.

---

[1] II, 298.
[2] II, 303, 305. *Moniteur,* n. 185 (24, 37).
[3] II, 298.

C'est seulement à partir de cette époque (la mi-mars), que les jeunes gens, prévoyant de plus sérieux conflits, adoptèrent, comme signe de ralliement, les queues retroussées, c'est-à-dire ramassées et relevées sur le sommet de la tête au moyen d'un peigne. C'était, en quelque sorte, une réponse aux ci-devant Jacobins, qui, de leur côté, comme nous l'avons dit, portaient depuis le milieu du mois de février, pour se reconnaître et se rallier, la queue sous le col de l'habit ou sous le chapeau, quand elle était courte [1].

L'alliance de Fréron et de la Jeunesse dura trois mois; après quoi les liens commencèrent de nouveau à se relâcher, à se détendre. Pendant ces trois mois, Jullian, qui était alors âgé de 26 ans et qui était confident de Fréron — nous ne savons pas, il est vrai, depuis quand — put bien jouer aussi à diverses reprises le rôle d'intermédiaire.

§ 10. — *Les victoires de Germinal et de Prairial.*

En présence des dangers terribles dont la Convention se vit menacée par les Jacobins que conduisaient Duhem, Levasseur et d'autres représentants, la Jeunesse prit une attitude efficace et décisive. Les témoins oculaires les plus importants, tels que Beaulieu, l'ont reconnu ouvertement. Thibaudeau lui-même ne peut s'empêcher d'avouer que, dans ces fatales journées où les Jacobins attaquèrent la Convention à main armée

---

[1] II, 305, 287 et suiv.

pour reprendre leur funeste influence, la Jeunesse rendit à celle-ci de véritables services. Seulement, il fait capricieusement honneur à Jullian des services rendus [1].

Le rapport de la Commission des Vingt-et-Un (2 mars) avait retardé la crise; car il n'avait eu d'autre résultat que de faire décréter d'accusation, arrêter et traduire en justice Collot, Barère et Billaud. Pendant la période troublée et grosse d'orage qui suivit, période à laquelle succédèrent immédiatement les coups de force, la Jeunesse s'obligea formellement, par serment, à protéger et à soutenir la représentation nationale. Comme auparavant, elle chercha à intimider les cafés et les journaux des Terroristes par des actes continuels d'hostilité, par le chant du *Réveil du Peuple*, par la chasse aux bonnets rouges et par les cris : « A bas les Jacobins! A bas Duhem! » Elle fit particulièrement une guerre persévérante au café Payen du Jardin des Tuileries, parce que les Jacobins et les représentants du peuple jacobins s'y réunissaient de préférence ; quand on en venait à des voies de fait, le café de Chartres envoyait, au besoin, des renforts de deux cents hommes et plus encore. La Jeunesse s'attaqua, partout, qu'elle le rencontrât sur les murs, sur le rideau des théâtres ou ailleurs, à ce mot *Mort*, légué par la Terreur, qui avait été accolé au mot *Fraternité :* elle le remplaçait par les mots *Humanité* ou *Paix*. Elle exerçait notamment une police

---

[1] *Mém.*, II, 143.

intrépide et couronnée de succès autour de la salle des séances de la Convention, surtout dans le Jardin des Tuileries où se formaient, dans la journée et le soir, des groupes jacobins de plus en plus menaçants. Depuis le 15 mars, les colonnes des jeunes gens furent, à toute heure du jour, presque continuellement occupées à disperser les attroupements. Par files plus ou moins longues, quatre par quatre, chantant le plus souvent le *Réveil du Peuple,* ils rompaient les groupes, les prenant diagonalement, et dans toutes les directions. Tantôt ils intimaient aux femmes l'ordre de s'en aller ; tantôt, ils adressaient des allocutions aux hommes pour leur exposer la nécessité de se soumettre à l'autorité et aux lois de la Convention [1].

La première journée vraiment critique fut celle du 1er germinal (21 mars). Ce jour-là, entre trois et quatre heures, les groupes prirent devant la Convention une physionomie extrêmement inquiétante ; des menaces de sédition furent proférées ; à tout moment, on pouvait attaquer de vive force la représentation nationale, comme on en avait le projet. Sur le terrain, aucune force armée, mais des inspecteurs de police isolés. C'était l'heure du dîner des jeunes gens qui étaient, par conséquent, répandus dans les divers quartiers de Paris : leurs colonnes ne se mettaient d'ordinaire en campagne pour disperser les groupes qu'après quatre heures. Au premier moment, il n'y avait sur les lieux qu'un petit nombre de jeunes gens, qui, naturellement,

[1] *Tableaux,* II, 290-298 ; 302 et suiv.

eurent le dessous au milieu de la mêlée ; plusieurs furent jetés dans le bassin du Jardin des Tuileries ou maltraités de quelque autre manière ; tous reçurent les épithètes de Muscadins et de Jeunes gens de Fréron.

La première petite troupe qui vint à leur secours se jeta avec une impétuosité et une audace sans égale contre les groupes de Jacobins dont les forces étaient encore de beaucoup supérieures ; elle frappait aveuglément, à droite, à gauche, de tous côtés. Cette audace mit les émeutiers tout-à-fait hors d'état d'exécuter leur projet contre la Convention nationale, car ils se trouvèrent, contre leur attente, obligés de soutenir une lutte, dont, à la vérité, les jeunes gens furent victimes : plusieurs de ces derniers furent traînés par les cheveux et frappés à coups de canne. Mais, un renfort de jeunes gens survint : dès lors, les meneurs jacobins jugèrent prudent de s'éclipser à temps. Ainsi, une petite troupe de cent personnes au plus avait, une première fois, délivré la Convention de la fureur des Jacobins. Vers quatre heures, la garde nationale donna enfin et fit évacuer le jardin [1].

Dans la soirée, il se forma de grands rassemblements dans tous les quartiers ; partout les citoyens circulaient activement. Les jeunes gens arpentaient la ville : leur nombre s'était élevé au chiffre de 5 à 6,000. Eux et les ouvriers mis en mouvement par le parti jacobin sem-

---

[1] II, 304 et suiv. Ces rapports de police apportent une éclatante confirmation au récit de Beaulieu, VI, 135 et suiv. Ici encore, la relation de l'*Hist. parlem.*, XXXVI, 241 et suiv. est tout-à-fait partiale et fausse.

blaient réciproquement se mesurer et se menacer. Tout faisait craindre qu'on en vînt à une lutte à main armée; tous les marchands se hâtaient de fermer leurs boutiques. Cependant, les mesures opportunes de l'autorité et la présence d'une force armée considérable ramenèrent la tranquillité. Mais, il y eut çà et là des scènes tumultueuses. Une troupe d'environ 300 jeunes gens alla chercher les Jacobins dans leurs deux derniers repaires principaux, sur le boulevard, au café Chrétien et au café des Bains Chinois; ils ne trouvèrent que des indifférents, ce qui s'explique fort bien, car tous les Jacobins étaient sur pied. On dut se contenter de brûler où l'on put le *Journal des Hommes libres*, l'organe principal du parti [1]. Au sein de la Convention, fiévreuse et surexcitée, on exploitait les événements du jour pour arriver plus rapidement au vote d'une d'une loi contre les attroupements proposée par Sieyès. La séance, présidée par Thibaudeau, se prolongea jusqu'à dix heures du soir : elle fut féconde en piquants épisodes. D'une part, Duhem, bravant les murmures de l'Assemblée irritée, les incessants et tumultueux rappels à l'ordre, désigna comme les auteurs de tueries organisées les jeunes gens de Paris, qu'il appela la Jeunesse de Fréron; d'autre part, Jullian présenta une adresse au nom de plus de 4,000 personnes et l'appuya lui-même, aux applaudissements enthousiastes des tribunes et des représentants. Il s'exprima ainsi : « Je le dis avec orgueil, j'ai concouru avec mes frères à

[1] II, 305 et suiv. *Journal de Paris* du 5 germinal, dans l'*Hist. parlem.*, XXXVI, 242.

chasser d'autour de cette enceinte les provocateurs à la révolte et au pillage. J'ai été envoyé... pour vous jurer, en leur nom, un attachement inviolable et la résolution où nous sommes de défendre » la représentation nationale « jusqu'à la dernière goutte de notre sang ». Le président l'invita lui et ses commettants « à être sur leurs gardes, à saisir ceux qui voulaient exciter la guerre civile et à les livrer sans violence à l'autorité légitime [1] ».

Pendant la fin du mois de mars, la Jeunesse fit les plus grands efforts pour parvenir à fraterniser avec les ouvriers des faubourgs : une partie d'entre eux se réunit à elle de bon cœur et sans restriction [2]. Mais, le plus grand nombre resta, comme auparavant, aveuglé par les agitateurs jacobins.

Tel était l'état des esprits quand eut lieu une seconde et fatale journée, je veux parler de l'insurrection contre la Convention du 12 germinal (1ᵉʳ avril). Bien qu'ils eussent été formellement proscrits par les fanatiques inspirateurs de l'anarchie, à titre de Muscadins, d'armée de Fréron, de Messieurs à bâton, d'armée du Palais-Royal, les jeunes gens se signalèrent encore cette fois par leur dévouement et leur ardeur. La bourgeoisie suivit leur exemple. Pichegru prit le commandement, et l'émeute échoua complétement. Les instigateurs Duhem, Levasseur, Léonard Bourdon, Moyse Bayle et d'autres députés furent décrétés d'arrestation et les anciens membres du Comité de Salut public déjà

---

[1] *Moniteur*, n. 185 (24, 37 et suiv.).
[2] II, 306 et suiv. *Moniteur*, n. 186 (24, 42).

arrêtés, Barère, Collot et Billaud, furent — extrajudiciairement et par voie d'empiètement sur le terrain du pouvoir judiciaire — condamnés à la déportation. Toutefois, ce dernier décret fut rapporté le 24 mai[1].

L'irritation des anarchistes contre la Jeunesse et la crainte que celle-ci inspirait prirent dès lors un funeste développement. La Convention ayant ordonné, le 17 avril, une réorganisation de la garde nationale, tous les adversaires de cette assemblée, tous les révolutionnaires s'alarmèrent : la nouvelle garde nationale, disaient-ils, n'est composée aujourd'hui que des soldats de Fréron : ce qui prouve encore une fois que les membres de la Jeunesse parisienne se comptent par milliers. Aussi, à l'approche de la troisième crise, jura-t-on, au camp des Jacobins, « guerre à mort aux jeunes gens qualifiés de Muscadins et regardés comme les soutiens de la représentation nationale [2] ».

Cette troisième crise, qui remplit les journées des 20-23 mai (1-4 prairial) fut, en grande partie, hâtée, accélérée par la disette croissante.

Le 20 mai, immédiatement avant l'invasion du peuple, les tribunes de la Convention avaient été nettoyées avec succès par un général, quatre fusiliers et deux jeunes gens. Mais, immédiatement après, à dix heures du matin, les émeutiers, en armes, se précipitèrent à l'intérieur et remplirent la salle. Le courageux député Féraud, qu'on prit probablement pour Fréron, fut

[1] II, 311 et suiv. *Moniteur*, n. 194 et suiv. Beaulieu, VI, 145 et suiv.
[2] II, 323, 345.

blessé. Un marchand de vin du faubourg Martin, Luc Boucher, lui coupa la tête : on fit parader cette tête au bout d'une pique devant le fauteuil présidentiel, puis un ouvrier serrurier, Jean Tinel, la promena triomphalement dans les rues. C'est seulement après minuit que les membres de la Convention, au lieu et place de laquelle les émeutiers avaient délibéré et pris des résolutions, purent sortir de leurs cachettes et respirer enfin. Un détachement de bons citoyens, c'est-à-dire de jeunes gens, de la section Lepelletier, sous les ordres de Raffet, se montra le premier sous les armes ; il se précipita impétueusement sur la foule des insurgés ; parmi ceux qui marchaient à sa tête, nous citerons notamment Malo, Dietrich, Martainville, Hiss et Jullian. De nouveaux détachements de sept autres sections les suivirent au pas de course, criant : « Vive la Convention ! A bas les Jacobins ! » Vivement pressés, les émeutiers, surpris, et, d'ailleurs, harassés, furent jetés hors de la salle et la Convention reprit sa séance qui ne fut close qu'à trois heures trois quarts du matin. Dès sept heures du soir, Tinel avait été arrêté.

Cependant, le soulèvement persista au dehors et surtout dans le faubourg Antoine. Les trois sections de ce faubourg, réunies à celles des faubourgs Marceau et Gravilliers, marchèrent, le 21 mai, contre la Convention, avec des armes et des canons ; celle-ci était entourée et protégée par les autres sections de Paris. Pour éviter un conflit, la Convention fit quelques concessions apparentes qui procurèrent momentanément un semblant de paix. Elle manda prudemment 4,000 hommes de troupes, choisit dans les sections 20,000 hommes entre les « bons citoyens », c'est-à-dire de préférence des « jeunes gens » ; elle leur donna immédiatement des armes et mit à leur tête le général Menou.

Le 22, à huit heures du soir, Tinel devait être exécuté en place de Grève ; mais il fut délivré par un coup de main subit de la populace et conduit au faubourg Antoine. A cette nouvelle, la ville fut en proie à une animation effrayante. Les « vrais patriotes » étaient résolus à ne pas tolérer cette insulte faite à la loi. Le 23, le faubourg Antoine fut cerné par Menou qui menaça de le réduire en cendres si ses habitants ne livraient pas Tinel et ne faisaient pas remise de leurs armes. Les armes furent livrées ainsi que les canons, mais non pas Tinel, nous disent les historiens ; toutefois, le faubourg abandonna ce misérable à son sort, s'engageant à n'opposer aucune résistance à la capture qu'on pourrait en faire. Le 24 mai seulement, à six heures et demie du soir, Tinel fut arrêté rue de Charonne dans les circonstances les plus romanesques : il fut exécuté le lendemain avec Boucher.

Un épisode dont il nous faut dire un mot signala encore la journée décisive du 23. Indépendamment des jeunes gens qui faisaient partie des 20,000 citoyens choisis dans les sections, jeunes gens dont le nombre, d'après Louvet, certainement au-dessous du chiffre vrai, montait à 10,000, on avait formé aussi avec les jeunes gens du Palais-Royal exclusivement, une sorte de corps d'élite, fort d'environ 1,000 à 1,200 hommes et commandé par le général Kilmaine. Ces jeunes gens à cheveux troussés, j'emprunte mot pour mot ce signalement à un auteur allemand, après avoir repoussé la populace dans les faubourgs, se hasardèrent téméraire-ment, le matin du 23 mai, trop avant dans le faubourg Antoine, avant que Menou eût pris ses dispositions militaires, démolirent la maison de Santerre et réussirent à s'emparer des canons du faubourg ; mais, cernés et coupés par des barricades, ils ne purent se frayer une voie pour revenir en arrière qu'en abandonnant les canons qu'ils avaient pris. Cet échec a été exploité avec la plus grande partialité contre la Jeunesse par les historiens radicaux français ; et les historiens allemands nullement radicaux les ont suivis fidèlement [1].

Le dévouement de la Jeunesse pour la Convention et les services qu'elle lui avait rendus en ces journées périlleuses n'étaient pas niables : ils furent immédiatement reconnus de tous côtés et sans restriction. Louvet lorsqu'il prononça, le 2 juin, à la Convention, l'éloge de Féraud, fut intarissable dans ses louanges à l'adresse de quelques chefs des jeunes gens, notamment de Hiss, Jullian, Martainville, et s'écria, s'adressant à tous : « Comment peindre la généreuse ardeur de cette Jeunesse criant secours et vengeance à la Convention, demandant des chefs, des armes et le signal d'un

[1] I, 342-348. *Moniteur*, n. 244 et suiv.; 258, 261. (Voyez surtout 24, 502, 515, 611, 629.) *Journal de Paris*, dans l'*Hist. parlem.*, XXXVI, 375. Beaulieu, VI, 171-192. Louvet, dans son journal *La Sentinelle* — conf. *Frankreich im Iahre* 1795, II, 197 et suiv. *Revolutions-Almanach vom Iahre* 1797, p. 18. Tinel (on trouve aussi *Tinelle*) est souvent appelé, par erreur, Tinet ou Quinet et confondu avec le meurtrier.

combat inégal?... Comment donner assez d'éloges aux défenseurs de la patrie ?[1] »

En réalité, les services que rendit la Jeunesse dépassèrent de beaucoup le fait d'avoir sauvé la Convention. Elle forma l'opinion publique, exerça une action déterminante sur la tenue et les décisions de la Convention qui l'eut sans cesse devant les yeux ; c'est donc grâce à elle que, depuis la chute de Robespierre, les Robespierristes au sein de la Convention et en dehors d'elle ne purent réussir à faire revivre, avec ses horreurs sanglantes, le régime de la Terreur et à livrer la France à une dévastation de plus en plus profonde.

La Convention lui devait vraiment de la reconnaissance, en son nom propre et au nom du pays tout entier. Cette Assemblée et le parti de la Jeunesse semblaient avoir, avoir nécessairement un même intérêt.

Cependant, à partir du mois de juin, il se fit une modification décisive dans les relations réciproques de la Jeunesse et de l'Assemblée. La Jeunesse reprochait à la Convention d'avoir laissé sans renfort le bataillon d'élite dans la matinée du 23 mai, et on n'était pas éloigné d'apercevoir dans cette circonstance les traces de quelque sentiment hostile, tout au moins de la part des Comités de gouvernement[2]. Il faut ajouter qu'après la crise du mois de mai, ces Comités, prétextant que la Révolution était finie, avaient exigé que les sections fidèles rendissent elles-mêmes leurs canons ; les sec-

[1] *Moniteur*, n. 258 (24, 611).
[2] Beaulieu, VI, 189 et suiv.

tions, et cette fois encore la section Lepelletier en tête, avaient optempéré à cet ordre sans prévoir d'embûche. Mais on soupçonnait maintenant que cette mesure avait été très-réfléchie et que les Comités avaient voulu priver pour l'avenir de sa principale force le parti réactionnaire, c'est-à-dire l'ensemble de la bourgeoisie parisienne[1]. La Jeunesse, en particulier, se croyait mal vue, s'estimait suspecte. Le 6 juin, le Palais-Royal fut tout à coup cerné, toute communication interceptée. Cette mesure vexatoire, qui ne fut jamais motivée, excita parmi les jeunes gens du café de Chartres une véritable tempête ; on était très-disposé à demander l'arrestation de ceux qui avaient donné de pareils ordres, et, puisque le gouvernement montrait pour les jeunes gens « aussi peu de considération », on annonçait le projet — car tous les orateurs portaient l'épaulette rouge — « de ne plus marcher quand on battrait la générale[2] ».

Avant d'examiner de plus près cette modification dans les rapports réciproques de la Convention et de la Jeunesse, il nous faut considérer une transformation qui affecta, à la même époque, la société parisienne et qui altéra en partie la constitution de la Jeunesse parisienne.

---

[1] Beaulieu, VI, 177, 187, 201 et suiv.
[2] *Tableaux*, II, 354 et suiv.

§ 11. — *Les Incroyables et la maladie du Sexa.*

La victoire du mois de mai sur les Terroristes et la pensée que la Révolution, au moins dans ce qu'elle avait d'essentiel, était terminée, donna plus de force et plus d'audace à l'élément « Elégant » proprement dit. Jusque-là, les Elégants ne s'étaient rattachés au parti de la Jeunesse que par quelques liens assez faibles ; ils étaient toujours restés invisibles à l'heure du danger ; la position leur parut maintenant assez bonne pour prendre part à l'honneur et aux triomphes du parti et profiter avec lui du fruit de ses victoires. Peu à peu, le nombre de ces Elégants s'augmenta sensiblement ; ce contingent nouveau se recruta en partie d'émigrés et de réquisitionnaires revenus à Paris, en partie de jeunes gens qui avaient pris part aux luttes heureuses et qui songeaient volontiers maintenant, sinon à se reposer sur leurs lauriers, du moins à jouir de la vie joyeusement et largement dans la conscience orgueilleuse de leur victoire.

C'est dans ce cercle élargi d'une fraction de la Jeunesse que se produisit un mouvement de plus en plus bizarre dans la toilette, les manières et même la prononciation ; celle-ci, à la fin de janvier, était encore réputée, comme nous l'avons vu, une prononciation énergique. C'est alors seulement que par allusion à ces modes nouvelles, les Elégants furent généralement surnommés Merveilleux et Incroyables (toutefois, il n'est peut-être pas impossible que ce surnom date de la fin de l'année 1794). Le 11 juillet 1795, le *Journal de Paris*, généralement très-favorable à la Jeunesse, qualifiait cette phase de la mode non-seulement de maladie de la Jeunesse, mais aussi de maladie nouvelle.

Voici le résumé d'un article humoristique et satirique de ce journal, intitulé *Médecine*. Depuis quelque temps, on se préoccupe de la dégénération de l'espèce humaine. Les symptômes de cet abâtardissement ou de cette maladie nouvelle sont : 1° « Un relâchement total du nerf optique, ce qui oblige constamment le malade de se servir de lunettes ; 2° un refroidissement de chaleur naturelle qu'il est difficile de vaincre, à moins d'un habit boutonné très-serré, d'une cravate sextuplée où le menton disparaît et qui menace de masquer bientôt jusqu'au nez » ; les jambes, au contraire, paraissent encore résister au progrès du froid, car « le pied est presque découvert », et « l'habit, qui affecte une forme quadrilatérale, descend à peine jusqu'aux genoux ». « Une autre preuve de l'affaiblissement de l'espèce est l'usage d'un bâton court et plombé, dont les deux extrémités sont d'une égale grosseur », et dont l'effet est comparable à celui du contre-poids dont se servent les danseurs de corde. Le signe diagnostique le plus caractérisé est la paralysie commencée de l'organe de la parole ; les jeunes infortunés qui en sont atteints évitent les consonnes ; les touches vigoureuses de la prononciation leur sont interdites. Rien de moins intelligible que les entretiens des malades. Les mots seuls qu'on distingue dans cette série de voyelles sont ceux de *ma paole supeme*, *incoyable*, *hoïble* et autres mots ainsi défigurés. Ce qui n'est pas moins affligeant, c'est que ce même symptôme se manifeste « dans les jeunes personnes du sexe ». Au reste, cette maladie ne paraît pas incurable. Il faut rappeler ici que cette même Jeunesse a su, dans l'occasion, saisir un sabre, manier un fusil, avec autant de vigueur que d'adresse et faire entendre des sons mâles, des chants animés, des cris de guerre et de victoire. Cette nouvelle maladie de la Jeunesse s'appelle le *Sexa*, abréviation dont se servent les malades pour ces mots : « *Qu'est-ce que c'est que cela ?* [1] »

Il faut donc admettre que cette désignation de Merveilleux, d'Incroyables est dérivée des exclamations affectées des jeunes gandins : *c'est merveilleux, c'est incroyable!* et qu'elle a servi à désigner leur propre allure extérieure, leur genre. Il ne s'agit ici que d'une fraction de la Jeunesse parisienne, le fait est sensible : ce qui vient encore corroborer cette manière de voir, c'est que cinq jours après, Louvet évalue à 10,000 le nombre des jeunes gens du 4 prairial. Les jeunes « malades » du *Journal de Paris* sont, au fond, identiques aux Incroyables de Mercier et de Thibaudeau ; aux Elégants de 1795, de Vernet, de Nodier, de Monteil ; enfin, à ces quelques-uns que Louvet distingue parmi les centaines de clubistes du café de Chartres, à ces quelques-uns qui copient Marat, c'est-à-dire qui, comme Marat, font les terribles et les bravaches, mais qui, au jour de la lutte, brillent par leur absence comme

[1] *Journal de Paris,* numéro du 11 juillet 1795, dans l'*Hist. parlem.,* XXXVI, 215 et suiv.

Marat au 10 août, et s'attribuent faussement tous les glorieux périls de ces journées [1].

Le costume de ces gandins était — ceci résulte d'ailleurs du *Journal de Paris* — un développement du costume élégant de 1793 et de 1794, développement fondé sur les données générales de la mode du temps. D'après Vernet, Nodier et d'autres auteurs, l'Elégant de 1795 raccourcit l'habit carré : il porte un large et splendide gilet en panne de chamois, des boutons de nacre, une belle frisure poudrée à la victime, avec les cheveux de derrière ras, une large cravate verte et un bâton noueux court. Il se montre dans les salons, les théâtres, les concerts, tout enveloppé d'un nuage de musc ou parfumé comme les femmes, et orné comme elles de rubans et de rosettes. Tout cet accoutrement, cette toilette d'Adonis était bizarre et ridicule surtout aux yeux de ces républicains qui, les cheveux taillés ronds autour de la tête, ne quittaient pas le frac et le pantalon et n'adoptaient pas le bâton [2].

Quant à ceux qui ne mesuraient pas sur le vêtement le sentiment républicain et qui se conformaient eux-mêmes, d'une manière générale, aux usages et à la mode, ils se plaçaient à un point de vue plus favorable pour juger les Incroyables qui formaient, dans l'ensemble auquel ils appartenaient eux-mêmes, une simple

---

[1] *La Sentinelle* du 17 juillet 1795 (datée du 16 juillet, par erreur). — (*Le trad.*)

[2] Nodier, I, 113. Mercier, V, 196. Conf. IV, 44 et suiv. Thibaudeau, II, 334. Monteil, *XVIIIe siècle*, II, 283 et suiv. Louvet, dans *La Sentinelle*. Conf. *Frankreich im Iahre* 1795, II, 197 et suiv.

variété. On a attaché trop d'importance à tous ces faits extérieurs. Ils sont de tous les temps et de tous les peuples et ne peuvent, en eux-mêmes, servir de *criterium* pour apprécier le caractère intrinsèque d'une époque. Se vêtir suivant une mode affectée, c'est une faiblesse, ce n'est pas une faute ; gâter la langue par une prononciation cherchée, c'est une niaiserie, ce n'est pas un délit. Le *Journal de Paris* se contentait donc avec raison d'une satire humoristique à l'adresse des Incroyables. Quelque chose de bien plus fâcheux, c'était la recherche croissante de jouissances qui — cela est trop évident — se développait avec lenteur, sans doute, mais d'une manière continue, au sein de la Jeunesse parisienne.

Je me permettrai encore quelques observations sur les modes. Thibaudeau veut que durant les premiers mois qui suivirent la chute de Robespierre, les jeunes gens aient porté non-seulement des cadenettes poudrées, mais déjà des cravates vertes et des cols noirs [1] ; c'est absolument faux. Pagès lui-même ne place pas cette mode avant l'année 1795 [2]. D'autres auteurs attribuent aux jeunes gens, dès le mois de septembre 1794, non-seulement des cols noirs, mais aussi des habits gris [3] ; c'est une erreur complète. Nous savons par *La Sentinelle* de Louvet qu'encore le 16 juillet 1795, la couleur verte était la seule que les jeunes gens, notamment ceux du café de Chartres, aimassent

---

[1] Mercier, I, 143.
[2] *Histoire secrète* (traduction allemande), II, 226 ; 228.
[3] Sybel, III, 358.

à porter. Le journaliste fait ici surtout allusion à la cravate verte, qu'il compare aux parements verts des compagnies de Jésus, et qui, sans doute, était de plus en plus à la mode parmi les jeunes gens. Ce vert se montra publiquement pour la première fois le 12 juin. A cette date, d'après les rapports de police, les habitués des cafés de Valois et du Jardin-Égalité se signalent « par l'uniformité et la singularité de leur costume ». C'est pourquoi on les regarde « comme suspects » et ordre est donné de les surveiller. D'autre part, un témoin oculaire, Réal, nous apprend que l'imitation complète du vêtement chouan, c'est-à-dire l'habit gris avec des collets et parements noirs et verts, ne fut en faveur parmi les jeunes gens qu'immédiatement avant le 13 vendémiaire (5 octobre 1795), sans jouir, d'ailleurs, parmi eux, d'une vogue universelle ; les collets verts formaient donc la partie caractéristique du costume dans des milieux relativement fort étendus, sans qu'on s'occupât de la couleur de l'habit et des revers ; le seul trait commun à tous, même aux jeunes gens de la section Lepelletier, c'était, comme auparavant, la chevelure tressée et relevée, ou les queues troussées [1].

Nous ne prétendons pas, sans doute, qu'avant cette époque, les habits gris et les cols noirs n'aient pu se montrer ; mais nous voulons dire que s'il y en eût quelques-uns, ils furent comme perdus dans la masse des autres vêtements, restèrent isolés et ne furent pas remarqués. Mais, après le 5 octobre 1795, les cols noirs

[1] *Tableaux*, II, 357. *Frankreich im Jahre* 1795, III, 268, 290, 312, 334, 369.

obtinrent graduellement une prépondérance décisive, et on donna à ce nom de *Collets noirs* une large signification figurée. Le mot désigna bientôt, sans qu'on se préoccupât d'ailleurs en l'employant des détails réels du costume, les trois catégories royalistes des émigrés, des réquisitionnaires revenus à Paris ou échappés au service et des gandins qui, comme l'écrit Mercier, se faisaient remarquer dans les théâtres et les boudoirs, et par leurs manières, leur langage, leur costume toujours changeant, suivaient d'une manière ridicule les sottises de la mode [1].

§ 12. — *Rupture entre la Jeunesse et la Convention.*

Il est certain que depuis la crise du mois de mai 1795, ce qui domina au sein de la Convention ce fut, avant tout, la peur du royalisme. Antérieurement, ce sentiment avait du moins été contrebalancé par l'effroi qu'inspirait le Jacobinisme ; et même, dans une nécessité pressante, à l'heure où le Jacobinisme paraissait très-menaçant, la peur du royalisme avait pu céder momentanément la place à la peur du Jacobinisme. Et pourtant la Jeunesse venait de prouver de la manière la plus frappante que les sentiments royalistes ne dominaient pas dans son sein, car elle n'avait jamais songé, tant s'en faut, à proclamer le fils de Louis XVI, bien qu'à plusieurs reprises, notamment le 21 mars, elle eût été peut-être en mesure de le faire [2].

[1] Mercier, V, 61 et suiv.
[2] Beaulieu, VI, 136 et suiv., note.

Sur ces entrefaites, l'infortuné descendant des rois mourut le 8 juin 1795, si opportunément que le fait parut merveilleux et que beaucoup refusèrent d'y croire. Voici l'une des histoires qui se propagèrent : on prétendait que la veille il avait été emporté du Temple dans une baignoire couverte ; le factionnaire de garde disait qu'un de ceux qui portaient les baignoires ayant fait un faux pas en sortant de la tour, il avait entendu, lui, factionnaire, un cri d'enfant sortir d'une de ces baignoires. Dans tout le quartier du Temple, le peuple disait hautement que « les préparatifs faits pour l'enterrement du petit Capet n'étaient qu'une feinte, qu'il n'était pas mort et qu'on l'avait fait partir et sauver bien loin [1] ». D'autres prétendaient qu'il avait été empoisonné, car on avait caché sa prétendue maladie, on n'avait publié aucun bulletin ; ils se moquaient du procès-verbal d'autopsie [2].

Il est incontestable que les témoignages de l'histoire ne peuvent établir d'une manière suffisamment authentique ni le cours de la maladie, ni la mort de Louis XVII, et que les Comités du gouvernement en proie à la peur du royalisme étaient alors capables de tout. Dans les derniers temps, des symptômes nombreux mais isolés de royalisme s'étaient manifestés d'une façon inquiétante et précisément par allusion au fils de Louis XVI. Depuis le mois d'août de l'année 1794, on s'était entretenu plus qu'auparavant d'un « Louis XVII », du petit Capet, de son sort futur. Au mois de janvier, on avait exprimé

[1] *Tableaux*, III, 5 ; II, 356.
[2] II, 355 et suiv., 357 ; III, 5.

l'opinion qu'il fallait l' « exporter ». Pendant les mois de février et de mars 1795, il arrivait souvent qu'un passant vous abordait en vous faisant cette question : « Combien vaut 15 et 2? » ou : « Combien font deux fois 8 1/2? » Et, sur la réponse 17, le passant répliquait : « C'est ce qu'il nous faut, car 17 valent mieux que 36 ». (36 est le total des membres des deux Comités de gouvernement.) Au mois de mars, les manifestations royalistes s'étaient multipliées ; on parlait en même temps tantôt de la mort du petit Capet, tantôt de son enlèvement. Aux mois d'avril et de mai, beaucoup de personnes croyaient qu'il était en Vendée, et on parlait publiquement d'un parti qui voulait pour roi le petit Capet. On entendait souvent de pauvres femmes faire, par allusion au prix du pain, cette plaisanterie : « Pour avoir du pain, il faut prendre le n° 17 ». Des audacieux, comme François Dion, proclamaient tout haut dans la rue, Louis XVII, roi. Et, au coin des rues, on trouvait affichés des vers qui conjuraient la « Nation coupable et égarée », de

> Rétablir « le petit mitron
> « Dans la boutique de son père[1] ».

Il est vrai que, dans ces derniers mois, la Jeunesse des différents cafés du Jardin-Egalité s'était plainte de l'accusation de royalisme ; par des proclamations publiques, elle s'était solennellement prémunie contre cette accusation ; elle avait affirmé expressément son dévoue-

[1] II, 228, 235, 239, 250, 261, 291 et suiv.; 299, 301, 315, 323 et suiv.; 325, 329 et suiv.

ment à la Convention et elle avait confirmé son dire d'une manière frappante. Mais, d'autre part, on ne pouvait oublier qu'en plein café de Chartres un royaliste avait osé, le 3 avril, développer cette idée : « La France est quatre fois trop grande pour être en République, on ne pourra se passer d'un roi ». Le 6 juin, la police mandait qu'à la vérité, les habitués du café Valois « affectaient une adulation outrée pour la Convention nationale », mais, au fond, « ne paraissaient pas avoir des sentiments très-républicains » et que l'expression de « siècle d'or » alors en circulation, l'avait fait beaucoup rire [1] ».

En tout cas, la Convention et ses Comités s'aperçurent bien vite que la mort de l'enfant royal ne tuait pas le royalisme : non-seulement la peur du royalisme subsista, mais elle se développa et elle obligea la Convention à ne pas laisser entièrement disparaître le parti jacobin, utile comme contre-poids du royalisme. Fréron lui-même se plaça peu à peu à ce point de vue. Son alliance avec la Jeunesse se relâcha graduellement.

De son côté, la Jeunesse était persuadée qu'un courant terroriste dominait encore la Convention. Elle ne la considérait pas comme suffisamment épurée. Dans les cafés du Palais-Royal, elle s'étonnait tout haut que la révolte de prairial n'eût amené l'arrestation que de 14 députés terroristes, et désignait publiquement une série d'autres représentants qui auraient dû également être arrêtés ; « car, disait-on, tant que la Convention ne prendra que des mesures partielles et qu'elle ne se

[1] II, 294, 312, 354.

purgera pas tout-à-fait de ce qu'elle renferme d'impur dans son sein, elle sera toujours entravée et ne parviendra pas à son véritable but[1] ». La Jeunesse accusait, d'ailleurs, la Convention d'être généralement trop douce et trop réservée pour les Terroristes arrêtés ; de les relâcher au lieu de les condamner juridiquement ; ces mises en liberté avaient causé, prétendait-on, « les malheurs de Lyon et de Marseille ». Le mécontentement de la Jeunesse monta peu à peu à un tel diapason, qu'elle regrettait qu'on n'en eût pas fini en une fois avec les Jacobins ; car, disait-on, si le 9 thermidor a sauvé la France, il ne faut pas « souffrir davantage que cette race impure reparaisse[2] ». Cette opinion donna lieu à de nouvelles démonstrations bruyantes, au Théâtre dramatique, contre la comédie intitulée : *Le Concert de la rue Feydeau;* au café Foy, on put entendre ces paroles : « Les troubles qui affligent la France ne finiront que quand il y aura un roi[3] ».

Vers le milieu du mois de juillet, l'état de surexcitation de la Jeunesse devint menaçant. Elle faisait à la Convention un grave reproche d'avoir, le 14 juillet, célébré, dans la salle de ses séances, la prise de la Bastille, au son de la musique, d'y avoir chanté la *Marseillaise* et d'avoir décrété que cet hymne serait joué tous les jours par la garde montante. Sept cents législateurs, pensait-elle, ont mieux à faire qu'à se récréer avec des chansons ; qu'ils se

[1] II, 346.
[2] II, 368.
[3] II, 366.

préoccupent plutôt de nous donner le plus vite possible un bon gouvernement et de bonnes lois. L'hymne de la *Marseillaise* a conduit à l'échafaud les victimes du sanguinaire Robespierre ; la Convention veut-elle faire revivre la Terreur? L'hymne du *Réveil du Peuple* est, au contraire, la terreur des Terroristes : lui seul doit être chanté, doit être joué. La Jeunesse demandait donc, avec une ardeur croissante, que la *Marseillaise* ne se fît plus entendre nulle part, et que la garde montante jouât plutôt le *Réveil du Peuple*. Le 15 juillet, notamment, des scènes extrêmement tumultueuses eurent lieu dans la cour du Louvre : on voulut forcer la garde montante de la Convention à jouer le *Réveil du Peuple*.

Les jeunes gens demandaient en même temps, avec une impétuosité chaque jour plus grande, que la Convention mît de nouveau en prison les Terroristes relâchés ; ils jurèrent même l'extermination des Terroristes et des Jacobins. Pour confirmer leurs vues républicaines, mais modérées, ils déclarèrent le 16 juillet, au café de Chartres, « que tous nos malheurs provenaient du 31 mai ; que la plupart des représentants, alors pour la bonne cause, étaient trop faibles aujourd'hui, qu'ils devaient mourir plutôt à leur poste que de céder ». Enfin, ils protestaient à l'avance que si la Convention décrétait une réquisition, ils se feraient plutôt couper les deux oreilles que de partir, car « il était temps de se montrer [1] ».

[1] II, 369 et suiv. Conf. dans le *Moniteur* les procès-verbaux des séances du 14 et du 19 juillet (particulièrement 25, 284). Beaulieu, VI, 202 et suiv.

Trouvé, dans un article leader du *Moniteur* du 16 juillet, chercha très-habilement à apaiser les esprits. Rappelant le 12 germinal et les premiers jours de prairial, il fit l'éloge des jeunes gens inaccessibles à toute bassesse, incapables d'un délit; il les engagea à conserver le calme et à tolérer la *Marseillaise*.

La maladresse avec laquelle Louvet parla des jeunes gens le jour même, dans son journal *La Sentinelle,* qui avait commencé à paraître le 24 juin, n'en fut que plus marquée. Lui qui, à son retour de l'exil au mois de mars avait, dans une brochure intitulée *Notice*, poussé aussi énergiquement que qui que ce soit à la vengeance contre les Terroristes, qui, encore le 2 juin, à la Convention, avait hautement glorifié la Jeunesse et avait crié à la Montagne : « Mort aux chefs coupables », effrayé de la victoire possible du royalisme, cherchait maintenant à arrêter le mouvement[1]. Sans doute, il avait des louanges pour les jeunes vainqueurs du 4 prairial; mais il cherchait follement à les diviser, opposant les 100 personnes du café de Chartres comme une bande insolente d'usurpateurs aux 10,000 jeunes gens du dehors, outrageant les premiers du nom de clubistes, louant les seconds.

Ce procédé ne pouvait que blesser toute la Jeunesse parisienne, car elle savait parfaitement que les hôtes du café de Chartres étaient ses propres organes, se considéraient et se désignaient expressément comme tels; qu'en outre, chacun avait accès dans ce café, que

---

[1] Voyez Beaulieu, VI, 111. *Frankreich im Jahre* 1795, II, 197 et suiv.

les autres cafés et établissements publics du Jardin-Egalité étaient en relation avec lui ; que le lieu de réunion proprement dit pour la masse des jeunes gens n'était pas un café isolé, mais bien le Jardin-Egalité, ainsi que nous l'apprennent les rapports de police de cette époque [1]. Quelque chose de plus blessant encore : Louvet comparait la Jeunesse parisienne aux assassins de Lyon et de Marseille condamnés par elle-même, à Marat et à Robespierre ; il reprochait à la Jeunesse de stigmatiser ses adversaires en les appelant Terroristes, et lui-même, au même moment, stigmatisait les jeunes gens du nom de nouveaux Terroristes et les mettait au même rang que les anciens.

Louvet avait son bureau au Palais-Royal : en politique comme en affaires, il était assisté par sa femme Lodoiska. Il était bien naturel que les jeunes gens surexcités songeassent à lui donner une leçon. Le soir du 17 juillet, ils se rassemblèrent en masse devant sa porte et chantèrent le *Réveil du Peuple*. La garde nationale accourut pour rétablir l'ordre. Louvet, les bravant, se mit à chanter la *Marseillaise*. La Jeunesse, irritée, répondit par des moqueries et des vociférations : « A bas la Louve ! A bas la belle Lodoiska ! A bas les gardes du corps de Louvet » ! C'était une allusion à sa *Sentinelle*. Les injures succédèrent à l'ironie : on l'appela un scélérat, un gueux qui voulait narguer le peuple. Le commandant Raffet, très-aimé des modérés et qui appartenait à leur parti, arriva en

---

[1] II, 368, 370.

toute hâte. Il réussit à adoucir les jeunes gens ; sur ses sommations, ils se retirèrent de bonne grâce et le commandant renvoya la garde nationale [1].

Louvet, dans sa vanité et son étourderie politique, ne pouvait se priver du plaisir de tirer sur-le-champ une vengeance nouvelle et terrible de la Jeunesse. Le lendemain, 18 juillet, à midi, on afficha d'abord au Palais-Royal, puis dans tout Paris, un placard intitulé : « *Frond, soldat républicain, à tous les royalistes, terroristes, anarchistes et buveurs de sang de toute espèce* ». Ce placard, comme le premier Paris de *La Sentinelle*, était insultant pour la Jeunesse parisienne et provoquait clairement les soldats à l'extermination des jeunes gens. Naturellement, ce pamphlet excita chez les jeunes gens, comme l'article qui l'avait précédé, un vif mécontentement ; partout ils le lacérèrent. L'auteur n'était autre que Louvet lui-même. Peut-on concevoir une démence plus complète? A peine Louvet et Fréron ont-ils provoqué les jeunes gens à l'extermination des Terroristes et des Jacobins, qu'ils provoquent les soldats à l'extermination des jeunes gens. Telle est la sagesse qu'on appelait le système de bascule, et dont le succès aurait conduit nécessairement à l'extermination de tous les Français les uns par les autres pour satisfaire l'ambition, l'avidité, la folie de grandeur de quelques hommes [2].

---

[1] II, 371. Sur Louvet, voir *Frankreich im Jahre* 1795, III, 135 et suiv.

[2] II, 373. Beaulieu, VI, 169 et suiv., 112, 201.

Si les assemblées délibérantes sont indispensables dans un état bien ordonné, il n'est malheureusement que trop certain que chez des peuples qui n'ont pas encore la maturité ou l'expérience politique, ces mêmes assemblées provoquent une vanité politique désordonnée. Aucun parlement au monde n'a produit ce résultat au même degré que la Convention ; cette vanité fut, depuis le commencement jusqu'à la fin, le mal qui la perdit. Fréron, Louvet et bon nombre de représentants, semblables à d'autres qui les avaient précédés, restaient dans leur entente des besoins présents et futurs de la France, bien en arrière de la Jeunesse parisienne si maltraitée par l'histoire. Mais ils s'estimaient les sages par excellence, les dieux de la France, les oracles privilégiés, et contribuaient ainsi à surexciter le peuple, travaillant, en somme, au malheur du pays plutôt qu'à son apaisement et à son bonheur. Heureusement pour l'humanité, les entraînés sont en général et en tout temps notablement plus sensés que les entraîneurs. Fréron avait provoqué les jeunes gens de Paris au massacre de tous les Jacobins et Terroristes : ils ne tuèrent personne. Louvet poussa les soldats au massacre de tous les jeunes gens : les soldats, comme nous le verrons, ne commirent — que quelques meurtres.

Pour toute vengeance, la Jeunesse fit, à l'occasion, entendre le cri : « A bas les Louvets et les Louvetants ! » Mais son irritation contre la Convention s'accrut. Quelques députés qu'elle accusait de faiblesse ou de malveillance furent insultés. Il y eut surtout chaque soir, dans tous les théâtres, du 15 au 18 juillet, des scènes extrêmement tumultueuses, du fait de la Jeunesse, qui réclamait sans cesse le chant du *Réveil du Peuple*. Dans ces circonstances, les jeunes gens adressèrent plus d'une fois au public des discours passionnés où ils accusaient les gouvernants de vouloir rétablir la Terreur et de ne pas tenir ses promesses. « La Convention, disaient-ils, contient encore dans son sein des égorgeurs ; il faut qu'elle soit purgée : elle a trompé la confiance du peuple qui ne le sera pas plus longtemps ».

Ainsi, la rupture avec des hommes tels que Fréron était bien constatée. Ces désordres donnèrent lieu à l'arrestation de deux jeunes gens, Gavaudan et Micalef, les célèbres artistes du Théâtre-Français (17 juillet). Le lendemain, leurs camarades demandèrent en vain leur élargissement au Comité de Sûreté générale. Le lieu des séances qu'assiégeait la foule fut gardé par des détachements de l'armée de l'intérieur et par la garde nationale de trois sections. Cette démonstration n'aboutit à autre chose qu'à soixante arrestations nouvelles. Malgré cela, le soir du 18 juillet, dans tous les cafés du Jardin-Egalité, chacun savait fort bien que, comme par le passé, la Jeunesse se portait dans les théâtres pour « y faire prévaloir ses opinions, renverser le Terrorisme et s'opposer à tout ce qui pourrait faire renaître un pareil régime [1] ».

Le 19 juillet, le Comité de Sûreté générale présenta à la Convention son rapport sur la situation. Delaunay,

[1] II, 370 et suiv.; 373 et suiv. *Moniteur*, n. 306 (25, 283 et suiv.).

au nom du Comité, déclara qu'une des causes des mouvements des derniers jours, c'était « l'égarement de quelques citoyens trompés par leur inexpérience et leur jeunesse ». D'après le vieux système rebattu, comme précédemment Louvet, il attribue l'agitation aux étrangers « qui frémissent de ne pouvoir y prêcher plus longtemps le désordre », ainsi qu'aux journaux antirépublicains. Si la *Marseillaise*, dit-il encore, « a été chantée autour des échafauds, l'hymne du *Réveil du Peuple* n'a-t-il pas été dans le Midi le signal des proscriptions et le chant de l'assassinat ? » Cette observation était exacte, en effet, pour le Midi ; mais c'était tout le contraire pour Paris qui seul était en cause. A Paris, la *Marseillaise* avait servi chaque jour de stimulant aux effroyables boucheries de la Terreur, tandis que le chant du *Réveil du Peuple* n'avait pas provoqué un seul meurtre, n'avait pas coûté la vie à un seul homme. Ces récents événements se sont « passés sans aucune effusion de sang », avouait le rapporteur. « Les citoyens trompés, ajoutait-il, vont rentrer dans l'ordre ». Aux yeux du Comité, une décision prise par lui devait contribuer à ce résultat : il avait défendu de chanter ou de lire dans les théâtres des chants ou des hymnes qui ne fissent pas partie de la pièce représentée.

La Convention approuva le rapport. Elle chargea Chénier de rédiger au nom du Comité de Salut public et du Comité de Sûreté générale un appel au peuple destiné à l'apaiser et à l'instruire. Voici le résumé de cet appel : Dans la journée du 4 prairial (23 mai), la

Convention a terrassé les débris du Terrorisme. Elle ne souffrira pas qu'une nouvelle anarchie se mette à la place de la loi ; elle n'a pas brisé les échafauds de la Terreur pour relever un trône ; elle veut servir la cause de la justice et non les vengeances de la royauté. Chénier parle ensuite de vils calomniateurs, d'agitateurs mystérieux qui se cachent sous un voile ; il se plaint particulièrement des étrangers, des agioteurs, des émigrés rentrés et continue en ces termes : « Le cri de la vengeance se fait entendre ; des massacres sont commis dans plusieurs communes ; on provoque des massacres nouveaux ; on désigne publiquement des victimes ; et, comme au 31 mai, on les choisit même dans la Convention nationale. Mais des hommes nouveaux proscriront en vain les conquérants de la liberté ». Le morceau se terminait par ces paroles à l'adresse des jeunes gens alors en campagne : « Brave Jeunesse qui combattez sur toutes les frontières, la République, scellée de votre sang, se maintiendra par vous et pour tous. Le temps est venu... où toutes les factions doivent s'anéantir... où les Terroristes anciens et nouveaux doivent être punis. Après avoir terrassé les nombreuses armées des rois et la faction colossale des anarchistes révolutionnaires, il suffira d'un coup d'œil pour dissiper ce nuage d'insolents pygmées qui osent méconnaître l'autorité nationale ».

Cet appel au peuple fut approuvé le 19 juillet entre une heure et deux heures; la Convention en ordonna l'affichage immédiat dans Paris et dans les départements. Il est probable que le jour même on put le lire sur les murs de la capitale.

Remarquons tout d'abord que les tueries réactionnaires dans le Midi, horribles assurément, furent, dès lors, comme d'ailleurs dans presque tous les écrits postérieurs, très-exagérées à dessein. A l'appui de cette observation, il me suffira de citer le témoignage impartial d'Isnard, qui fit plus tard la déclaration suivante : « On n'a cessé de dire et de répéter.... que.... chaque jour, les rues de Marseille étaient teintes de sang de quelque victime. Eh bien, je vous déclare qu'arrivé en prairial dans Marseille, au moment du massacre du fort Jean, dont nous fûmes assez heureux que d'arrêter le cours, j'ai passé quelques mois en mission dans cette commune, et, durant tout cet intervalle, il ne s'est point commis, je ne dis pas d'assassinat, mais une seule voie de fait. Mon collègue Guérin, qui me succéda, a vu aussi finir sa mission sans qu'il se soit commis aucun meurtre [1] ». La Jeunesse de Paris avait donc parfaitement raison de soutenir que c'était précisément la mise en liberté et l'impunité d'un grand nombre de Terroristes notoires, qui avait provoqué le massacre des Terroristes non encore élargis.

En outre, n'était-il pas étrange, alors que la Jeunesse désignait précisément tout haut le 31 mai comme la source de tout le mal, d'affecter de croire qu'elle voulait elle-même renouveler cette journée. Le 31 mai avait été pour les hommes relativement les meilleurs

---

[1] *Moniteur* du 26 mars 1796 (28, 49).

et les plus vertueux le prélude de la mort, la voie de l'échafaud. En ce moment, la Jeunesse demandait une seule chose, à savoir que les ci-devant bourreaux, les scélérats notoires, les monstres dégouttants de sang, cessassent enfin une bonne fois d'être *les représentants du peuple et les chefs* du pays ; qu'ils reçussent, au contraire, légalement, le châtiment dû à leurs crimes. Il lui aurait suffi que ces coquins se fussent d'eux-mêmes, comme c'était leur devoir, condamnés à la retraite et à l'exil. L'appel de Chénier offensait cette justice tout en l'invoquant ; car il la déniait, il en constituait le renversement complet ; non-seulement Chénier voulait laisser impunis des criminels certains, mais il trouvait juste de les maintenir aux affaires, — à la honte du pays devant l'histoire !

C'est à tort que l'appel de Chénier accusait sans aucune distinction la Jeunesse de royalisme ; mais, en refusant de faire justice des coupables, il jetait lui-même la Jeunesse, autant que possible, dans les bras du royalisme. Car, en dehors de l'atmosphère tout imprégnée de vanité et de folie du Parlement souverain, les partisans les plus honnêtes de la République devaient reconnaître eux-mêmes qu'une Monarchie constitutionnelle était quelque chose de plus sensé qu'une République gouvernée par des scélérats.

Malgré les insinuations du rapport, la Jeunesse était très-éloignée de vouloir massacrer ou faire massacrer des hommes comme Tallien, Fréron et d'autres terroristes, ou des gens comme Louvet, qui n'avaient d'autre signification que celle de doctrinaires ou d'oiseaux sans caractère et sans consistance. Si le cri des jeunes gens : « A bas Louvet et les Louvetants ! » avait eu ce sens, ils auraient eu chaque jour et à toute heure, au Palais-Royal, pleine liberté et l'occasion facile d'en venir au fait. Enfin, il était présomptueux et frivole de désigner ironiquement au nom de la Convention la Jeunesse de Paris comme un « nuage d'insolents pygmées ». Ce mot par lequel l'esprit français — je veux dire le poëte Chénier et la Convention admiratrice de son éloquence — sacrifiait une fois encore la vérité historique à une phrase menteuse, ne pouvait avoir d'autre résultat que d'irriter inutilement la Jeunesse et de la faire passer plus facilement dans le camp ennemi du royalisme. La Convention devait bientôt éprouver que ce « nuage » était en réalité une grande force et qu'il ne suffisait pas « d'un coup d'œil pour le dissiper ».

L'attitude menaçante de la Convention et de ses Comités engagea la Jeunesse à se contenir provisoirement et à ne pas pousser les choses à l'extrême. La police, à cette date, est heureuse de pouvoir écrire dans son rapport : « Ces mesures de fermeté, employées par les Comités de gouvernement, ont forcé les jeunes gens à rentrer dans les bornes du respect et de l'obéissance à la loi ». Cependant, le 19 au soir, dans un groupe du Jardin-Egalité, un orateur s'exprimait ainsi : « La Convention joue de son reste ; elle ne connaît, quand elle a peur, que de mettre une force armée sur pied. Les jeunes gens ne feront rien aujourd'hui ; mais ce qui est différé n'est pas perdu[1] ».

[1] II, 374.

Que des étrangers, notamment des Anglais et des Italiens, aient joué, au café de Chartres, le rôle de meneurs, comme le prétendait Louvet, non-seulement cela n'est pas démontré, mais cela n'est pas probable. Cette autre affirmation qu'on les reconnaissait à leurs traits et à leur accent, prouve suffisamment qu'on ne savait rien de certain et qu'on tenait seulement à jeter parmi les jeunes gens des semences de méfiance réciproque. Il n'est pas douteux que des agents de l'émigration royaliste n'aient cherché à les exciter. Mais, pas plus que les étrangers, ils n'ont joué un rôle important. L'imberbe rejeton de Monseigneur de Rohan que Louvet dénonçait, n'a pas eu le moindre rôle. Rohan était neveu du cardinal et frère du chef des émigrés : il s'occupait à Paris d'affaires de bourse et d'agio. Nous connaissons assez exactement les véritables chefs de la Jeunesse à cette époque. C'étaient notamment une trentaine de journalistes, comme Louvet lui-même l'a avoué ; seulement, il les appelait maintenant libellistes à la solde du café de Chartres, tandis que le 2 juin, à la Convention, il avait chaudement célébré ces « hommes de lettres » qui savaient aussi « manier l'épée ». Nous nommerons les Charles Hiss, les Martainville, les Lacretelle. Jullian, au contraire, comme Fréron, s'éloignait de plus en plus de la Jeunesse.

Parmi les journaux, ceux qui prirent le plus nettement parti pour la Jeunesse sont : le *Messager du Soir*, le *Courrier républicain* et la *Correspondance politique*. La *Correspondance*, à la date du 20 juillet, faisait à l'adresse de la Convention cette remarque mordante : « Sa conduite est d'autant plus inconcevable, que c'est contre ceux qui lui ont sauvé la vie dans les premiers jours de prairial qu'elle dirige ses terribles mesures [1] ».

§ 13. — *Le Soulèvement du 13 Vendémiaire.*

La question de la Constitution nouvelle, alors en préparation, ne fit qu'aviver les colères. Le bruit courait que la Convention avait le projet de recruter la majeure partie du nouveau Corps législatif, les deux tiers, disait-on, parmi les Conventionnels et de priver ainsi, au fond, la nation de son droit électoral, pour maintenir au pouvoir ceux qui le possédaient déjà, c'est-à-dire, en grande partie, d'anciens Terroristes. Un bon nombre de citoyens refusaient de croire à cette mesure inouïe dans l'histoire parlementaire ; une pareille effronterie excédait, en effet, toute mesure. La Constituante avait fait preuve d'un dilettantisme naïf en ordonnant qu'aucun de ses membres ne ferait partie du nouveau Parlement ; mais la naïveté de la Constituante fut dépassée par la Convention, qui entendit, au contraire, se succéder à elle-même, en passant tout simplement dans l'assemblée nouvelle.

Les journalistes et les jeunes gens manifestèrent un profond mécontentement. Les premiers firent grand bruit, déclarant à tout moment que les meneurs de la Convention n'avaient d'autre but que de perpétuer

[1] II, 375.

leurs pouvoirs sur le terrain de la nouvelle Constitution, que la Convention voulait rétablir le système de la Terreur, auquel elle avait pris une part très-coupable, une part criminelle, que la tyrannie était plus furieuse et plus destructive quand elle était exercée par plusieurs que par un seul[1]. La Jeunesse, très-hostile au fond, garda quelque temps le silence et resta calme ; mais il se fit sans bruit dans ses rangs une métamorphose. Elle avait cru pouvoir accepter la République, une République modérée, conservatrice, garantissant l'ordre et la paix ; mais, tout naturellement, elle préférait la Monarchie à une République qui n'excluait point l'odieuse perspective du rétablissement de la Terreur. Cette perspective, au lieu de s'évanouir entièrement, se dessina contre toute attente d'une manière chaque jour plus menaçante. Aussi les jeunes gens et les journalistes inclinèrent-ils de plus en plus vers le courant royaliste, bien qu'une grande partie d'entre eux ne renonçât pas encore tout-à-fait à l'espoir de voir se fonder une République.

Il y avait toujours eu, parmi la Jeunesse, certains éléments enclins au royalisme. En 1792, beaucoup de jeunes gens avaient combattu pour la royauté[2]. Mais, c'est seulement vers la fin de juillet 1795 que la Jeunesse prit, dans son ensemble, une couleur royaliste.

Le 24 juillet, on critiqua au café Valois la nouvelle Constitution. On a besoin, disait-on, d'un gouverne-

[1] I, 375 et suiv.
[2] II, 290.

ment ferme : « Les seuls propriétaires doivent y être admis ». « Le peuple doit être contenu de manière à ce qu'il lui soit impossible de changer, à chaque instant », la forme du gouvernement. En même temps, dans beaucoup d'autres cafés, on renouvelait les plaintes anciennes contre les élargissements continuels de Terroristes : on prédisait les tristes conséquences de cette conduite ; il est impardonnable, disait-on, qu'ils n'aient pas été « traduits devant un tribunal pour y être entendus et jugés dans les formes ordinaires ». Le lendemain, dans les groupes du Jardin-Egalité et des Champs-Elysées, on put entendre des paroles menaçantes : on annonçait « un dernier réveil qui serait terrible ». Dans les cafés du Palais-Royal, y compris le café de Chartres, les jeunes gens se moquaient de la Constitution. On s'interpellait réciproquement par ces mots: « Es-tu constitutionnel ? » La réponse était : « *Transeat a me calix iste* » ; ou bien la personne interrogée montrait, pour toute réponse, une tabatière sur laquelle étaient figurés les emblêmes de la royauté. On raillait la nouvelle Constitution, « fatras de systèmes obscurs », incompréhensibles pour la plupart des conventionnels eux-mêmes. Dans les groupes du Jardin-Egalité on parlait « de la désertion des troupes » et on exprimait l'espoir qu'elles se réuniraient aux Chouans et aux Vendéens. Sur les places, de jeunes garçons divisés en deux camps jouaient aux Républicains et aux Vendéens et ces derniers gagnaient la partie [1].

[1] II, 376-379.

La mésintelligence s'accrut. Les Comités de gouvernement, en proie à la peur du royalisme, libérèrent avec une facilité croissante quantité de Terroristes arrêtés, membres en grande partie des ci-devant Comités révolutionnaires. Cette conduite irrita de plus en plus non-seulement les jeunes gens, mais tous les citoyens. Dans beaucoup de sections, on exprimait ouvertement le mécontentement causé par cet élargissement « d'intrigants » et de « buveurs de sang ». Il y eut de nouveau des démonstrations énergiques. Le 29 juillet, on jouait au théâtre de l'Ambigu-Comique la pantomime *Les Chouans*. Les jeunes gens organisèrent le lendemain une démonstration contre cette pièce. Ils troublèrent la représentation par ce cri incessant : « C'est une pièce jacobite ». Plusieurs d'entre eux se retirèrent bruyamment. Dans la pièce, un chef de Chouans se déclare moine jacobin et demande grâce. Ce passage souleva, grâce à l'association des idées, une véritable tempête. On cria de tous côtés : « Point de grâce aux Jacobins, ils sont tous buveurs de sang ». Et la musique, aux applaudissements universels, à la joie de tous, dut jouer le *Réveil du Peuple*. Le 5 août, vers dix heures du soir, les jeunes gens, en masse, chantaient, dans le Jardin-Egalité, le *Réveil du Peuple*. Un militaire qui, pour protester, entonna la *Marseillaise*, fut maltraité et conduit au Comité de Sûreté générale. C'est là le premier conflit avec l'élément militaire. A la même époque, la cocarde tomba en discrédit parmi les jeunes gens ; depuis le 12 août, ils se mirent à la porter « derrière le chapeau et sous le ruban¹ ». Ils adoptèrent aussi de plus en plus², par addition au costume chouan, les collets d'habit verts et noirs, collets qui, à coup sûr, ne firent pas leur apparition avant le 12 juin et que nous révèle pour la première fois, en termes clairs, l'article du 16 juillet où Louvet s'en prend aux couleurs.

Nous arrivons aux votes décisifs, aux résolutions fatales de la Convention. Un premier arrêté du 19 août statua que le Corps législatif serait composé partie de membres de la Convention, partie de membres nouvellement élus. Le soir même, dans tous les rassemblements du Jardin-Egalité, ce vote fut unanimement condamné. On voulait : « Tout ou rien ». « Les anciens qui resteront, disait-on, gâteront les nouveaux ; ce n'est pas le bonheur du peuple qui les occupe ; ils ne pensent qu'à leurs intérêts personnels ; ils voudraient se perpétuer pour continuer leur domination ». Le 22 août (5 fructidor), parut en même temps que la Constitution nouvelle le trop fameux décret qui faisait entrer dans le Corps législatif par le moyen d'une réélection forcée les deux tiers des membres de la Convention ; seuls, les députés se trouvant en ce moment sous le coup d'une accusation ou en état d'arrestation furent déclarés non rééligibles. Le peuple devait se prononcer sur la Constitution dans les assemblées primaires ; et tous les Français qui avaient participé aux dernières assemblées primaires avaient droit de

---

[1] II, 380 et suiv ; 385, 391.

[2] Voyez, par exemple, le *Moniteur*, n. 344 (25, 607), séance du 28 août.

prendre part aux nouvelles. Le droit de vote était ainsi accordé à tous les Terroristes désarmés et incarcérés [1].

L'incroyable était vrai. De tous côtés, dans les cafés et dans les groupes, la plus amère désapprobation se donna cours. « Ils veulent donc, disait-on, perpétuer les pouvoirs dans leurs mains ». Cependant, « la Convention ne pourra jamais se laver des horreurs qu'elle a laissé commettre avant le 9 thermidor ». « Il est impossible qu'un homme accoutumé à faire le mal puisse jamais faire le bien » ; en tout cas, « les restants auraient trop d'ascendant sur les nouveaux venus, les domineraient [2] ».

La Convention était persuadée qu'elle avait réalisé l'incroyable et qu'elle était encore en voie de le réaliser. Elle appela dans la banlieue de Paris et dans la ville elle-même des troupes de ligne de plus en plus nombreuses. Le 22 août, quelques détachements furent envoyés sur les marchés et occupèrent divers postes des sections. Le public s'inquiéta ; on se demandait avec étonnement ce que signifiaient ces mouvements. Voulait-on forcer le peuple à accepter la Constitution? [3] Le lendemain parut la loi qui prohibait, sans aucune distinction, tous les clubs et toutes les sociétés populaires et en ordonnait, sans nulle exception, la clôture [4]. Cette mesure frappait évidemment en première ligne le club de la Jeunesse au café de Chartres. Réal, l'ad-

---

[1] II, 397 et suiv. Galisset, I, 1407 et suiv.
[2] II, 400, 404 et suiv.
[3] II, 399 et suiv.: 101, 405.
[4] Galisset, I, 1408.

versaire de la Jeunesse, s'exprimait ainsi dans la quatrième livraison de son *Journal de l'Opposition :* « La Jeunesse du régime actuel semble vouloir les faire oublier (les Jacobins). Les uns et les autres, enfans de la nécessité, ont rendu de grands services ; mais, d'auxiliaires utiles devenus protecteurs incommodes et bientôt dominateurs extravagans, les uns ont été détruits, les autres dissipés. On va démolir les Jacobins ; on a fermé le café de Chartres [1] ». Il va de soi que le café fut aussitôt réouvert au public, et que les jeunes gens purent y rentrer ; toutefois, on ne souffrit plus qu'il y existât un club organisé. Une partie de la Jeunesse adopta dès lors le café Carchy (Garchy), rue de la Loy, près de la Bibliothèque ; une autre resta fidèle aux cafés du Palais-Royal ; le théâtre de la rue Feydeau et le boulevard des Italiens étaient aussi des lieux de réunion et de colloque [2].

La mesure était comble : le mécontentement qui fermentait éclata. On entendit dire de tous côtés que la Convention avait de plus en plus perdu la confiance ; qu'elle était responsable de tous les malheurs de la France. Dans beaucoup de cercles, dans ceux de l'aristocratie et de ce qu'on appelait la bonne société, « on ne comptait pour rien la Constitution » et « on ne parlait que de royauté ». Le 26 août, après la fermeture du café de Chartres, on annonça à maintes reprises « une insurrection prochaine dans Paris ». Dans le Jardin-Egalité, il se forma des groupes nombreux, où

[1] Voyez *Frankreich im Jahre* 1795, III, 38.
[2] Réal dans *Frankreich im Jahre* 1795, III, 268.

tout se passait assez tranquillement, il est vrai, mais qui n'en étaient pas moins extrêmement suspects. Ils semblent tous, lisons-nous dans un rapport de police, se faire réciproquement cette question : « Vous n'avez pas un air satisfait ? Qu'avez-vous donc ? » Et voici quelle était parfois la réponse : « Nous dormons pour le présent et attendons tout du temps ». D'autres répliquaient : « Nous vous entendons, mais gare le réveil : la patience lassée devient fureur ! » D'autres enfin : « Vous avez raison, car il y a gros à parier que si les Chouans viennent jusqu'ici, le lot grossira[1] ».

Plusieurs sections protestèrent contre la concentration des troupes. Le 28 août, un des chefs de la Jeunesse, Lacretelle le jeune se présenta à la barre de la Convention, à la tête d'une députation : il était porteur d'une adresse et demandait au nom de la section des Champs-Elysées le retrait des troupes. Parmi ses compagnons, se trouvait un autre membre du parti des jeunes gens, l'alsacien Dietrich. Il parla en termes excellents et pleins de dignité. Il exprima l'espoir que le peuple accepterait la Constitution et que cette acceptation viendrait clore la période des agitations et l'ère révolutionnaire, mais il critiqua avec la plus grande vigueur et sans la moindre retenue le décret sur la réélection des deux tiers, « source d'embarras et de divisions », mesure « qui pouvait « compromettre la paix publique ». En finissant, l'orateur exprima la crainte que la concentration des troupes eût des

---

[1] II, 398 et suiv.; 100 et suiv.

« suites funestes » ; on s'alarmerait et on s'irriterait de « voir paraître les enseignes de la Terreur au milieu des délibérations du peuple. Il conclut ainsi : « méritez le choix du peuple ; ne le commandez pas ».

Lacretelle fut traité avec le mépris le plus outrageant par la Convention, le président et les orateurs. Je dis les orateurs, car Tallien, Thibaudeau et d'autres députés répondirent longuement. Assurément la Convention était dans son droit en rejetant ces réclamations ; mais c'était manquer d'habileté autant que de dignité d'abreuver d'injures, en un langage fanatique, comme le fit, entre autres, Tallien, les députations des sections et, en particulier, celles de la Jeunesse. Lui qui, précédemment, avait été le protecteur des jeunes gens, lui qui, comme Fréron, avait brigué leur faveur et leur appui, les traita de calomniateurs, perfides, vils intrigants, qui ne savent, dit-il méchamment, que s'agiter et montrer leur courage dans les spectacles[1]. Tallien proclamait ainsi une guerre à mort entre la Jeunesse et lui. Fréron fit cause commune avec Tallien, mais néanmoins garda encore pendant quelque temps une réserve habile : le 12 août, il avait abandonné son *Orateur du Peuple,* par suite de dissentiments avec Dussault, qui, dès lors, lançait ses pamphlets et avait nettement pris part au changement de front de la Jeunesse.

Le 30 août (13 fructidor) un nouveau décret sur le mode de réélection vint compléter celui du 22.

---

[1] *Moniteur*, n. 344 et suiv. (25, 607 et suiv.; 611).

Ce décret prouvait — et c'était là toute son importance — que la Convention ne voulait pas, pour le moment, plier, mais tenait à une réélection forcée. Mesure plus **grave**, la Convention n'admettait qu'un vote simple ; en d'autres termes, l'acceptation de la Constitution par le peuple — le suffrage allait être ouvert le 6 septembre — devait emporter l'acceptation des deux décrets. L'irritation s'accrut de jour en jour, d'heure en heure : d'autant plus, que la cherté des vivres et la dépréciation du papier-monnaie aggravaient encore le mécontentement.

Le royalisme se releva plus audacieux : l'aristocratie se montra plus sûre de la victoire. Dans ce qu'on appelait la bonne société, dans les cercles d'émigrés rentrés, de ci-devant nobles, de prêtres insermentés, il devint de bon ton, pendant le mois de septembre 1795, de faire montre de royalisme. Sur la toilette de toutes les femmes du grand monde, on trouvait le *Messager du Soir*, le constant adversaire des Terroristes, qui représentait maintenant tout à la fois le parti royaliste et la Jeunesse parisienne. C'est alors qu'apparut une chanson intitulée : *La jeune infortunée ;* on désignait ainsi la fille de Louis XVI qui languissait toujours au Temple. Cette chanson fut partout adoptée par les jeunes gens royalistes, on l'entendait dans les promenades, dans les cafés ; on la chantait à mi-voix dans les théâtres pendant les entr'actes [1].

---

[1] II, 400. *Frankreich im Iahre* 1795, II, 268 et suiv.; 272 et suiv. (Voir le texte même de la chanson, p. 274 et suiv.)

En grande partie, en majorité peut-être les jeunes gens n'étaient toujours point royalistes proprement dits, mais plutôt républicains au sens que j'ai déterminé plus haut, ou neutres, ou, comme on disait alors, gouvernementistes, c'est-à-dire partisans d'un gouvernement ferme, qui assurât vraiment les personnes et les propriétés, l'ordre et la paix, l'égalité et la liberté [1].

Mais tous, sans distinction, quoiqu'en fin de compte ils se résignassent à la Constitution, étaient irrités au plus haut point de l'obligation qu'on prétendait leur imposer de réélire les deux tiers des conventionnels, objets de leur mépris. Tous eussent été on ne peut plus heureux de ne pas en réélire un seul. Aussi tous accablaient la Convention de leurs invectives ; quant aux députés influents, comme Chenier, Tallien, Louvet, Dubois-Crancé et autres, on leur avait décerné les sobriquets les plus mordants. Tous les jeunes gens enfin, sans s'arrêter aux divergences des points de vue politiques, étaient également décidés à opposer à la réélection obligatoire une résistance acharnée [2].

La Convention, de son côté, voulut mettre la Jeunesse hors d'état de lui nuire, dans ce moment de crise, et dans cette vue, elle rappela tout à coup sous les drapeaux les jeunes gens de la première réquisi-

---

[1] Réal dans *Frankreich im Iahre* 1795. III, 40 et suiv.; cf. 1796, II, 203.

[2] II, 407, 410.

tion. Mais ceux-ci se moquèrent de cette injonction et parurent bien décidés à n'y pas obéir [1].

Une issue pacifique était encore possible. On pouvait, en dépit de la Convention, diviser le vote en deux, accepter la Constitution, malgré ses nombreuses lacunes, et rejeter les deux décrets sur la réélection des deux tiers. Grâce à l'initiative de la section Lepelletier qui se mit à la tête du mouvement, et montra la plus grande énergie, ce système fut adopté par les assemblées primaires de toutes les sections ; il aboutit à ce résultat : acceptation unanime de la Constitution ; rejet unanime des deux décrets. Dans la plupart des autres villes on agit de même. On ne peut guère douter que, dans la France entière, la majorité des votants ne se soit prononcée contre les décrets.

Mais la Convention qui ne voulait, en aucun cas, abandonner la réélection obligatoire et qui, dans ce but, fit voter, par ordre, les soldats du camp de Paris et d'ailleurs, sut veiller à ses intérêts. Ses comités prirent la résolution formelle de déclarer en toute circonstance devant la Convention et devant la Nation que les décrets étaient acceptés. Pour y arriver, on employa, dans la constation des résultats du vote, des modes de supputation artificiels qui équivalaient à de véritables et complètes falsifications. Ainsi, en beaucoup de cas, on compta pour une seule voix des milliers de votes négatifs, parce que les bulletins de vote n'avaient pas été remis un par un, mais toutes les voix

[1] II, 409.

réunies en un vote unique et unanime. C'est ainsi, par exemple, qu'à Paris, plus de 60,000 votes négatifs furent éliminés [1].

Le 23 septembre, la Convention proclama la nouvelle constitution, après avoir déclaré que sur 958,226 suffrages exprimés, elle avait obtenu 914,853 voix contre 41,892, et que les deux décrets sur la réélection avaient obtenu 167,758 voix contre 93,373, sur 263,131 suffrages exprimés.

Le gant était jeté. Les sections de Paris, celle de Lepelletier en tête, lancèrent feu et flammes. Rien ne les arrêta : c'est en vain que dans des pamphlets on injuria, les traitant d'émeutiers royalistes, et les citoyens des sections et les jeunes gens qui se groupaient avec eux ; en vain qu'on appela outrageusement les sections : repaires des diverses armées de l'aristocratie, centre des castes dorées, rendez-vous de leurs hérauts et de leurs valets ; qu'on assura que l'armée des sections se composait d'usuriers, de banquiers, de petits marchands, d'employés de comptoirs, de tailleurs, de perruquiers et de « vile canaille [2] ». Les sections n'avaient aucun but royaliste déterminé ; elles demandaient seulement une représentation nationale tout-à-fait indépendante qui pût fonder un gouvernement animé de l'esprit et des sentiments du peuple tout entier [3].

[1] II, 409-427. Beaulieu, VI, 210 et suiv. *Frankreich im Iahre* 1795, II, 272. Wachsmuth, *geschichte Frankreichs im Rev.-Zeitalter*, II, 471.
[2] La correspondance qu'on trouve dans *Frankreich im Iahre* 1795, III, 3 et suiv., fournit un type de ces pamphlets.
[3] Beaulieu, VI, 231 et suiv.

A la tête de ce mouvement très-vif et très-ardent figuraient des hommes comme Richer-Serigny, directeur de l'*Accusateur public* et président de la section Lepelletier, le célèbre Laharpe, l'abbé Morellet, J.-J. Dussault et d'autres : du côté de la Jeunesse, Lacretelle et Martainville étaient en première ligne [1]. Ces chefs étaient suivis non-seulement par les classes supérieures, mais aussi par les classes moyennes, par les artisans et les paysans dont aucun n'aimait la Convention, parce qu'elle avait attaché son nom à toutes les mesures oppressives, qui, pendant deux ans, avaient jeté en France tant de misère. Ils avaient avec eux encore une grande partie des ouvriers proprement dits et toute la Jeunesse de Paris. La garde nationale des Sections, forte de 20 à 30,000 hommes, était presque exclusivement composée de jeunes gens dont la moitié appartenait au parti proprement dit de la Jeunesse parisienne, tandis que les autres ne faisaient que suivre l'impulsion. Quant aux jeunes gens qui ne faisaient pas partie de la garde nationale, on les voyait de plus en plus nombreux montrant en public les couleurs de l'habit, des parements, du collet qui symbolisaient la Chouannerie. On paraissait supérieur en force, on paraissait aussi avoir suffisamment pourvu à la direction stratégique ; car le général Danican vint tout exprès de Rouen pour se mettre à la tête de la Jeunesse parisienne [2].

---

[1] Réal dans *Frankreich im Iahre* 1795, III, 266. Cf. *ibid.*, III, 48 et suiv. Thibaudeau, I, 189. *Biog. univ.*, XXVII, 87. (Art. Martainville.)

[2] *Frankreich im Iahre* 1795, II, 271, 325 et suiv.: 358 et suiv. (Sen-

La Convention n'avait soi-disant à ses ordres que 4,000 hommes de troupes. Mais elle pouvait aussi compter, comme le dit un rapporteur impartial, sur la populace qui est toujours le moyen essentiel des révolutions et qui appartient toujours à qui veut s'en servir entre les citoyens à l'aise. Fréron qui revenait à ses anciennes tendances forma lui-même dans le faubourg Antoine, parmi les partisans du Terrorisme, un corps franc, qui compta jusqu'à 1,500 hommes, et qui s'intitula orgueilleusement : « le bataillon sacré des Patriotes de 89 [1] ».

Il est vrai que ces forces paraissaient, quant au nombre, bien inférieures. Mais trois circonstances décisives donnaient l'avantage à la Convention. D'abord, la ligne était par son expérience, sa dextérité à la manœuvre, et sa force de résistance pour le moins dix fois supérieure à la Jeunesse, sans éducation militaire, qu'elle fit partie ou non de la garde nationale. En second lieu, la Convention avait à sa disposition une forte et très-nombreuse artillerie, tandis que les Sections, à la suite des journées de prairial, avaient, comme nous l'avons vu, volontairement livré tous leurs canons ; elles sentaient maintenant cruellement cette absence d'artillerie qui devait leur coûter cher. En troisième

timents de haine extrême contre la Jeunesse); III, 49, 56 et suiv., 287, 290, 312, 319, 324 et suiv.; 308, 369. Thibaudeau, I, 209 et suiv. (20,000 hommes). Beaulieu, VI, 218, 220, 221.

[1] Thibaudeau, I, 210. *Frankreich im Iahre* 1795, II, 271. Réal, *ibid.*, III, 289, 300 et suiv. Beaulieu, VI, 218, 223, (Beaulieu réduit à 200 hommes le bataillon de Fréron) et autres auteurs.

lieu, un stratégiste, le général Bonaparte vint s'offrir à la Convention ; il était de force à tenir tête à vingt adversaires de la taille de Danican.

Je n'ai pas à raconter en détail la journée du 13 vendémiaire (5 octobre 1795). Il me suffit de rappeler que les forces des sections, de la bourgeoisie, du royalisme et de la Jeunesse parisienne essuyèrent une défaite décisive qui s'explique par les trois causes d'infériorité que je viens de signaler. L'émeute fut écrasée sous la mitraille de Bonaparte.

Dans cette lutte inégale la Jeunesse avait fait preuve d'agilité et de décision. Les vrais gandins eux-mêmes, les Incroyables ne s'étaient point cachés ce jour-là : ils s'étaient montrés comme les autres [1]. Après la défaite, on accabla d'injures tous les vaincus sans exception ; à entendre la foule des détracteurs, il semble qu'il n'y ait rien de bon à dire d'aucun d'eux, qu'aucun n'ait été inspiré par un noble sentiment : on ne leur a pas non plus épargné le reproche injurieux de lâcheté. Mais les observateurs impartiaux et rassis ont porté un autre jugement. Beaulieu est persuadé que si, au lieu d'une masse d'hommes embarrassants, dont la majeure partie, timide et inhabile, jetait partout le désordre, 10,000 hommes parmi les plus chauds d'entre les jeunes gens eussent seuls pris part à la lutte, les troupes de la Convention, en dépit du manque de canons, eussent été facilement culbutées [2].

Parmi les jeunes combattants que citent les sources

[1] Thibaudeau, II, 334.
[2] Beaulieu, VI, 221 et suiv.

du temps, nous rencontrons quelques caractères et des esprits heureusement doués. Beffroy-Reigny, dans son *Testament d'un Electeur de Paris,* fait le portrait d'un jeune homme qui, rappelé de l'armée et pourvu d'une place, commandait un détachement au 13 vendémiaire, c'était, dit-il expressément un jeune homme « rempli de talents et de vertus [1] ». Beaulieu nous a fait connaître Delalo, âgé de vingt-deux ans, chef du bataillon Lepelletier, héros dont la culture intellectuelle et l'éloquence égalaient le courage et l'audace. La veille du jour décisif, le bataillon de Delalo avait devant lui les forces supérieures du général Menou; il fut sommé de mettre bas les armes. Delalo, ardent et ferme, adressa à ses camarades un discours entraînant, les décida à une résistance acharnée et réussit même à arrêter le général assez longtemps pour que, de tous côtés, 20,000 auxiliaires eussent le temps d'accourir; ceux-ci auraient, à leur tour, contraint facilement les troupes de Menou à déposer les armes, si on n'avait encore temporisé, avec l'espoir que la Convention céderait tout à coup. Un autre jeune homme, Lafond, se trouvait, au jour décisif, à la tête d'une colonne de la section Lepelletier; au Pont-Neuf, les troupes, cédant devant les forces supérieures, parlementent un moment, puis se retirent sans combattre, abandonnant leurs canons; Lafond, heureux de l'occasion qui se présente de procurer de l'artillerie aux Parisiens, pousse en avant

[1] *Revolutions-Almanach* pour 1797, pp. 249, 253. Beffroy-Reigny, *Testament d'un Electeur de Paris,* p. 12.

afin de s'emparer de l'artillerie ennemie ; mais le général Danican s'oppose à ce mouvement, parce qu'il faut, dit-il, se garder « d'humilier les troupes », et de surexciter leur honneur. Ainsi la Jeunesse parisienne fut paralysée par son propre chef militaire, qui l'empêcha d'arriver à des résultats décisifs [1].

Nous savons peu de chose sur le sort personnel de chacun des chefs de la Jeunesse. Après l'affaire, Martainville se vit, avec beaucoup d'autres jeunes gens, obligé de prendre la fuite ; il se réfugia en Provence, y fut enrôlé comme réquisitionnaire et envoyé en Italie [2]. Plus tard, Lacretelle dut faire deux ans de prison, sans même être interrogé [3].

Les classes moyennes, retombant dans leur apathie, s'accommodèrent après coup du dénouement [4]. La bonne société et la Jeunesse avaient éprouvé un sensible échec. Le désarmement général, les procès, les mesures répressives de toutes sortes maintinrent à terre le parti des royalistes et celui des modérés ; quant aux révolutionnaires par principe et aux Terroristes, tout pleins de leur triomphe, ils relevèrent la tête. Cependant, dès le commencement de novembre, la Convention se hâta de transmettre ses pouvoirs au Corps législatif et au Directoire [5].

[1] Beaulieu, VI, 218 et suiv.; 222 et suiv.
[2] *Biogr. univ.*, loc. cit.
[3] *Moniteur* du 11 août 1799 (29, 772).
[4] *Frankreich im Iahre* 1795, II, 361.
[5] *Tableaux*, II, 428-433. *Frankreich*, loc. cit., III, 370.

XIII

DÉCADENCE DE LA JEUNESSE PARISIENNE

Le rôle historique de la Jeunesse parisienne finit, en ce qu'il a d'essentiel, le 5 octobre 1795. Depuis lors, la Jeunesse ne dirigea plus et elle resta sans grande influence. Mais son opposition se perpétua sous le Directoire, et on ne peut méconnaître que cette opposition prit une teinte royaliste de plus en plus tranchée et de plus en plus générale.

Dans les premiers mois de son existence, le nouveau gouvernement augmenta les rigueurs contre les jeunes gens de la première réquisition : un grand nombre d'entre eux furent renvoyés à l'armée [1]. Mais cela n'empêcha pas les manifestations d'opposition et de royalisme de la part de ceux qui restaient ; ces manifestations se multipliaient et s'aggravaient. Les uns poussaient ce cri : « Vive le roi, le comte d'Artois et la famille royale ». D'autres s'opposaient à l'arrestation de leurs amis et les faisaient échapper [2]. La campagne contre la *Marseillaise* fut reprise surtout dans les théâtres. Au Jardin-Égalité, les jeunes gens luttaient de plus en plus sérieusement contre les militaires que Louvet n'avait pas en vain lancés contre eux. Dans les théâtres, ils applaudissaient toute phrase qui pouvait correspondre à leurs sentiments.

[1] II, 509, 523, 534, 554 ; III, 5, 8, 67, 70, 79.
[2] II, 451.

Le 10 décembre, notamment, au théâtre Italien, ces mots : « le vice triomphe et la vertu est persécutée » soulevèrent un tonnerre d'applaudissements sans fin [1]. On répandait le bruit que 8,000 jeunes gens de la première réquisition s'étaient réunis aux Chouans ; on affirmait, en même temps, que la majorité se prononçait partout contre la forme républicaine [2] : deux assertions qui, avec le temps, devaient devenir des vérités.

A Orléans, à Caen, à Lyon, à Amiens, à Bordeaux et ailleurs, la Jeunesse agissait de concert avec celle de Paris. Partout, les jeunes gens faisaient des manifestations royalistes, chantaient le *Réveil du Peuple*, ou le faisaient chanter, et déclaraient, par allusion aux cinq directeurs, qu'on ne pouvait souffrir en France autant de rois [3]. A Paris, on se concertait, dans des réunions clandestines, sur la conduite à tenir contre le gouvernement. Les élèves en chirurgie se réunissaient la nuit à onze heures à l'Institut de chirurgie ; d'autres chez un traiteur, derrière le théâtre des Italiens, avant et après la représentation ; d'autres encore dans les corridors et l'orchestre du théâtre du Vaudeville. Près de là, les cafés du Palais-Royal restaient, comme auparavant, le lieu de réunion de la Jeunesse ; quant aux Incroyables, aux Elégants les plus recherchés et les plus riches, qu'on désignait aussi

---

[1] II, 462 et suiv.; 534.
[2] II, 469; III, 6.
[3] II, 490; III. 34, 38, 52, 54, 132.

volontiers sous le nom d'Adonis, il semble bien qu'ils préféraient le café Carchy, rue de la Loi [1].

Au mois de décembre, le bruit se répandit que les jeunes gens méditaient un nouveau projet qui devait sous peu être mis à exécution, qu'ils achetaient beaucoup d'armes à feu, notamment des fusils à deux coups [2]. Les queues reparurent aussi de plus en plus nombreuses : ce qu'on interpréta dans le même sens [3]. Un symptôme frappa plus encore : beaucoup de jeunes gens prirent l'habitude de sortir toujours armés à l'italienne, c'est-à-dire enveloppés dans une large houppelande où ils pouvaient cacher des armes et dont ils pouvaient se servir pour dissimuler toute manœuvre hostile ; cette houppelande était souvent ornée d'un petit liseré blanc, emblème royaliste [4]. De tout cela on concluait que le royalisme concevait des espérances nouvelles ; qu'il atteindrait son but d'une autre manière qu'au 13 vendémiaire ; qu'un complot était ourdi parmi les jeunes gens des divers départements, pour renverser le gouvernement en combinant un soulèvement militaire des recrues avec une insurrection des hommes restés dans leurs foyers [5].

Mais pour de pareilles entreprises, la Jeunesse manquait des qualités nécessaires ; elle manquait d'organisation, de force de caractère, d'énergie et de

---

[1] II, 499 ; III, 8, 12 ; II, 534. Thibaudeau, II, 334.
[2] II, 531, 547.
[3] II, 508, 522 ; III, 156, 164.
[4] II, 550 ; III, 23.
[5] II, 508, 551, 554.

résolution ; avant tout, elle manquait de chefs. On attaqua le Directoire par des injures et des charivaris au théâtre. Le gouvernement, dans son inquiétude, avait expédié des ordres de marche même aux hommes de complexion faible et exemptés, pour cette cause, du service militaire ; un ordre de ce genre fut envoyé notamment aux acteurs préférés, Gavaudan et Elvion, qui appartenaient à la Société des jeunes gens ; la Jeunesse s'entêta à défendre ces deux acteurs et à les empêcher de partir ainsi que les autres jeunes gens rappelés sous les drapeaux ; mais, malgré toutes les scènes scandaleuses organisées au théâtre, elle ne réussit pas. Elle menaça sans cesse ou de ne pas marcher ou de se réunir aux Vendéens et aux Chouans ; mais sa force d'action s'épuisa à des menaces[1].

D'ailleurs ce besoin d'action trouva un nouveau dérivatif. Le 8 janvier 1796, le Directoire qui redoutait par-dessus tout les royalistes, et qui, par conséquent, croyait devoir faire la cour aux ci-devant Jacobins, prit un arrêté qui ordonnait aux divers théâtres de chanter chaque soir la *Marseillaise* ou d'autres hymnes républicains, et interdisait le *Réveil du Peuple*. Les jeunes gens jetèrent feu et flamme : ce fut chaque soir au théâtre un vacarme nouveau ; ils voulaient combattre et l'ordre et la défense du Directoire ; on sifflait la *Marseillaise* et on réclamait les *Folies d'Espagne;* les adversaires criaient : « A bas les Chouans ! » épithète qui fut longtemps donnée aux jeunes gens; on les appelait

---

[1] III, 8, 12, 14, 18, 38, 20. 23 et suiv.. 29, 51, 105, 115 et suiv.; 133 et suiv.

« Jeunesse chouanne ». Ceux-ci bientôt changèrent de tactique. Ils appliquèrent arbitrairement aux chefs du gouvernement divers passages de la *Marseillaise*, notamment ces mots : « *Tremblez tyrans et vous, perfides* » et ils accueillaient régulièrement ces passages par des applaudissements fougueux et ironiques, les bissaient, puis, aux endroits désagréables, couvraient la voix des chanteurs par un éclat bruyant d'hilarité moqueuse, par le vacarme et les battements de main. Sans nul doute, on leur doit aussi ce moyen de désordre qui consistait à casser une quantité de noix. Les Jacobins ne tardèrent pas à se venger en substituant à : *Tremblez, tyrans*, ces mots : *Tremblez, chouans*. Le *Tremblez, chouans*, fut chanté, pour la première fois, sur le théâtre de la République. Cette invention stimula l'émulation des deux partis[1].

Au mois de février 1796, les jeunes gens adoptèrent un moyen nouveau d'agitation. Ils entrèrent en grand nombre dans la légion de police organisée militairement et cherchèrent à mutiner les anciens[2]. Mais, au fond, ils faisaient là, sans le savoir, le jeu de ceux qu'ils combattaient avec un si beau zèle, le jeu des Jacobins, des Terroristes et des partisans de Babeuf. Car ceux-ci s'appliquaient par-dessus tout à faire pénétrer leurs idées dans la légion de police.

Le 27 février, le Directoire frappant un grand coup

---

[1] III, 58, 60, 67, 69, 70 et suiv.; 77, 79, 80, 98, 104, 118 et passim. *Frankreich im Iahre* 1796, I, 232 et suiv.; 102. Beaulieu, VI, 255 et suiv.

[2] III, 111, 115.

contre les deux partis à la fois ordonna la fermeture des centres de réunion royalistes ou jacobins les plus importants[1]. Sans doute le gouvernement détruisait ainsi les repaires principaux de toutes les intrigues de ses ennemis. Mais, d'un autre côté, les deux partis allaient désormais nourrir contre lui les mêmes rancunes. Depuis lors, les théâtres offrirent un aspect nouveau et tout particulier. Jeunes gens et Terroristes accueillirent de plus en plus silencieusement le chant des hymnes républicains ordonnés par le gouvernement; et comme la masse du public était animée de sentiments royalistes, les chants furent entendus avec une indifférence croissante, un silence significatif, et même « plus que de la froideur ». De temps en temps les jeunes gens renouvelèrent leur tactique primitive des rires ironiques, des vacarmes assourdissants. A la fin (en juillet), le Directoire pensa que le plus sage était d'abandonner la décision du 8 janvier; ce fut l'arrêt de mort des chants républicains[2].

De bonne heure le gouvernement avait commis la folie de se mêler directement à ces querelles de théâtre, en transmettant, à l'occasion, des couplets officiels dirigés contre la Jeunesse. On en avait attribué l'envoi notamment au ministre Merlin; les auditeurs traitèrent ces couplets de la même manière que les hymnes républicains; les uns se moquèrent et sifflèrent, les autres applaudirent. Une conduite plus folle encore, ce fut de

[1] III, 116.
[2] III, 145 et suiv; 149, 167. *Frankreich im Iahre* 1796, III, 32 et suiv.

prolonger cette immixtion de maître d'école au-delà du 27 février, lorsqu'il n'y avait plus à compter sur l'assistance des Jacobins et des Terroristes. Le gouvernement provoqua ainsi gratuitement des scènes scandaleuses qui minèrent son crédit et l'exposèrent aux railleries universelles. Lorsque la fête de la Jeunesse décrétée par la Convention eut été célébrée pour la première fois, le 10 germinal (30 mars), un bruit fâcheux ne tarda pas à se répandre parmi les jeunes gens et dans les cercles qui étaient en relation avec eux : le gouvernement n'a d'autre but, disait-on, que de rassembler les jeunes gens, les connaître et les envoyer ensuite à la boucherie. Le gouvernement ne se contenta pas de démentir ces bruits, mais il fit encore chanter sur le théâtre du Vaudeville un hymne qui avait pour but de préconiser le véritable sens de la fête de la Jeunesse ; les jeunes gens et le public, en général, accueillirent ce chant avec des murmures : à la fin, on demanda ironiquement l'auteur et la Jeunesse cria : « C'est l'enchanteur Merlin ! [1] ».

A cette époque, les signes extérieurs de l'opinion royaliste apparurent plus fréquemment encore parmi les jeunes gens. Beaucoup d'entre eux, depuis le mois d'avril, se montrèrent avec « des ganses blanches » au chapeau, et, par mépris, « la cocarde très-haut [2] ».

Les rancunes du gouvernement contre la Jeunesse se reflètent dans les rapports de police. Non-seulement elle y est sans cesse combattue et régentée de haut,

[1] III, 138 et suiv.
[2] II, 523.

mais aussi conspuée et accusée de toute manière. Depuis le 13 vendémiaire on lui jeta constamment les accusations de lâcheté, de mollesse, d'immoralité. Dès le mois de décembre 1795, on lit dans un rapport officiel : « Les ordres donnés pour rappeler les jeunes gens à leurs bataillons n'excitent que la rage impuissante de ces efféminés, et les cris de leurs impudiques maitresses qui les auront bientôt oubliés ». Un rapport du 3 mai 1796 contient ce paragraphe relatif aux théâtres : « L'esprit public qu'on y remarque n'est que celui des jeunes gens qui y affluent, esprit de libertinage, mauvaises plaisanteries à tout ce qui peut prêter contre la sévérité du gouvernement qui les surveille. Mais cette jeunesse molle et dissipée tremble à l'aspect d'un commissaire de police, et une surveillance bien entendue peut, sans de grands efforts, ramener à l'ordre ses esprits tout à la fois faibles et mutins ». Un rapport postérieur ajoute encore : « Persiffler, faire de méchantes plaisanteries, courir les spectacles et les environs de Paris, affecter une ignorance absolue du gouvernement et de ses lois, c'est le lot d'une jeunesse étourdie, et de filles et de femmes dissolues [1] ».

Mais, bien qu'on ne puisse nier que la Jeunesse, dégoûtée de l'état de choses officiel, qu'elle ne pouvait renverser, se soit abandonnée à des excentricités sans but, à des dissipations frivoles, notamment au jeu [2], cependant il ne manque pas de faits qui prouvent que

---

[1] III, 177 et suiv.; 180 et suiv. Cf. *Frankreich im Iahre* 1796, III, 29.
[2] III, 365.

ces accusations ont été exagérées. Il est certain que nombre de ces jeunes gens, ennemis irréconciliables du gouvernement, se sont distingués sur le champ de bataille, y ont reçu de graves blessures, et en ont été récompensés par une pension de l'Etat[1]. Il est certain qu'en cas d'accident, s'il s'agissait, par exemple, de secourir un homme tombé à l'eau, ils étaient toujours là les premiers, prêts à porter secours, au péril de leur propre vie[2]. C'était encore la Jeunesse qui surveillait attentivement, souvent avec plus de zèle que le gouvernement lui-même, les menées de Babeuf si menaçantes pour la société. Ce sont peut-être les jeunes gens qui découvrirent les premiers le complot du camp de Grenelle ; ils se mirent dès lors activement sur les traces des tentatives faites par les Jacobins en vue de séduire les troupes, et s'ils se décidèrent à prendre part en masse à la fête de la Victoire, ce fut uniquement afin d'être « les surveillants des disciples de Babeuf », toujours prêts à l'émeute, c'est-à-dire pour faire échec aux projets anarchiques que ceux-ci pouvaient nourrir[3].

Ainsi la Jeunesse se montra toujours prête à faire cause commune même avec un gouvernement qu'elle haïssait, pourvu que celui-ci fût sérieusement résolu à combattre les Jacobins, les Terroristes et les Anarchistes, comme il l'était, en effet, au moment de la conjuration de Babeuf et du complot de Grenelle (11 mai et 10 septembre 1796).

[1] III, 73 et suiv.
[2] III, 207.
[3] III, 221.

On conçoit, néanmoins, que le Directoire, agité, d'ailleurs, par des intrigues intérieures de tout genre, fût toujours très-effrayé par le spectre du royalisme. Ces craintes donnèrent lieu au coup d'Etat du 18 fructidor (4 septembre 1797), dirigé contre la minorité modérée du Directoire (Carnot et Barthélemy) et contre la majorité modérée du Corps législatif. Le général Augereau fut l'exécuteur militaire de cette entreprise. Un nouveau genre de terreur fut intronisé. Les deux directeurs, 53 membres des deux assemblées, et un grand nombre de publicistes et de journalistes furent condamnés à la déportation.

Quant à la Jeunesse, bien qu'elle ait gardé une attitude passive, elle fut désormais soumise, d'après la recette donnée par Louvet, à un régime de terreur militaire. Ce même régime trouva sa plus haute expression dans les méfaits odieux de janvier 1798, méfaits ordonnés par le Directoire. Le 18 de ce mois, un grand nombre de jeunes gens étaient réunis au café Carchy et, parmi eux, beaucoup d'Elégants distingués, ou d'Incroyables, mais aussi des jeunes gens très-recommandables, et même des jeunes militaires. Tout à coup, une troupe d'environ trente hommes, officiers et soldats, fait irruption dans ce local, engage aussitôt une querelle et frappe de ses armes les personnes présentes. Bon nombre, entre autres un citoyen considéré, Lamothe, sont maltraités, blessés plus ou moins grièvement, plusieurs sont massacrés. Il y eut tout naturellement une sorte de bataille; quelques-uns des malfaiteurs furent maîtrisés par ceux qu'ils avaient assaillis et arrêtés, puis relâchés aussitôt par ordre supérieur. Un message mensonger du Directoire défigura ces faits d'une manière révoltante : ceux qu'on avait assaillis furent punis très-sévèrement ; et les meurtriers eurent le champ libre. Le mécontentement qu'excita la conduite du Directoire fut si général et si violent que le gouvernement se vit forcé d'ordonner des poursuites judiciaires contre les instigateurs de cette scène. Mais ce ne fut qu'une manœuvre tout extérieure pour apaiser l'opinion publique irritée ; le crime n'en resta pas moins impuni [1].

Les Incroyables, pris en gros, formaient encore, à cette époque — cela n'est pas douteux — une fraction de la Jeunesse parisienne. Cependant, l'idée qu'ils éveillaient en première ligne n'était pas une idée politique, mais une idée sociale. C'est ce que prouve bien l'exemple du ci-devant duc de Lauraguais, qui par le costume, les manières et le langage, était un vrai Incroyable, mais, en politique, un partisan décidé de Barras, le chef du Directoire [2].

Après le nouveau coup d'Etat des mois de mai et juin 1799 (nouveau triomphe du Directoire sur les Modérés et les Royalistes), les ci-devant Jacobins et Terroristes furent encore favorisés par le gouvernement qui les considérait comme servant de contre-poids au royalisme : cela à tel point qu'on leur permit, au mois de juillet, d'installer ce club du Manége dont nous avons déjà raconté l'histoire. Ce fut de nouveau la Jeu-

---

[1] Thibaudeau, II, 334 et suiv. *Moniteur* des 19, 21 et 24 janvier.
[2] Thibaudeau, II, 320 et suiv.

nesse parisienne qui, dans la lutte contre ce dernier club jacobin, se mit, en prêchant d'exemple, à la tête de l'opinion publique et de tout le parti royaliste. On vit reparaître, au milieu de ces démonstrations, une grande quantité de collets noirs et violets, qui souvent « étaient tout nouvellement posés sur des habits vieux ». La masse des jeunes gens portait comme toujours la queue ; beaucoup avaient des lunettes ; et on peut considérer comme certain que les Incroyables prirent part, en grand nombre, à ces manifestations. Les jeunes gens crièrent comme cinq ans auparavant : « A bas les Jacobins ! A bas les buveurs de sang ! » ; eux-mêmes furent traités de Chouans. Au cri des Jacobins : « Vive la République ! » on opposa souvent le cri contraire : « A bas la République ! Vive le Roi ! » Le cri dominant était : « Aux armes ! » La majorité du Corps législatif laissa cette fois le gouvernement en plan ; il ordonna que le club disparaîtrait du voisinage des Tuileries ; et, peu à peu, cette réunion fut entièrement dissoute [1].

C'est là le dernier succès remporté par la Jeunesse. Mais sa haine contre l'ordre de choses établi ne se calma ni sous le Directoire expirant, ni dans les premiers temps du Consulat. Cette haine sans mesure s'exagéra même au point que beaucoup des jeunes gens accueillaient avec une joie avouée toute nouvelle d'un insuccès militaire et souhaitaient de nouveaux échecs [2]. De pareils vœux avaient non-seulement pour mobile la répulsion qu'inspirait le service militaire et, par consé-

[1] III, 400. Zinkeisen, II, 993. Cf. ci-dessus, p. 167 et suiv.
[2] III, 413.

quent, la continuation de la guerre, mais aussi l'espoir que la défaite amènerait nécessairement une restauration monarchique.

La Jeunesse, celle de Paris en moins grand nombre, celle des provinces, en masse, prit part dès lors aux soulèvements royalistes, à la Chouannerie. A ce point de vue, les rapports officiels du département de la Sarthe du mois de décembre 1799 sont particulièrement intéressants. Ils nous apprennent d'abord que sept jeunes gens du Mans, appartenant à une colonne mobile, « ont abandonné la commune en plein jour avec leurs armes et ont été se réunir aux Chouans, et qu'on a bien des raisons de craindre qu'un pareil exemple n'ait que trop d'imitateurs ». Cette crainte se justifia : car nous lisons dans le rapport suivant : « Il est certain que... tous les jeunes gens de nos cantons se réuniront à la Chouannerie. On voit avec peine qu'ils se font un mérite et un honneur de se ranger sous les drapeaux de la rébellion [1] ».

Il est inutile de rappeler que les sympathies publiques de la Jeunesse pour les insurrections royalistes n'eurent aucun résultat, et que, malgré elles, le Consulat engendra l'Empire. Mais Bonaparte connaissait trop bien l'histoire de la Jeunesse française ; il savait trop bien que, depuis 1792, elle avait joué ou cherché à jouer un rôle politique indépendant pour ne pas tirer profit de cette connaissance des choses. Ses efforts tendirent donc non-seulement à unifier extérieurement

---

[1] III, 476 et suiv.

quant à la coupe et à la couleur du vêtement toute la Jeunesse française, mais aussi à lui donner, par le moyen de l'éducation et de l'instruction, une direction intellectuelle et morale conforme à l'esprit des institutions impériales.

FIN DU TOME PREMIER

APPENDICE

I

Liste des expressions servant à désigner les partis politiques, que contiennent les TABLEAUX DE LA RÉVOLUTION FRANÇAISE.

Aboyeurs. Accapareurs. Adonis. Affameurs. Agents. Agioteurs. Agitateurs. Anarchico-royaliste. Anarchistes. Antianarchistes. Anticonstitutionnels. Antijacobins. Antipatriotes. Antirépublicains. Aristocrates. Aristocratisés. Armée de Fréron. Assassins. Bâtonniers. Bonapartistes. Bonnets-rouges. Bons citoyens. Bons patriotes. Boutiquiers. Braillards. Brigande. Brigands du Palais-Royal. Brissotins. Brocanteurs. Brunswick. Buveurs de sang. Buzotins. Capucins de la Convention. Chapeaux. Charlatans. Chevaliers du poignard. Chiant-lits. Chouans. Cisalpine (coup d'Etat). Clichiens. Coblentz. Cobourg. Comité-Vatar. Compagnie du Soleil. Compagnie de la Lune. Compagnies de Jésus. Constants de boutique. Constitutionnels. Continuateurs de Robespierre. Contre-révolutionnaires. Conventionnels. Cordeliers. Coupe-têtes. Coupeurs de têtes. Dames de la Halle. Démagogues. Démocrates. Dépatriotisés. Diffamateurs. Eduqués.

Egoïstes. Egorgeurs. Elégants. Emigrés. Emissaires. Emissaires provocateurs. Energumènes. Enragés. Espions. Et et EE (bande royaliste). Etrangers. Factieux. Faction. Faction liberticide (Hébertistes). Faction nouvelle (Dantonistes). Faquins. Faquins du Palais-Royal. Fayettistes. Fédéralistes. Femmes des Halles. Feuillants. Floréaliser. Forcenés. Forts de la Halle. Fréluquets. Frères. Furoristes. Gagés. Gens à bons mots. Gens comme il faut. Gens culottés. Gens du bel air. Gens éclairés, sages, sensés. Girondins. Gouvernantistes. Hébertistes. Héroïnes de la liberté. Hommes à moustaches. Hommes d'Etat. Hommes de 1793. Hommes de proie. Hommes de sang. Hommes de bon ton. Hommes du 14 Juillet. Hommes du 10 Août. Honnêtes gens. Insurrection morale. Intrigants. Jacobins, Jacobites. Jeunes Fréluquets. Jeunes Gens à cadenettes. Jeunes Gens de Fréron. Jeunes Gens de Paris. Jeunesse. Jeunesse de Paris. Jeunesse française. Jeunesse fréronnière. Jeunesse parisienne. Louvetants. Madame. Marais. Maratistes. Modérés. Monsieur. Montagne, Montagnards. Mouchards. Muscadins. Noirs. Oligargues. Organes de la Jeunesse française. Pagode. Palais-Royal (parti de la Jeunesse). Panthéonistes. Parleurs. Parvenus. Paternel. Patriotes, Patriotes exclusifs, Patriotes par excellence, Patriotes de 89. Perturbateurs. Pétionistes. Petit-Coblentz. Petites-Maîtresses. Petits-Maîtres. Peuple du Palais-Royal. Philippotins (Philippeautins). Pitt. Plaine. Poltrons. Prédicants. Queue de Robespierre. Raisonneurs, grands Raisonneurs. Réacteurs. Réaction. Repas civique. Repas fraternel. Révolutionnaires décidés. Robespierristes. Rolandins. Rolandiser. Royalistes. Royalistes à cocarde blanche. Royalistes à bonnet rouge. Sainte-Inquisition (la police municipale). Sainte-Insurrection. Salariés. Sans-Culottes. Sbires. Septembrisades. Septembriser. Septembriseurs. Société souterraine. Soldats de Fréron. Soldées, Soldés. Suspects. Terreur. Terroriser. Terroristes. Théophilanthropes. Thermidoriens. Tricoteuses. Ultra-révolutionnaires. Vendée républicaine. Vendémiairistes. Voleurs. Vrais patriotes.

II

Note du Traducteur sur l'expression JEUNESSE DORÉE.

M. Ad. Schmidt a consacré à l'histoire de l'expression *Jeunesse dorée* un chapitre que nous n'avons pas compris dans notre traduction. Ce chapitre serait probablement aujourd'hui écrit à nouveau par l'auteur, car M. Schmidt, lorsqu'il le rédigea, n'avait pas rencontré l'expression *Jeunesse dorée* avant l'année 1797 (Pagès, *Hist. secrète,* Paris, t. II, an V - 1797, p. 255 et suiv.). Or il est question de la *Jeunesse dorée* dans *L'Orateur du Peuple* du 15 pluviôse an III, et le journaliste, évidemment, ne crée pas lui-même l'expression : il la considère comme courante. Voici le passage :

« Mais observez bien que c'est moins à *Marat* [1] qu'en
« veut l'aristocratie qu'à la liberté, qu'à la Convention
« nationale, qu'au Gouvernement. Vous interpréterez
« mieux nos sentimens, vous, citoyens, à qui nous nous
« adressons, vous, habitants généreux des fauxbourgs,
« qui sentez par la douleur des plaies dont vos cœurs
« saignent encore, que ce n'est point aux morts qu'il
« faut faire la guerre, mais à ces hommes au despotisme
« et à la barbarie desquels ni vos vertus obscures, ni
« votre honorable pauvreté, ni ce nom de *Sans-Culottes*
« qu'ils affectent de vous donner, ni votre assiduité à
« des travaux pénibles n'ont pu vous soustraire, vous

[1]. *Tous les mots imprimés ici en italiques sont également en italiques dans* L'Orateur du Peuple.

« les pères, les frères, les amis, les compagnons de ces
« braves républicains engloutis dans cet affreux abîme
« de la *Vendée* et livrés, comme une proie, à ce chancre
« dévorateur dont leur perfide ambition entretenoit et
« favorisoit les ravages. Ils ont placé entr'eux et vous
« le buste de *Marat* comme un bouclier ; ils vous
« appellent *Jeunesse dorée ;* ils demandent qui vous a
« donné la mission de défendre la liberté. Ah ! vous
« leur répondrez tous : c'est notre amour pour elle ; ce
« sont les mânes de nos parens égorgés ; ce sont les
« sermens que nous avons faits à nos frères ; ils sem-
« blent vous reprocher de n'être point à l'armée ; vous
« y êtes, puisque vous leur faites la guerre ; vous êtes
« au siége d'une place forte remplie de nos plus cruels
« ennemis. Mais craignez que votre courage ne s'éteigne
« dans les fausses routes que l'on veut lui faire suivre.
« Vous n'êtes point, dites-vous, des idolâtres ! Eh !
« citoyens, qui vous force à adorer personne ? Qui vous
« donna jamais ce conseil ? Si ce n'est *Hébert, Chau-*
« *mette, Robespierre et Barère*. Mais le respect des loix
« de la Convention n'est point une idolâtrie : il est votre
« devoir, il doit être votre règle. Ne vous en écartez
« jamais, ou plutôt ne souffrez jamais que l'on vous en
« écarte. Portez dans toutes vos actions cette maturité
« qui rend le zèle infaillible, et cette prudence qui ne
« laisse rien aux intentions des traîtres. Vous en avez
« plus besoin que jamais ». — (*L'Orateur du Peuple* par
Fréron, n° LXX du 15 pluviôse (an III), pp. 563, 564.)

TABLE

		PAGES
Préface du traducteur.		I
I.	La Terrasse des Feuillants, la rue de Rivoli, etc., théâtres principaux de la Révolution.	1
II.	La ville de Paris	8
III.	La population de Paris, éléments révolutionnaires et antirévolutionnaires.	18
IV.	Les partis après la Terreur	30
V.	Domination des minorités	35
VI.	Les bâtonniers et la guerre des chaises	44
VII.	Agitations et agitateurs, Cordeliers et Jacobins.	54
VIII.	La fin des Cordeliers.	80
IX.	Les cafés politiques	116
X.	Le dernier club jacobin.	160
XI.	La Jeunesse. — Ses débuts.	
	§ 1er. — *Les Jeunes gens avant la chute de la Gironde*.	168
	§ 2. — *La Terreur et les Muscadins*.	176
XII.	Apogée de la Jeunesse parisienne.	
	§ 1er. — *Son entrée en scène après la crise de Thermidor*.	184
	§ 2. — *Le culte de Marat et la chute du club des Jacobins*.	187
	§ 3. — *La chasse aux Jacobins et la lutte contre Fréron*.	198
	§ 4. — *L'appel de Fréron. — L'auto-da-fé de son journal*.	205
	§ 5. — *La fête du mannequin et l'abolition du culte de Marat*.	215
	§ 6. — *Le chant du Réveil du Peuple*	223
	§ 7. — *Les mœurs et les modes*	227

		PAGES
§ 8. — *Les concerts Feydeau et la pièce intitulée :* LE CONCERT DE LA RUE FEYDEAU...		237
§ 9. — *Alliance de Fréron et de la Jeunesse*...		252
§ 10. — *Les victoires de Germinal et de Prairial.*		258
§ 11. — *Les Incroyables et la maladie du Sexu.*		270
§ 12. — *Rupture entre la Jeunesse et la Convention.*		276
§ 13. — *Le soulèvement du 13 Vendémiaire*...		293
XIII. Décadence de la Jeunesse parisienne.....		311

APPENDICE.

I. *Liste des expressions servant à désigner les partis politiques, que contiennent les* TABLEAUX DE LA RÉVOLUTION FRANÇAISE 325

II. *Note du Traducteur sur l'expression* JEUNESSE DORÉE 328

Péronne — Imp. Trépant. Grande Place. 19.

ERRATUM

Page 36, *ligne* 21, *lisez :* on trouve toujours un nombre.

Page 193, *ligne* 9, *au lieu de :* le club ne formait pas une, *lisez :* le club n'était point une.

www.ingramcontent.com/pod-product-compliance
Lightning Source LLC
Chambersburg PA
CBHW060335170426
43202CB00014B/2782